西部牛仔

[英] 乔恩·怀特　编著
杨琳　译

中国画报出版社·北京

图书在版编目（CIP）数据

西部牛仔 / (英) 乔恩 · 怀特编著；杨琳译. -- 北京：中国画报出版社, 2018.11

（爱因斯坦讲堂）

书名原文: WILD WEST

ISBN 978-7-5146-1636-1

Ⅰ. ①西… Ⅱ. ①英… ②杨… Ⅲ. ①海民族文化－研究－美国 Ⅳ. ①K712.03

中国版本图书馆CIP数据核字(2018)第160073号

西部牛仔　　[英]乔恩 · 怀特　编著　　杨琳　译

出 版 人：于九涛
策划编辑：赵清清
责任编辑：齐丽华
助理编辑：杜　莉
内文设计：艾　青
封面设计：詹方圆
责任印制：焦　洋
出版发行：中国画报出版社
（中国北京市海淀区车公庄西路 33 号 邮编：100048）
开　　本：16 开（787mm × 1092mm）
印　　张：13.5
字　　数：180 千字
版　　次：2018年11月第1版　2018年11月第1次印刷
印　　刷：北京隆晖伟业彩色印刷有限公司
书　　号：ISBN 978-7-5146-1636-1
定　　价：68.00元

总编室兼传真：010-88417359 版权部：010-88417359
发 行 部：010-68469781　010-68414683（传真）

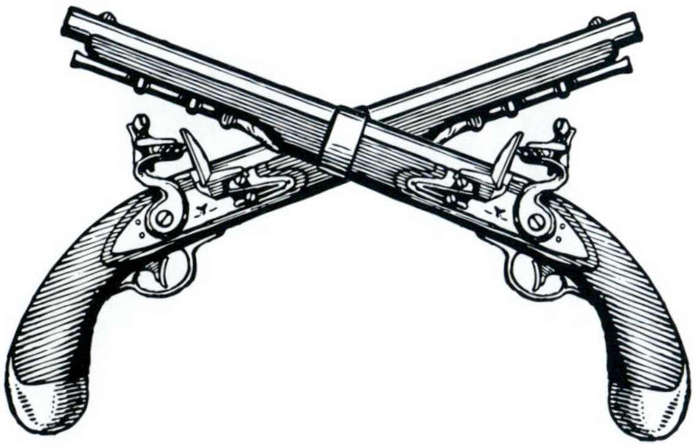

欢迎来到

西部牛仔

美国旧西部曾出现在众多的好莱坞电影中，成为了不朽的传奇，但那些拓荒者和印第安人的真实生活究竟如何？是否真的如电影所讲述的那样充满暴力和危险？

《西部牛仔》撇开虚构，厘清事实，真实地呈现出美国西进运动中的生存斗争和艰辛路程。在这里，您可以追寻那些探险的踪迹：人们为了寻找金矿、新的土地和商品贸易探索着那些地图以外的地方，包括早期的刘易斯（Lewis）和克拉克（Clark）的探险远征以及后来拓荒者在俄勒冈之路上遇到的挑战；您可以了解杰西·詹姆斯（Jesse James）及其恶名昭彰的团伙为什么会去抢劫银行和火车并犯下谋杀之罪，他的死亡是怎样的骇人听闻，而他又为什么成为美国的一位传奇人物；您可以认识那些印第安英雄，比如杰罗尼莫（Geronimo）和酋长坐牛（Sitting Bull），面对白人的不断入侵，他们勇敢战斗，死死地守着祖先的土地；您可以明白阿拉莫之战为什么对美国具有如此重要的意义，而小巨角河战役中卡斯特的最后一战又为什么至今仍有重大的反响。打开本书，让这些精彩纷呈的图片和卓有见地的文字为您带来完美的狂野西部体验之旅吧！

RY FEED
DRY
DROVER

目录

西部拓荒的推进过程

从杰斐逊（Jefferson）到杰罗尼莫（Geronimo）——探寻 19 世纪促成美国向西扩张的战争、人物及事件。

1803年7月4日

路易斯安那购地案 | 华盛顿

1803 年 7 月 4 日，就在北美殖民地宣布脱离英国控制获取独立的整整 27 年以后，托马斯 · 杰斐逊（Thomas Jefferson）总统与法国签订购地条约，购买了法国在北美的一大片殖民地。杰斐逊向巴黎支付了 1500 万美元，获取了从墨西哥湾至加拿大边境的 214 万平方千米的土地，这一购地举动几乎将当时美国的面积拓展了一倍，而这次购地案也成为美国历史上涉及面积最大的一次土地扩张行动。起初，杰斐逊只是想要购买新奥尔良及其周边，但是拿破仑（Napoleon）在与英国的战争中陷入困境，而且新大陆的法属殖民地对他来说没有什么价值了。于是，当这位法兰西的皇帝提出要以每英亩[1]不到 3 美分的价格向美国出售这片更大的土地时，美国谈判人员立刻接受了。他们最终买下的土地包括现今美国 15 个州的大部分及加拿大两个省的一部分，并且包括新奥尔良、丹佛、圣路易斯和卡尔加里。

[1] 1 英亩约等于 4047 平方米。

刘易斯和克拉克 | 密苏里领地圣路易斯市

在经历了两年四个月零十天的艰苦跋涉之后，一支由 32 人（和 1 条狗）组成的队伍终于回到了圣路易斯。他们从密西西比河出发，横越大陆西抵太平洋沿岸，进行了往返考察。路易斯安那购地案以后，杰斐逊委任梅里韦瑟·刘易斯（Meriwether Lewis）上尉和他的朋友威廉·克拉克（William Clark）少尉对新购置的路易斯安那地界绘制地图，并为美国政府寻找一条安全路线，使其能够先于各欧洲势力宣称对太平洋海岸的主权。远征队乘船沿密苏里河逆流而上，而后进入哥伦比亚河，一路穿过大平原和落基山脉。沿途他们遇到至少 24 个印第安部落，也正是在这些印第安人的帮助下，远征队才得以在寒冷的冬天不至于忍饥挨饿——只有提顿苏人对这些白人远征队士兵存有戒心。一路上，刘易斯和克拉克发现了 200 多种新的动植物物种，并绘制了 140 幅路线图。在整个探险旅途中，只有 1 名远征队士兵疑似因阑尾炎突发而去世。

1806年9月23日

1809年2月12日

亚伯拉罕·林肯（Abraham Lincoln）出生在一间简陋的木屋里。

肯塔基州霍金维尔镇

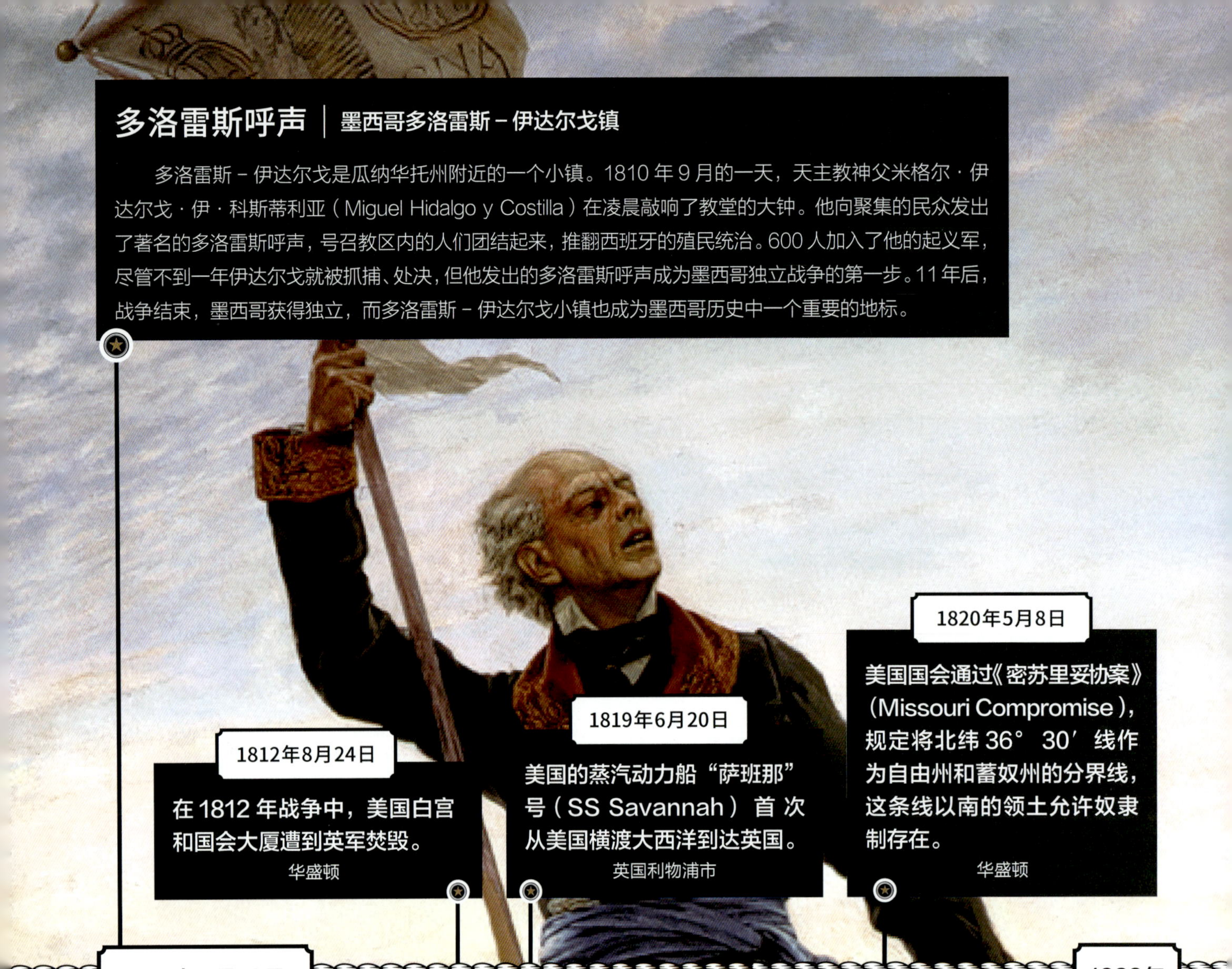

多洛雷斯呼声 | 墨西哥多洛雷斯－伊达尔戈镇

多洛雷斯－伊达尔戈是瓜纳华托州附近的一个小镇。1810 年 9 月的一天，天主教神父米格尔 · 伊达尔戈 · 伊 · 科斯蒂利亚（Miguel Hidalgo y Costilla）在凌晨敲响了教堂的大钟。他向聚集的民众发出了著名的多洛雷斯呼声，号召教区内的人们团结起来，推翻西班牙的殖民统治。600 人加入了他的起义军，尽管不到一年伊达尔戈就被抓捕、处决，但他发出的多洛雷斯呼声成为墨西哥独立战争的第一步。11 年后，战争结束，墨西哥获得独立，而多洛雷斯－伊达尔戈小镇也成为墨西哥历史中一个重要的地标。

1812年8月24日

在 1812 年战争中，美国白宫和国会大厦遭到英军焚毁。

华盛顿

1819年6月20日

美国的蒸汽动力船“萨班那”号（SS Savannah）首次从美国横渡大西洋到达英国。

英国利物浦市

1820年5月8日

美国国会通过《密苏里妥协案》（Missouri Compromise），规定将北纬 36° 30′线作为自由州和蓄奴州的分界线，这条线以南的领土允许奴隶制存在。

华盛顿

1810年9月16日

1822年

1837年3月4日

墨西哥脱离西班牙统治，获得独立。

墨西哥墨西哥城

落基山皮毛贸易公司（Rocky Mountain Fur Company）

密苏里州圣路易斯市

1822 年的《密苏里共和主义者报》（Missouri Republican）刊登了一则广告，声明要招募 100 个人“在沿密苏里河至其源头的区域工作一至三年”。他们的工作是捕猎动物获取皮毛。由于海狸皮在当时非常流行，皮毛生意便成为一种高利润行业。捕猎者大多是曾在危险地带进行过探险的第一批白人拓荒者，而这项捕猎工作也是极其危险的。休 · 格拉斯（Hugh Glass）就是落基山皮毛贸易公司雇用的一名捕猎者。在 1823 年的远征中，他曾经独自一人在毫无供给的情况下，行进了 200 英里 1 从荒野返回凯厄瓦堡。

1 200 英里约等于 322 千米。

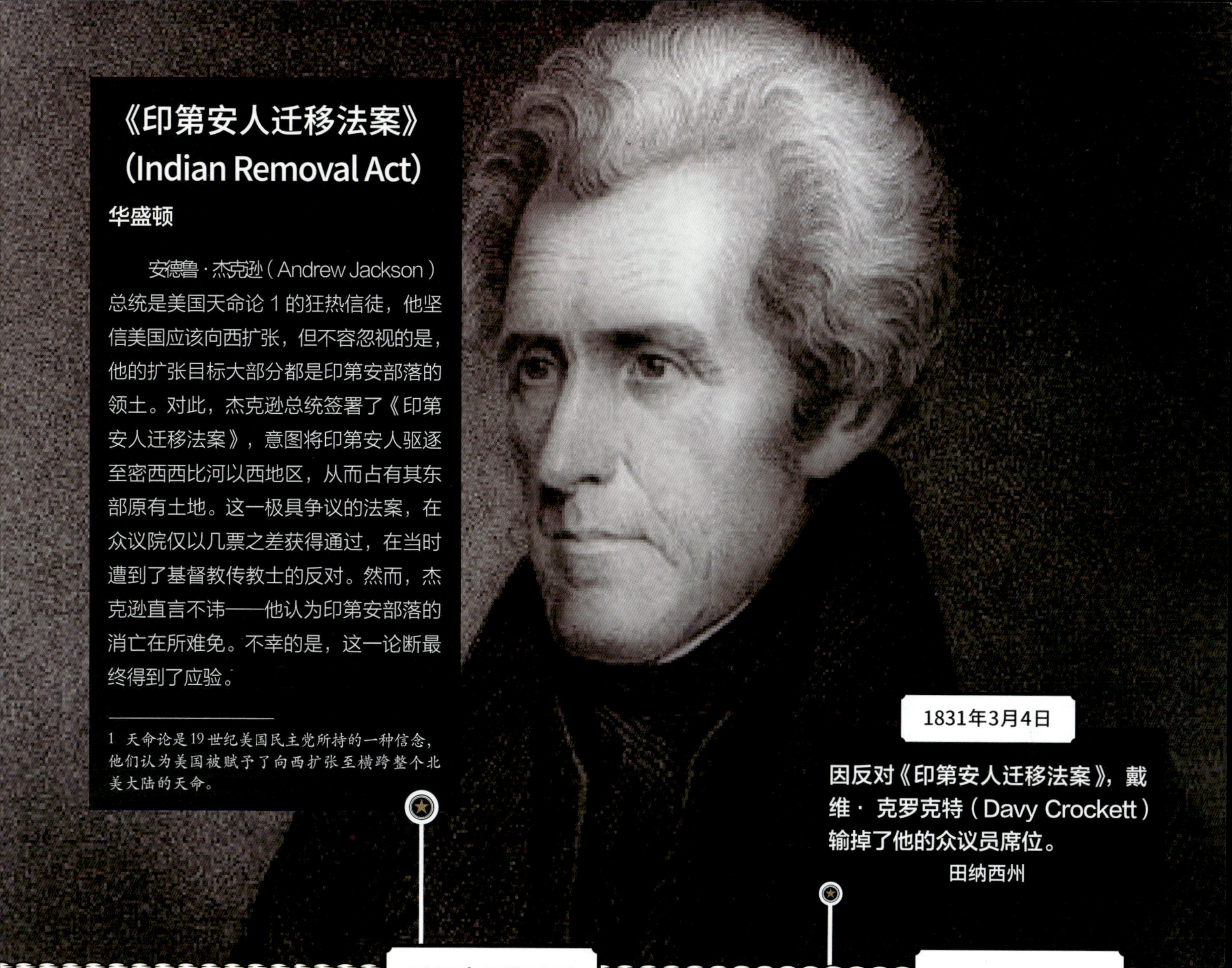

《印第安人迁移法案》(Indian Removal Act)

华盛顿

安德鲁·杰克逊(Andrew Jackson)总统是美国天命论 1 的狂热信徒，他坚信美国应该向西扩张，但不容忽视的是，他的扩张目标大部分都是印第安部落的领土。对此，杰克逊总统签署了《印第安人迁移法案》，意图将印第安人驱逐至密西西比河以西地区，从而占有其东部原有土地。这一极具争议的法案，在众议院仅以几票之差获得通过，在当时遭到了基督教传教士的反对。然而，杰克逊直言不讳——他认为印第安部落的消亡在所难免。不幸的是，这一论断最终得到了应验。

1 天命论是 19 世纪美国民主党所持的一种信念，他们认为美国被赋予了向西扩张至横跨整个北美大陆的天命。

1830年5月28日

1831年3月4日

因反对《印第安人迁移法案》，戴维·克罗克特(Davy Crockett)输掉了他的众议员席位。

田纳西州

1831年11月1日

血泪之路 | 密西西比州

《印第安人迁移法案》通过以后，首先遭到驱逐的就是乔克托族。他们用密西西比河以东的 1100 万英亩 1 土地换取了现在俄克拉荷马州的 1500 万英亩 2 土地。根据约定，乔克托人将于 1831 年 11 月在孟菲斯和维克斯堡得到安置。然而，在当时的恶劣条件下，美国政府面对乔克托人的困难却几乎无所作为。山洪暴发，人们不得已放弃马车，河流中又结上了厚厚的冰。他们的口粮只剩下每天一把煮玉米、一个萝卜和两杯热水，不称职的向导还将乔克托人带到了莱克普罗维登斯的沼泽中。约有 17000 名乔克托人进行了西迁，但其中有 6000 人在这一长途跋涉中丧生。一位酋长将这一西迁过程称为“血泪之路”。即使这样，其他印第安部落仍未能逃脱此命运：契卡索人、克里克人、塞米诺人和切诺基人同样经历了死亡般的迁移之路。

1 1100 万英亩约等于 44516 平方千米。
2 1500 万英亩约等于 60704 平方千米。

1826年7月4日

托马斯·杰斐逊于美国独立纪念日去世。

弗吉尼亚州蒙蒂塞洛镇

博纳维尔远征

密苏里州圣路易斯市

1832 年 5 月，本亚明·博纳维尔（Benjamin Bonneville）带着 110 个人离开密苏里，计划按照约翰·雅各·阿斯特（John Jacob Astor）的指令建立一个可与哈得孙海湾公司（Hudson’s Bay Company）相媲美的新的皮毛交易公司。远征队穿过今天的怀俄明州、爱达荷州、内华达州和俄勒冈州，其中的一支分队还发现了一条顺着洪堡河穿过内华达山脉到达加利福尼亚的路线。博纳维尔的远征为后来入侵加利福尼亚和墨西哥北部地区打下基础，他发现的路线也最终成为加利福尼亚淘金热中到达金矿区的主要路线。但是，远征队最初的海狸皮贸易目的却未能实现——哈得孙海湾公司禁止其贸易商与博纳维尔进行贸易，同时许多印第安人也拒绝与其进行交易。

1833年11月6—23日

摩门教徒被驱逐出杰克逊县。

密苏里州

1832年5月

1835年10月2日

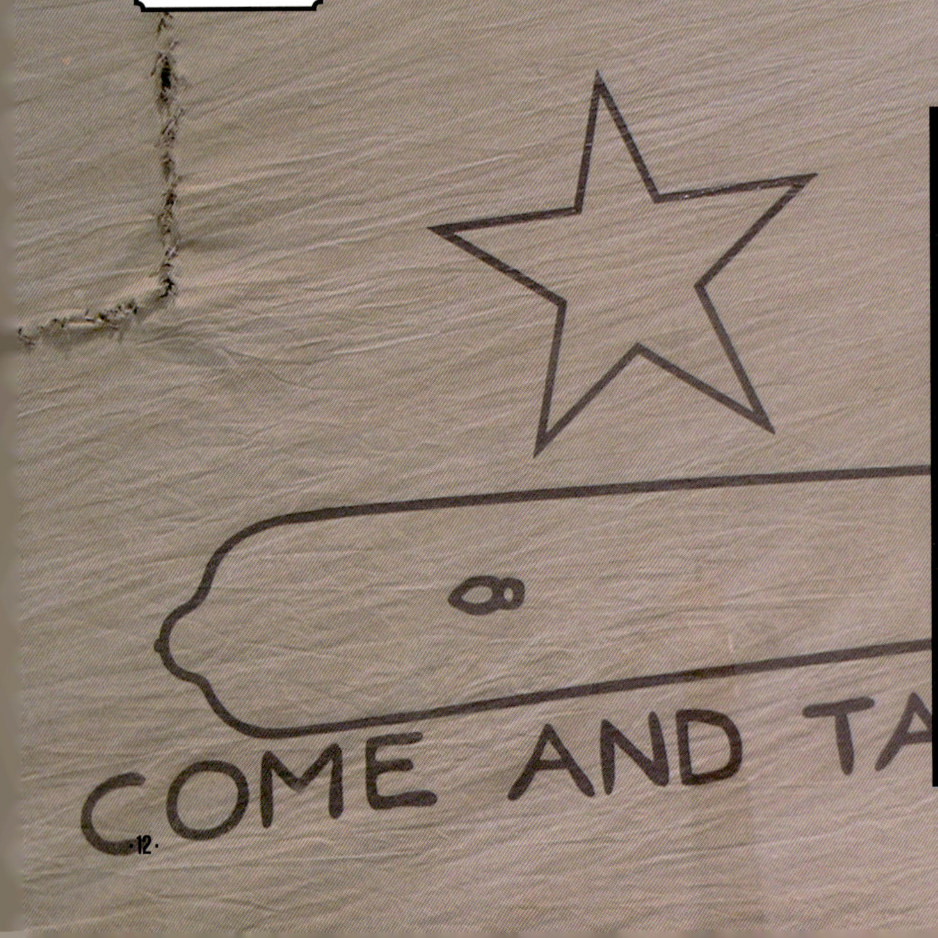

得克萨斯革命

墨西哥得克萨斯省[1] 冈萨雷斯市

墨西哥脱离西班牙殖民统治时，得克萨斯省只有 3500 人。当时几近破产的墨西哥政府允许来自美国的移民进入得克萨斯，希望以此阻止印第安人的袭击。很快，盎格鲁人（讲英语的得克萨斯人）的数量超过了特吉诺人（讲墨西哥西班牙语的得克萨斯人），他们之间的关系日渐紧张。1835 年 10 月，盎格鲁人起来反抗墨西哥军队，并在冈萨雷斯的一个小战役中赢得胜利。得克萨斯成为“孤星之州”的历程由此开始。

1 1836 年前得克萨斯是墨西哥合众国的一个省。

俄勒冈之路 | 密苏里州独立市

毛皮猎人是首批西部探险者之一，但要实现大规模的迁移，必须找到一条更便捷的路线。1836年，从密苏里州独立市到爱达荷州霍尔堡已经清出了一条道路。亨利·斯波尔丁（Henry Spalding）和马库斯·惠特曼（Marcus Whitman）带领的传教士队伍成为第一批乘马车通过这条路到达西部的迁移者。每年这条路都被西迁的人们踏得更远，后来便连通至俄勒冈市，这时他们离太平洋海岸只有一步之遥了。这条路线每年都有一定的改善，建了桥、有了渡船、重新铺设了路面，人们的旅程由此变得更快、更安全。大约有 40 万人曾沿着俄勒冈之路到达太平洋海岸，在横贯大陆的铁路建成之前，马车一直是迁移的主要交通工具。

1836年

1836年3月6日

1837年3月4日

安德鲁·杰克逊在连任两届总统之后离开了白宫。
华盛顿

阿拉莫之战 | 墨西哥得克萨斯省圣安东尼奥市

在冈萨雷斯，得克萨斯革命军一开始就将墨西哥军队赶出了得克萨斯，但墨西哥政府进行了凶猛的反击——阿拉莫之战便是其中最凶险残酷的一次。由大约 200 名革命军驻防的天主教堂及其堡垒遭到了墨西哥军队的包围，敌军大约有 1800 人。13 天的包围之后，3 月 6 日，墨西哥军队发动了正面进攻。前两次攻击都被击退，但在第三次时，墨西哥军队破墙而入，几乎所有的革命军战士都惨遭杀害，其中就包括由政客转为士兵的戴维·克罗克特（David Crockett）。尽管在这次战斗中，得克萨斯革命军失败了，但它是整个战争的转折。为了给安东尼奥·洛佩斯·德·桑塔·安纳（Antonio Lopez de Santa Anna）将军复仇，大批得克萨斯人加入了革命军。六周后，圣哈辛托战役爆发，墨西哥人战败。墨西哥政府退出得克萨斯，得克萨斯从此成为一个独立的共和国。

内奇斯战役 | 得克萨斯泰勒市

《印第安人迁移法案》通过以后，为了避免被驱逐的命运，许多切诺基人在 19 世纪 30 年代迁到了新的得克萨斯共和国。起初，萨姆 · 休斯顿（Sam Houston）总统表示欢迎，但米拉博 · 拉马尔（Mirabeau Lamar）上台以后，得克萨斯政府的态度发生了转变。他要求切诺基人搬出得克萨斯，回到美国为其准备的领地。谈判仅进行了三天，得克萨斯就向切诺基人派出了军队。18 人被杀，切诺基人退到山谷中，第二天又有大约 100 人在内奇斯河的源头附近被杀害。切诺基人面临被消灭的危险，不得已离开了得克萨斯，进入了印第安的领地。

1838年8月6日—11月1日

1839年7月15—16日

1839年12月5日

乔治 · 卡斯特（George Custer）出生。

俄亥俄州新鲁姆利社区

摩门战争 | 密苏里州

在其宗教信仰的指引下，纽约人约瑟 · 史密斯（Joseph Smith）创建了一个新的基督教派，其成员被称作摩门教徒。1831 年，史密斯及其追随者西迁，在密苏里州独立市附近安置下来，他们觉得那里就是锡安的城市。但没过多久，摩门教徒和密苏里其他人的关系就紧张起来，尤其是当地人认为新来的摩门教徒将他们的选票卖给了出价最高的人。1838 年的独立日那天，在加勒廷县，一群人试图阻止摩门教徒参加选举，结果发生了冲突。经过一番努力，冲突仍未能平息，摩门教徒和非摩门暴徒之间爆发了一些小的争斗。争斗在豪恩磨坊大屠杀中达到顶峰，17 名摩门教徒被杀害。尽管如此，约瑟 · 史密斯和其他摩门领袖还是因暴力而遭到谴责，几乎所有的摩门教徒都遭到驱逐，他们离开了密苏里州，向东撤退至伊利诺伊州。

唐纳大队的悲剧 | 内华达山脉

1846 年 5 月，当 87 名拓荒者从密苏里州去往加利福尼亚州时，他们对未来充满了希望。但仅在几个月之内，他们的梦想就逐步变成了噩梦。这些拓荒者由乔治·唐纳（George Donner）和詹姆斯·弗雷泽·里德（James Frazier Reed）带领，但这两位领导者并没有为他们的队伍选出最好的路线。他们没有沿俄勒冈之路行进，而是选择了另一条道路，结果浪费了大把时间。在一次争吵中，里德杀害了一位同伴，被赶出队伍。穿行内华达山脉时是十一月，天气寒冷，大雪将他们困在了一处高高的山口，他们的马车和牛在前面的洪堡河就已经丢了，食物也快要吃完，其中一部分人不得不步行去寻求帮助。四个月后，救援队终于到达，但在那之前，幸存者就已经开始互相残杀、噬食同类了。唐纳大队不是西迁途中唯一遭遇死亡的马车队，但这些拓荒者同类相食的传闻让他们成为名声最差的一支队伍。

1844年6月27日

摩门教主约瑟夫·史密斯在迦太基监狱被闯入的暴徒杀害。

伊利诺伊州迦太基市

1845年12月29日

美国吞并得克萨斯州

得克萨斯州

得克萨斯作为独立共和国的时间非常短暂。大多数得克萨斯人都想加入美国，但美国政府对此事并不热心。约翰·泰勒（John Tyler）总统上任以后，事情开始有了变化——泰勒对党派政治极不关心，但对西部扩张有着狂热的执念。在四年的总统任期中，他渐渐地改变了主意，后来詹姆斯·波尔克（James Polk）继任，国会通过决议，将得克萨斯纳入美国疆域，成为美国的第 28 个州。

1846年4月25日

墨西哥向美国宣战。

墨西哥城

1846年冬—1947年

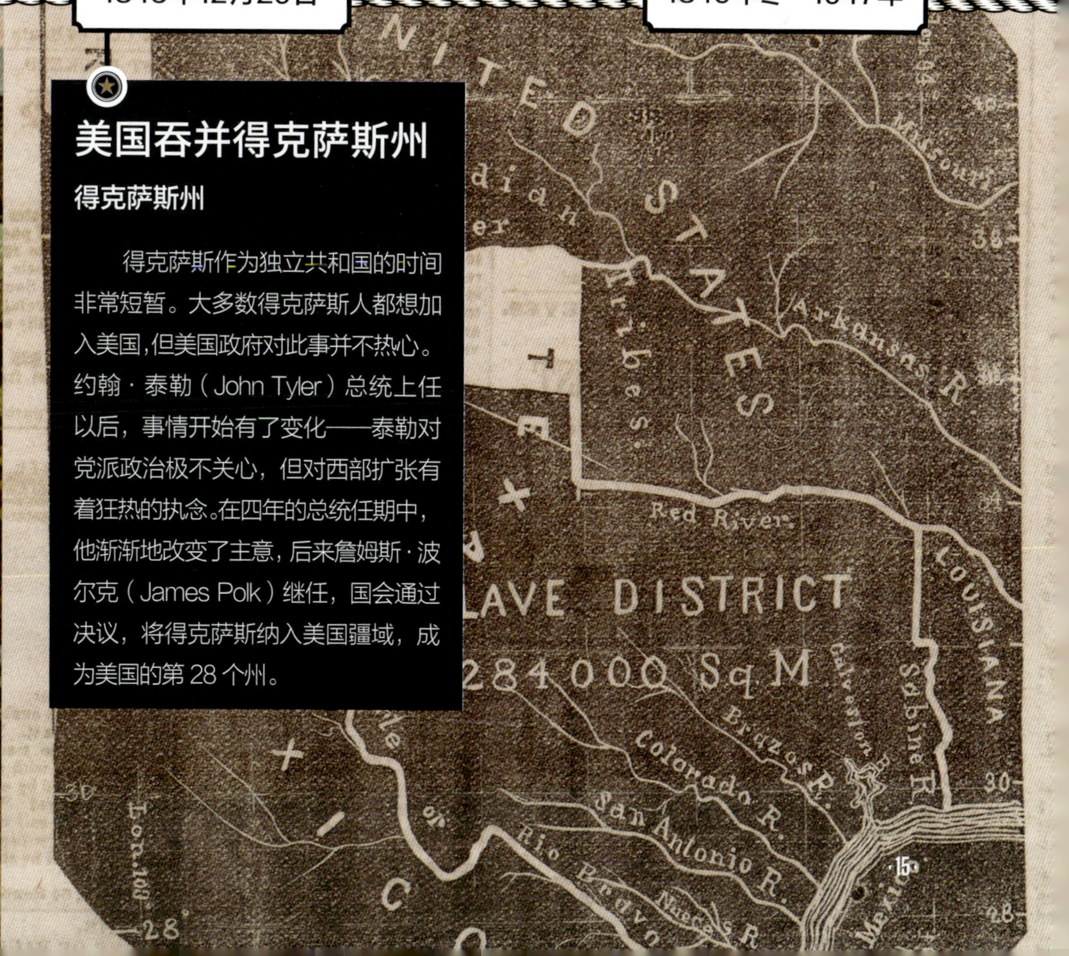

瓜达卢佩－伊达尔戈条约

墨西哥瓜达卢佩－伊达尔戈镇

墨西哥和美国的边界一直不是很清楚，因此争执不断。1846 年，在两国争议区域内，墨西哥军队对美国士兵发动了袭击，冲突终于爆发。然而，在接下来的战争中，墨西哥却遭遇了惨重的失败——好几个省被美国占领，温菲尔德·斯科特（Winfield Scott）少将的军队甚至夺取了墨西哥城。后来，两国签订和平条约，墨西哥同意接受得克萨斯为美国的一部分（在此之前，墨西哥仍然宣称其对得克萨斯的主权），它还将上加利福尼亚和新墨西哥割让给了美国——这两块地方就是后来美国的加利福尼亚州和新墨西哥州。这是西进运动开始后，美国和墨西哥第一次将边界划分清楚。

1851年3月5日

杰罗尼莫的妻儿在一次墨西哥发起的袭击中被杀害，由此他的心中埋下了复仇的种子。

墨西哥哈诺斯镇

1855年

科尔特制造公司（Colt's Manufacturing Company）成立。

康涅狄格州哈特福德市

1848年1月24日

1848年2月2日

1857年5月—7月

第二支博纳维尔远征队袭击了阿帕切部落。

亚利桑那州

加利福尼亚淘金热 | 加利福尼亚州萨特的伐木场

一个冬天的早晨，詹姆斯·马歇尔（James Marshall）在萨特伐木场的尾水渠中发现了一些亮闪闪的碎片。他发现了金子！消息很快传了出去，在后来 7 年多的时间里，约有 30 万淘金者蜂拥至加利福尼亚，希望能在这里获取财富，后来这些淘金者被统称为“四九人”1。一些人经由陆路前来——从爱达荷州霍尔堡的俄勒冈之路改道，还有人从东海岸乘坐轮船前来，由此导致加利福尼亚的人口暴涨。后来，加利福尼亚从墨西哥分离出来，美国迅速将其纳为自己的一个州。但是那些心存暴富梦想的人基本上都未能如愿，几乎所有的淘金者都一无所获了。获利最多的要属那些将淘金者作为目标顾客的商人，而命运最为悲惨的毫无疑问当属受到“四九人”驱逐的印第安人——“四九人”宣称这是他们的土地，约有 10 万印第安人在暴力和饥饿中失去了生命，这就是著名的加利福尼亚种族灭绝。

1 首批外来的淘金者于 1849 年到达淘金地，后来就以“四九人”作为淘金者的总称。

驿马快信 ｜ 密苏里州圣约瑟夫市

驿马快信存在的时间很短，但就在其运营的19个月中，它却将北美东西海岸连接起来，这是史无前例的。驿马快信利用快马接力的方式传递消息和邮件，骑手从密苏里州出发，每到一个驿站便换马一次，最终到达加利福尼亚州萨克拉门托。驿马快信将邮件从大西洋沿岸带到太平洋沿岸的时间为10天左右，但这相对于后来出现的新技术来说还是太慢了：电报线路完工后，驿马快信也就失去了市场。

1861年4月12日

对萨姆特堡的炮击标志着美国内战开始。

南卡罗来纳州萨姆特堡

1857年9月11日

1860年4月3日

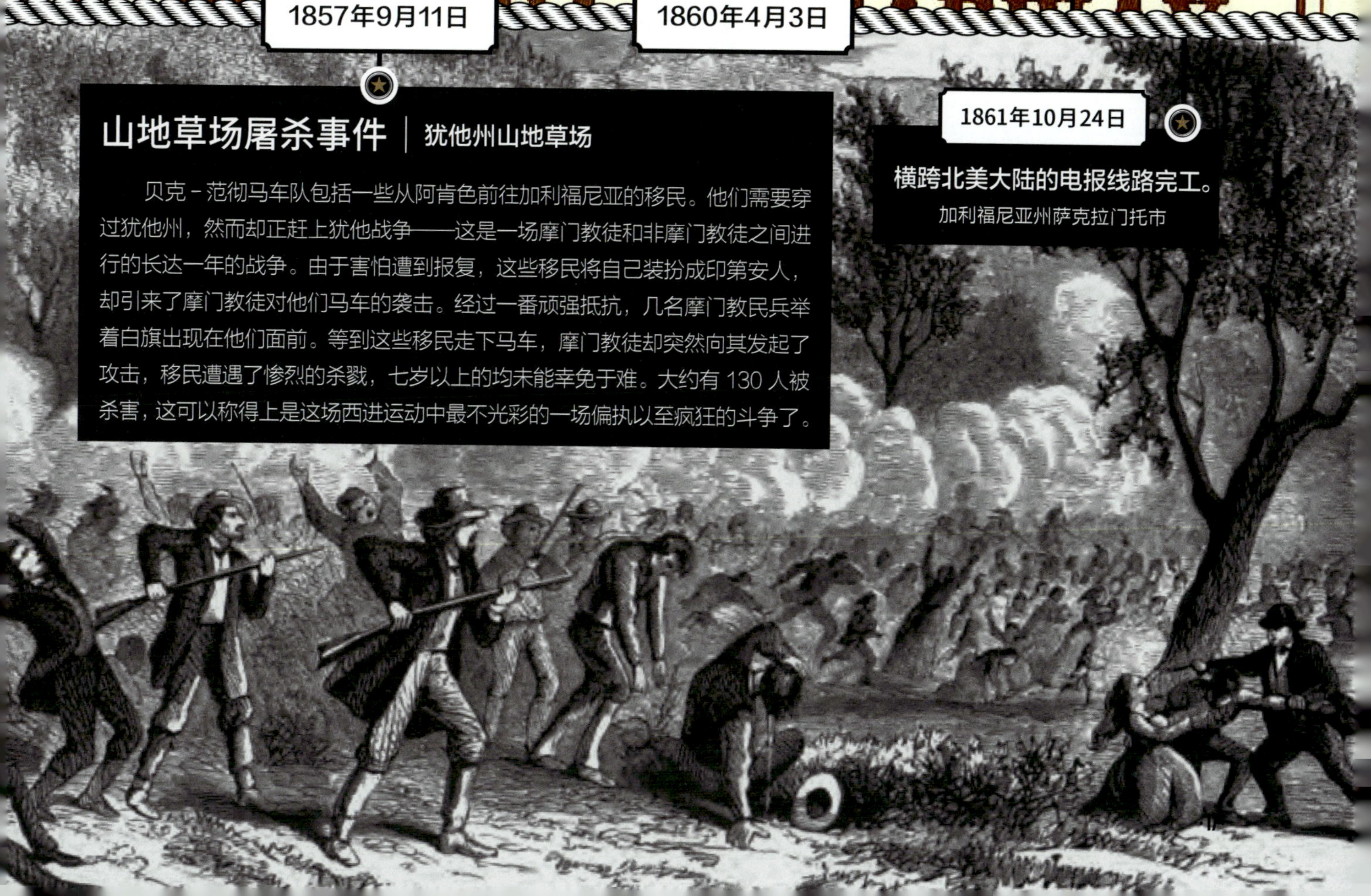

山地草场屠杀事件 ｜ 犹他州山地草场

贝克－范彻马车队包括一些从阿肯色前往加利福尼亚的移民。他们需要穿过犹他州，然而却正赶上犹他战争——这是一场摩门教徒和非摩门教徒之间进行的长达一年的战争。由于害怕遭到报复，这些移民将自己装扮成印第安人，却引来了摩门教徒对他们马车的袭击。经过一番顽强抵抗，几名摩门教民兵举着白旗出现在他们面前。等到这些移民走下马车，摩门教徒却突然向其发起了攻击，移民遭遇了惨烈的杀戮，七岁以上的均未能幸免于难。大约有130人被杀害，这可以称得上是这场西进运动中最不光彩的一场偏执以至疯狂的斗争了。

1861年10月24日

横跨北美大陆的电报线路完工。

加利福尼亚州萨克拉门托市

达科他战争 | 达科他领地

1862年，面对白人移民对自己领土的不断入侵以及美国政府对年金的延迟支付，明尼苏达河沿岸的达科他部落决定进行反抗。一位达科他勇士杀死了五名白人移民，随后部落酋长决定发起更进一步的攻击，目的是要将这些移民赶出他们的居留地。在后来的几个月中，达科他人与美国军队展开了几场激战，结果却一步步地遭到碾压，尽管此前也有77名士兵和800名白人移民在达科他人手中丧生。38名达科他囚犯被判处死刑，其中一些人的审判仅持续了5分钟，其他达科他人则被驱逐了到更西的地方。美国政府由此发出了一个信号：对于任何挑战其权威的印第安人，都要进行无情的打击。

1861年12月—1862年1月

大洪水造成了大面积的伤害

加利福尼亚州

俄勒冈州、内华达州

1862年8月17日—12月26日

1863年7月1—3日

葛底斯堡战役

宾夕法尼亚州葛底斯堡市

1863年7月26日

得克萨斯州创始人萨姆·休斯顿去世。

得克萨斯州亨茨维尔市

1863年8月21日

1865年4月15日

亚伯拉罕·林肯遭到联盟国支持者的暗杀。

华盛顿

匡特里尔的袭击 | 堪萨斯州劳伦斯市

美国内战爆发以后，西部各州和东部一样分成了两派——得克萨斯州和路易斯安那州脱离美利坚合众国和其他各州共同建立了美利坚联盟国，而俄勒冈州和加利福尼亚州依然效忠于合众国。由于联盟国在西部力量薄弱，这里并未发生过几次经过严密策划的战斗，但是非正规的游击队员却发动了许多袭击。其中就有威廉·匡特里尔（William Quantrill）的联盟突击队，他们将赞成废奴的劳伦斯镇作为攻击目标。约有450名游击队员袭击了这个小镇，凡是遇到他们的人都遭到打劫和杀害。164人被杀——这其中大多都是平民，还有一些人当时已经投降。匡特里尔有一份重点搜寻人员名单，其中包括曾带领突击队对联盟军进行攻击的詹姆斯·莱恩（James Lane）议员，但是莱恩已经从一片玉米地逃走了。

希科克-塔特枪战 | 密苏里州斯普林菲尔德市

狂野的西部是一片无法无天之地，人们会通过自己的方式来寻找正义。因为赌债、偷表事件以及对同一女人的爱慕，戴维斯·塔特（Davis Tutt）和“狂野比尔”詹姆斯·希科克（James ‘Wild Bill’ Hickok）之间产生了许多分歧。1865 年一个炎热夏日的早晨，两人决定在斯普林菲尔德的广场上进行对决。二人面对着站在一起，同时掏出他们的手枪进行射击——这就是最开始的手枪对决。塔特失手，希科克赢了，子弹打中了塔特的心脏。希科克被逮捕，按谋杀罪进行审判，但陪审团最终判定其为自我防卫，将其无罪释放，这在当时颇具争议。“狂野比尔”的传奇也就由此诞生。

1865年7月21日

1865年12月18日

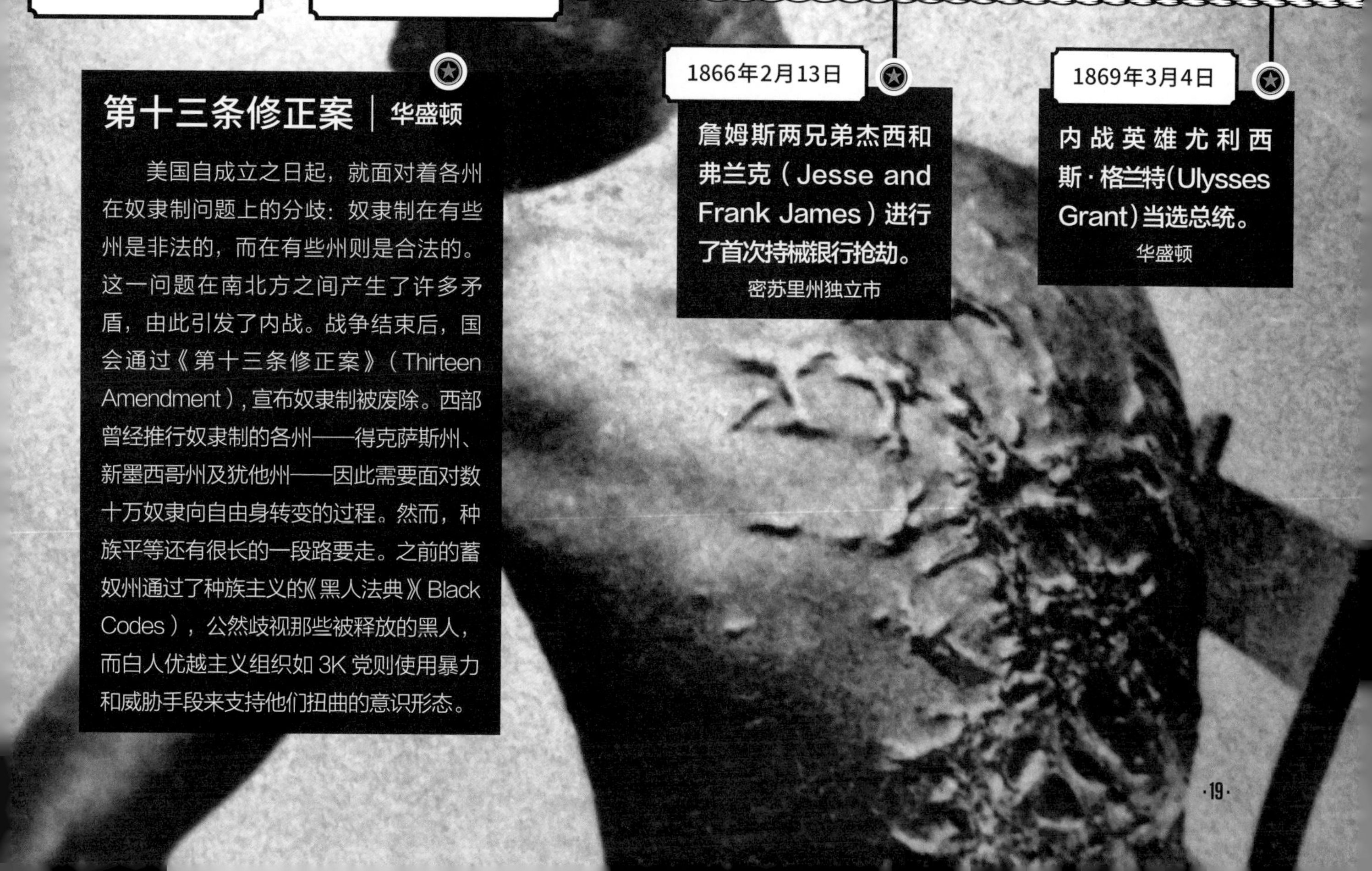

第十三条修正案 | 华盛顿

美国自成立之日起，就面对着各州在奴隶制问题上的分歧：奴隶制在有些州是非法的，而在有些州则是合法的。这一问题在南北方之间产生了许多矛盾，由此引发了内战。战争结束后，国会通过《第十三条修正案》（Thirteen Amendment），宣布奴隶制被废除。西部曾经推行奴隶制的各州——得克萨斯州、新墨西哥州及犹他州——因此需要面对数十万奴隶向自由身转变的过程。然而，种族平等还有很长的一段路要走。之前的蓄奴州通过了种族主义的《黑人法典》（Black Codes），公然歧视那些被释放的黑人，而白人优越主义组织如 3K 党则使用暴力和威胁手段来支持他们扭曲的意识形态。

1866年2月13日

詹姆斯两兄弟杰西和弗兰克（Jesse and Frank James）进行了首次持械银行抢劫。

密苏里州独立市

1869年3月4日

内战英雄尤利西斯·格兰特(Ulysses Grant)当选总统。

华盛顿

横贯大陆的铁路

犹他领地海角峰

当最后一颗金色道钉钉入犹他州的大地，第一条横贯北美大陆的铁路正式建成。横穿美国的路途由此变得更快、更舒适，西迁的风险也越来越低，因此有更多的人迁移到了西部。然而，铁路线也切断了大平原上的动物迁徙路线，对野牛的数量造成了灾难般的影响。起初，铁路公司雇用了野牛猎人猎捕野牛作为修建铁路工人的食物，后来为了防止野牛阻碍铁路线的修建，整个牛群都被消灭——一些公司甚至提供火车捕猎服务，以便猎人们能够舒服地坐在火车车厢里进行猎杀。

1869年5月10日

1869年8月30日

鲍威尔的地理考察 | 内华达州

在到达内华达州科罗拉多河和维京河的交汇处时，约翰·韦斯利·鲍威尔（John Wesley Powell）带领的一小队探险者便通过了整个他们叫作“大峡谷”的地方，完成了白人的第一次西行。尽管他们的三只船丢了一只，十名队员中有四人走失（可惜的是，有三个人是在离终点仅有两天的时候走失的），他们对这一大峡谷历时三个月的勘测总体上取得了成功。两年后，鲍威尔进行了第二次考察，这次他将他的目的地正式命名为了大峡谷。

黄石国家公园

蒙大拿领地和怀俄明领地

1872年，尤利西斯·格兰特总统签署了《奉献法案》（*Act of Dedication*），黄石国家公园由此正式建立，成为美国乃至整个世界上的第一个国家公园。格兰特此举要归因于一群直言不讳的探险家和科学家，其中最热情的要属费迪南德·海登（Ferdinand Hayden）。他们称，黄石河的河源中含有生态宝藏，应由联邦立法进行保护。然而，人们并不能普遍接受“为公众创造一片公共绿地或游乐场地”的做法——许多当地人担心，如果不能将黄石出售或者禁止人来此定居，那么经济将不能得到发展。即使在国家公园建立以后，这片区域还是基本处于荒凉状态。在接下来的二十多年中，一批批的探险者来到这里，逐渐将黄石的各个奇观展现给美国民众。现在，每年都有350万人来到黄石，参观这里的老忠实泉（Old Faithful）和大灰熊。

1872年3月1日

1872年12月

野牛比尔（Buffalo Bill）首次登上舞台。

伊利诺伊州芝加哥市

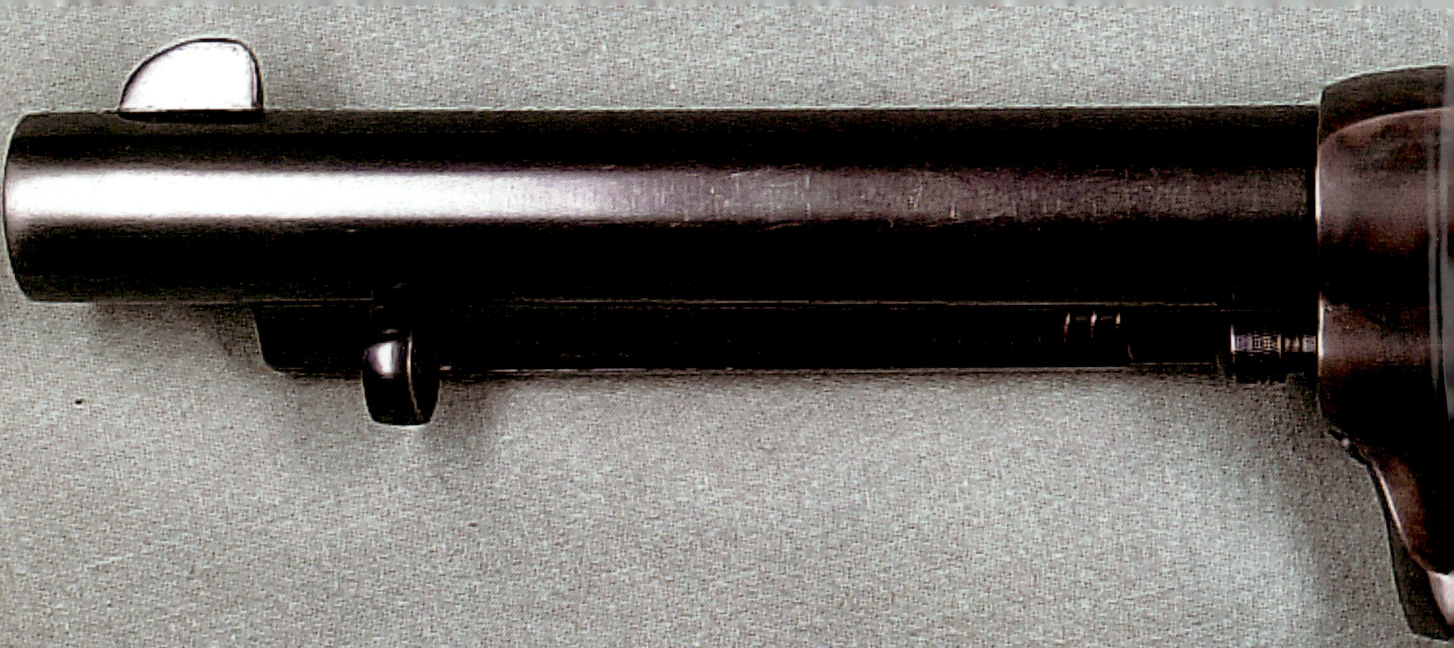

0.45 英寸口径柯尔特 | 康涅狄格州哈特福德市

在拓荒者中，凡是把命当回事的，出门时都必然要带上一把左轮手枪，而 0.45 英寸口径柯尔特手枪就是当时人们使用最多的一种。极佳的平衡性和人体工学设计使得这一“决斗者”手枪从 1873 年年底一生产出来就迅速得到大家的欢迎，到 19 世纪末，差不多 20 万只手枪的方式以 17 美元的价格通过邮购送到了顾客手中。不管是合法还是非法的枪手，包括怀亚特·厄普(Wyatt Earp)和杰西·詹姆斯，六发式左轮手枪都是他们最喜爱的随身武器，同时它也出现在了旧西部很多有名的枪战、战斗、决斗和谋杀中。

1876年8月2日

狂野比尔·希科克在打牌时被枪杀。

达科他领地戴德伍德市

1873年

1874年11月24日

带刺的钢丝网

伊利诺伊州迪卡尔布市

1874 年，约瑟夫·格利登(Joseph Glidden)发明的带刺钢丝网(在一个个的网格间有尖刺)获得专利，这成为在西部驯养动物的最棒工具。只需很少的费用就可以将牲畜圈养在一片土地上，这还是第一次。牛群不再放养，它们的移动可以得到很好的控制。但这种带刺钢丝网的出现也让牛仔变成了可有可无的职业，因此这一西部的标志形象从那时起逐渐消失。

1876年6月25—26日

小巨角河战役 | 蒙大拿领地小巨角河

在罗斯巴德溪边的一次太阳舞仪式中，拉科塔族的酋长坐牛看到了一幅幻象：士兵像蚱蜢一样从天上降落在他的营地中。就在几天后，幻象中的事情真的发生了。由于勘探者在黑山发现了金子，美国军队迫使拉科塔族、夏延族和阿拉帕霍族离开黑山，退到他们的居留地。领导第七骑兵团的内战老兵乔治·阿姆斯特朗·卡斯特（George Armstrong Custer）发现了印第安人的营地，立即采取攻击——这在后来被证实是个巨大的错误。骑兵团遭遇了顽强的反击，卡斯特被包围，他和大约210名士兵撤退到一个山里。不过拉科塔族和夏延族的勇士们很快发起了第二次攻击，卡斯特和他的士兵们无一生还。尽管小巨角河战役因卡斯特的最后一战而出名，但它也是印第安人的最后一战。美军的增援人员赶到时，这些印第安人已经四散奔逃，坐牛逃到了加拿大，很多人回到了居留地，黑山被强行割让给美国。

1877年9月5日

领导了小巨角河战役的拉科塔族战争酋长疯马（Crazy Horse）在与美军谈判时被一名美军士兵从背后刺成重伤，当晚去世。

内布拉斯加州罗宾逊堡

OK 畜栏枪战 | 亚利桑那领地汤姆斯通镇

汤姆斯通是一个典型的边陲小镇——在这里发现银矿后，小镇迅速发展起来，但是许多土匪和歹徒涌入镇中，因此不得不加强执法。镇警察局长弗吉尔·厄普（Virgil Earp）和一伙走私牛马的牛仔发生了冲突，两方互不相让，相互威胁。一次，厄普和他的兄弟摩根（Morgan）和怀亚特（Wyatt）以及临时警察道格·霍利迪（Doc Holliday）想在 OK 畜栏后门附近的一个窄巷子里让 5 名牛仔缴械投降，但却引发一场枪战，30 秒内响了 30 枪，3 名牛仔被杀，弗吉尔、摩根和怀亚特受伤。这场枪战差不多已经被忘记了，但是有一天它又作为好莱坞大片的一个主题被挖出，如今已经成为边境执法无情和危险的象征。

1881年4月28日

比利小子（Billy the Kid）在被处决前从狱中逃出。

新墨西哥领地林肯县

1881年10月26日

1882年4月3日

1883年5月19日

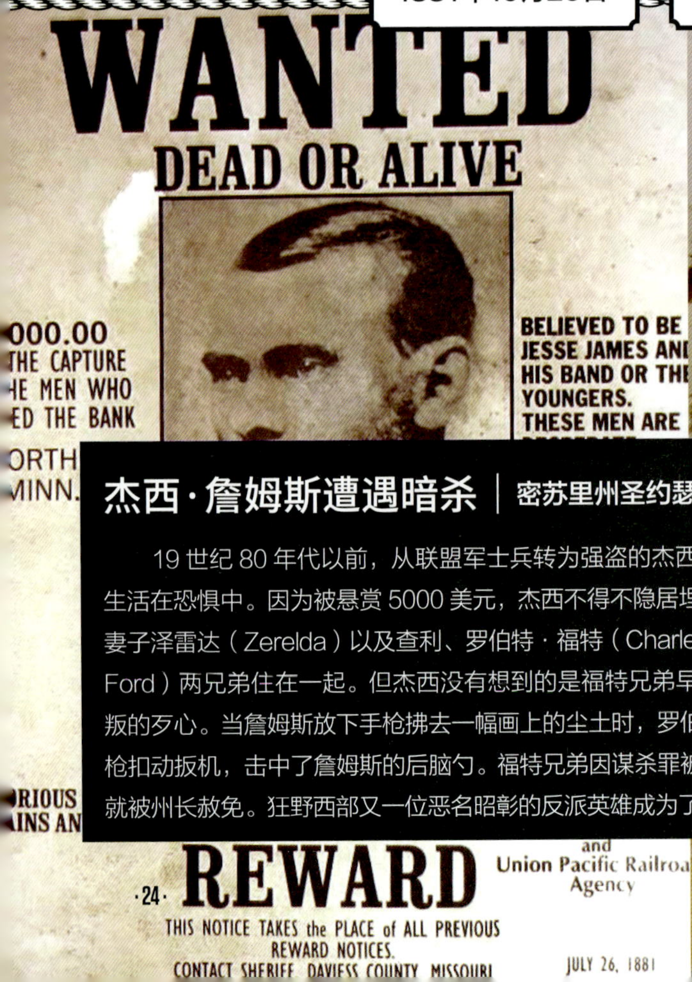

杰西·詹姆斯遭遇暗杀 | 密苏里州圣约瑟夫市

19 世纪 80 年代以前，从联盟军士兵转为强盗的杰西·詹姆斯一直生活在恐惧中。因为被悬赏 5000 美元，杰西不得不隐居埋名。他和他的妻子泽雷达（Zerelda）以及查利、罗伯特·福特（Charley and Robert Ford）两兄弟住在一起。但杰西没有想到的是福特兄弟早已经暗下了背叛的歹心。当詹姆斯放下手枪拂去一幅画上的尘土时，罗伯特趁机掏出手枪扣动扳机，击中了詹姆斯的后脑勺。福特兄弟因谋杀罪被逮捕，但当天就被州长赦免。狂野西部又一位恶名昭彰的反派英雄成为了传说。

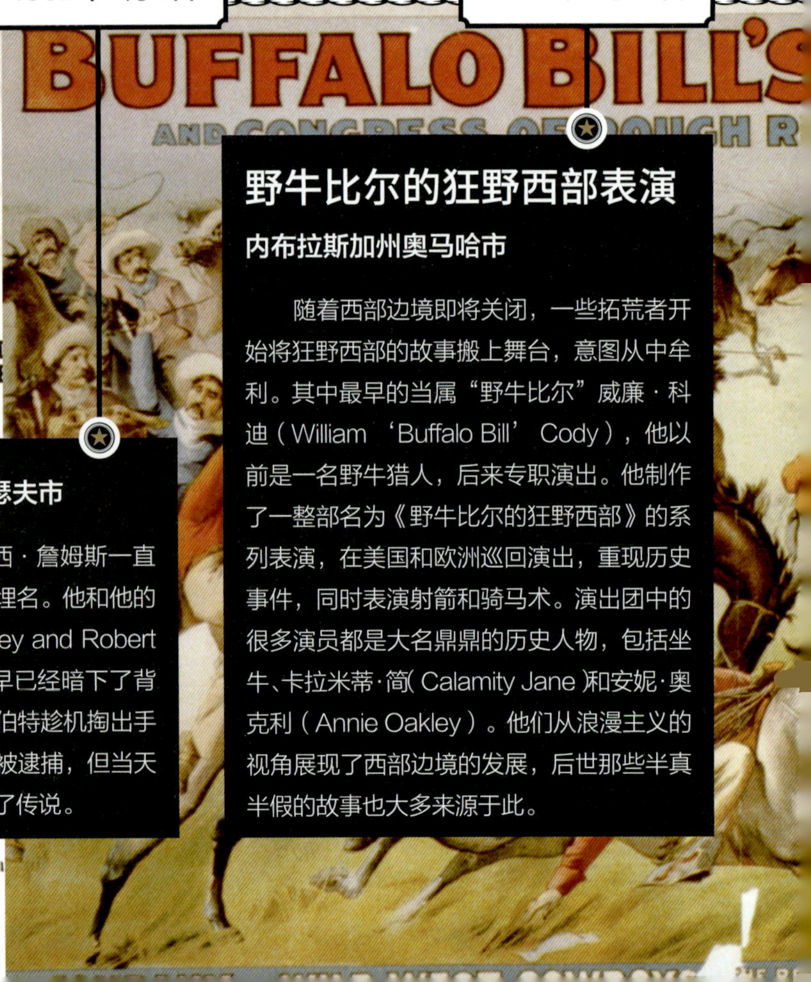

野牛比尔的狂野西部表演

内布拉斯加州奥马哈市

随着西部边境即将关闭，一些拓荒者开始将狂野西部的故事搬上舞台，意图从中牟利。其中最早的当属“野牛比尔”威廉·科迪（William ‘Buffalo Bill’ Cody），他以前是一名野牛猎人，后来专职演出。他制作了一整部名为《野牛比尔的狂野西部》的系列表演，在美国和欧洲巡回演出，重现历史事件，同时表演射箭和骑马术。演出团中的很多演员都是大名鼎鼎的历史人物，包括坐牛、卡拉米蒂·简（Calamity Jane）和安妮·奥克利（Annie Oakley）。他们从浪漫主义的视角展现了西部边境的发展，后世那些半真半假的故事也大多来源于此。

1886年9月4日

杰罗尼莫投降

亚利桑那领地骷髅峡谷

长久以来，阿帕切族一直在抵抗白人移居者对其向居留地的驱赶，为此，他们在族内巫医的带领下向墨西哥和美国发动了许多袭击。经过 30 多年的抵抗，杰罗尼莫最终在 1886 年向查尔斯·盖特伍德（Charles Gatewood）中尉投降。查尔斯算是受杰罗尼莫敬仰的为数不多的几位美国军官中的一位。杰罗尼莫投降后，美国政府对这位新的俘虏小心翼翼——毕竟，他曾经投降过两次，但后来又逃掉，重新参加了战斗。这次，杰罗尼莫和他的追随者在佛罗里达、阿拉巴马和俄克拉荷马的美军堡垒中被严密监视。从某种程度上来说，杰罗尼莫还变成了名人，出现在 1904 年的圣路易斯世界博览会（St Louis World Fair）上，并在 1905 年受到罗斯福总统的接见。1909 年，杰罗尼莫去世，在他生命的最后 23 年中，一直兼具俘虏和名人的双重身份。

1889年6月24日

布奇·卡西迪（Butch Cassids）第一次抢银行。

犹他领地比弗市

1888年3月7日

威廉·坦普尔·霍纳迪（William Temple Hornaday）估计，狂野西部仅剩不到300只野牛。

大平原

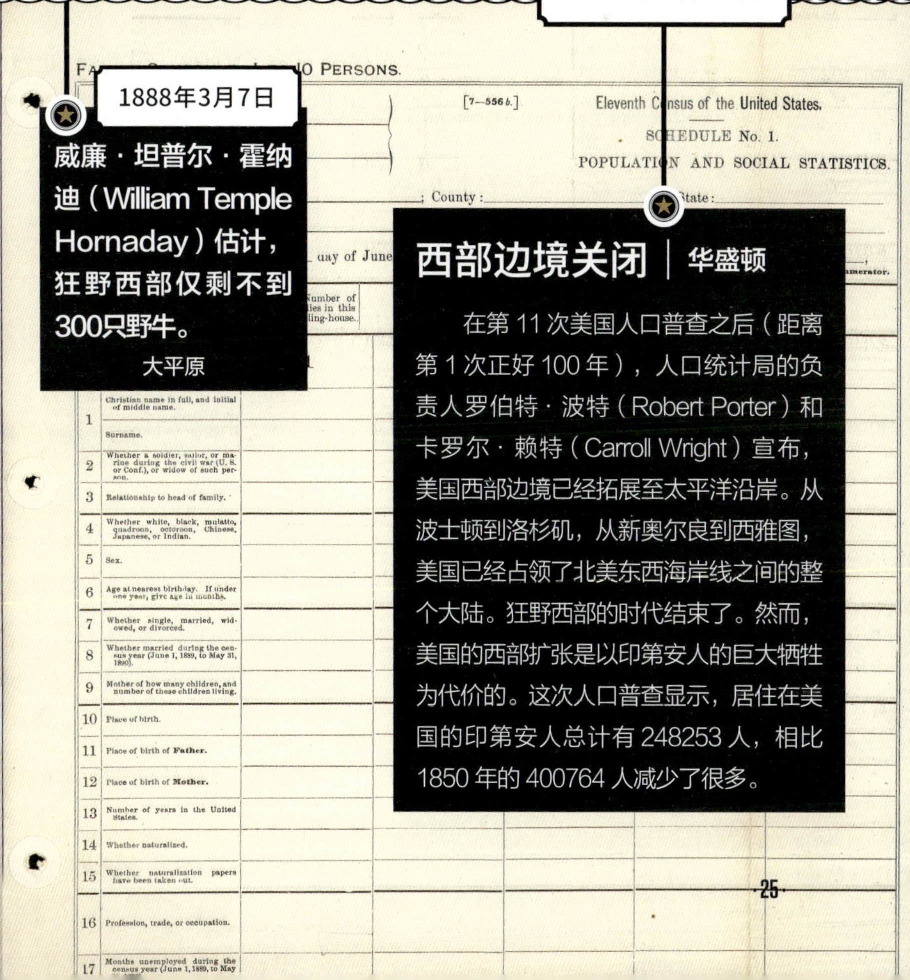

1883年5月19日

西部边境关闭 | 华盛顿

在第 11 次美国人口普查之后（距离第 1 次正好 100 年），人口统计局的负责人罗伯特·波特（Robert Porter）和卡罗尔·赖特（Carroll Wright）宣布，美国西部边境已经拓展至太平洋沿岸。从波士顿到洛杉矶，从新奥尔良到西雅图，美国已经占领了北美东西海岸线之间的整个大陆。狂野西部的时代结束了。然而，美国的西部扩张是以印第安人的巨大牺牲为代价的。这次人口普查显示，居住在美国的印第安人总计有 248253 人，相比 1850 年的 400764 人减少了很多。

初探美国西部

他们穿过一片片未知的地方，跨越了整个国家，旅途处处充满危险又时刻都有新的发现。这就是刘易斯和克拉克的探险远征。

在1783年美国独立战争结束时，那些开国元勋对这片广阔的大陆有着无限的憧憬，但他们对这里杂乱的地形和在此生长的动植物完全没有概念。这里一片荒野，充满着无限可能，也险象丛生。梅里韦瑟·刘易斯和威廉·克拉克开始探险时，并不能确保自己能够安全返程。

当拿破仑·波拿巴（Napoleon Bonaparte）准备出售法属殖民地路易斯安那时，托马斯·杰斐逊总统迅速做出回应，在1803年成功地用1500万美元促成了路易斯安那购地案，因为他知道，有了这片2144500平方千米的土地，美国这个年轻国家的版图将会发生巨大的变化。杰斐逊总统迫切地想知道，密西西比河和太平洋之间是否有一条西北航道，以求能够增加贸易机会。事实上，在购地正式宣布六个月之前，他就已经秘密地请求国会批准并资助这次探险了。

这位总统连探险的领队都想好了。杰斐逊的秘书梅里韦瑟·刘易斯是一名退伍老兵，体格健硕，对野生动植

物研究有着极大的兴趣，并且他的忠诚和奉献精神毋庸置疑。被选定之后，刘易斯立刻着手准备——参加航海课程，对任何有关这片区域的自然地理和风土人情的信息都不放过。但即使这样，刘易斯仍然知道，前方会有无数意想不到的事情等待着他。

由于此次远征探险具有一定的外交性质，刘易斯邀请了他以前的指挥官威廉·克拉克和他一起带领这个远征队（当然邀请克拉克的原因也不止于此）。他们在西行途中将遇到许多印第安部落，并需要向这些印第安人传达他们现在有了新统治者的消息——这将会是一种高难度的对话，远征队希望能通过向他们赠送礼物来缓解尴尬，其中就包括一种特别铸造的硬币和一些高级武器。克拉克的士兵和拓荒经历，再加上刘易斯强硬的领导能力和外交技能，让他们成为了绝佳搭档，克拉克非常爽快地答应了。

刘易斯从匹兹堡出发，乘着一只新建造的运河船沿俄亥俄河而下，在肯塔基州路易斯维尔市附近与克拉克会面，然后他们在伍德河边扎营过冬。远征队有33名核心成员，最终于1804年5月14日从密苏里河出发。

航行开始时并不顺利。由于纪律涣散，5月17日就有3名队员因擅离职守而受到军法审判。又过了几天，5月23日时刘易斯自己也受到了警告——他从悬崖处跌落了6米，后来借助随身携带的刀才勉强捡回了一条性命。当时的情况容不得一点失误，遇险的情景在刘易斯的脑海中徘徊不去，他意识到，独自出行确实是太危险了。当然，这也不能阻止他的探险行动。

天气很好，但是航行艰难，密苏里河水流湍急，并且时常需要进行清理才能使船自由通行。蚊子、扁虱和疾病越来越严重。在这个夏天，远征队出现了其整个航行过程中唯一一次死亡——一位名叫查尔斯·弗洛伊德（Charles Floyd）的军士因突发阑尾炎去世。不过，刘易斯在森林中的探险带来许多新的发现。8月3日与奥托族和密苏里族的会面进展十分顺利，演说和礼物交换也达到了刘易斯和克拉克想要的效果。

一张1954年的美国邮票，以刘易斯和克拉克为图案

另一次成功的会面是在8月30日，这次是和扬克顿苏族，然后远征队在9月初进入大平原。他们在那里遇到了许多前所未见的动物，由此才真正开始了他们的自然历史使命。丰富的自然物种让这些来自东部的远征队员惊叹不已，我们现在认识的许多美国代表性动物（如麋鹿、美洲野牛、土狼和羚羊）就是当时由这支远征军队发现的。但在那片土地上生存的不止这些动物，远征队很快收到警告：他们已经非法入侵了。

尽管此前与印第安人的会面一直是比较和平的，但在这个9月，当他们在现在的南达科他州附近遇到提顿苏族人（现称拉科塔苏族）时，局势迅速紧张起来。此前远征队就收到过提醒，这个部落可能不太友好。经过一系列的艰难会面，提顿苏人提出想要他们的一只船，此时冲突似乎已经

刘易斯和克拉克沿密苏里河西行

刘易斯、克拉克和他们的向导萨卡加维亚在比特鲁特岭（今天的爱达荷州）

不可避免。后来经过黑水牛（Black Buffalo）酋长的干涉，危机得以解除，但根据克拉克在日记中的描述，他们的有些行为还是不可原谅的，克拉克在日记中将提顿苏人称作“野蛮的种族、邪恶的歹徒”。

他们向北航行，10月底到达曼丹族的聚居地（当时那是一片人口较密的地区，比华盛顿的人口还多）。很快，他们在曼丹堡扎营，因为寒冷的天气已经让他们无法忍受。也就是在那里，他们做出了对整个旅程最重要的决定之一——他们聘请了皮毛商人法裔加拿大人图森特·沙博诺（Toussaint Charbonneau）和他16岁的肖松尼族妻子萨卡加维亚（Sacagawea）作为他们的翻译。刘易斯和克拉克向着山脉的方向行进，尽管不知道前方还有多远，他们还是认为自己必须配备马匹。说当地语言的人对于交易和安全来说都是至关重要的。冬天，萨卡加维亚生下一个儿子——让·巴普蒂斯特（Jean Baptiste）（克拉克给他取了个小名叫蓬普）。远征队在接下来的旅程中受到了印第安人的热情相待，许多人都认为这要归功于这位随远征队同行的女人和她的孩子。

远征队派了一支小分队将他们的发现标本带回圣路易斯，然后于4月7日再次出发。后来与其他印第安部落的会面都很顺利，显然带上萨卡加维亚确实是个明智的选择。她不仅能帮助远征队寻找食物，告诉他们什么能吃、什么不能吃，还能在翻船时镇定自若，懂得抢救重要文件。但在6月初，事情差一点全被搞砸。他们在密苏里河遇到一处分流，刘易斯和克拉克必须做出选择。如果选择错误，他们将完全偏离航向。后来，他们来到瀑布脚下时才不由得长舒一口气，因为之前有人告诉他们，如果他们看到瀑布，就证明选择的路线是正确的。然而，正确却不代表着容易，大瀑布又是一个巨大的挑战。他们不断地遇到来自熊和响尾蛇的威胁，还有几名队员生病了。

这片难以通行的地带长达29千米，他们需要走很长一段路才能穿过，

萨卡加维亚熟悉前方路线，给刘易斯和克拉克的远征带来了很大帮助

“他们在密苏里河遇到一处分流，刘易斯和克拉克必须做出选择。如果选择错误，他们将完全偏离航向。”

并且还要带着所有的配备和供给。此时已没有退路。最终，全体队员团结一心，完成了这个惊人壮举。这充分证明了远征队员的高昂斗志、对自己任务重要性的高度认知以及刘易斯和克拉克的优秀领导能力。在这次残酷的斗争中，他们损失的只是时间，以及刘易斯有关铁架船的梦想——铁架船是行不通的。

当然，时间非常重要。他们在后来的分流处也做出了正确的选择，然而冬天来临，前方还有山要爬。要实现目标，他们需要同肖松尼族进行交换，换取他们的马匹。肖松尼族的领地就是萨卡加维亚从小生活的地方，所以由她来为远征队做向导。但找到肖松尼族并不简单，刘易斯和一名侦查员先行到前方查探，克拉克和远征队其他成员继续沿河而上。当刘易斯看到他们需要穿越的整个山脉时，他们遭到了另一次毁灭性的打击。没有能穿行落基山的西北通道。

最后，他们终于找到了肖松尼族，这些印第安人以前从没见过外人。萨卡加维亚在为远征队进行翻译时，忽然发现酋长就是她的哥哥卡梅亚威特（Cameahwait）。就这样，在肖松尼族领地休息两周之后，远征队顺利地得到了他们穿越山脉所需要的马匹。

9月，他们在一名肖松尼族向导老托比（Old Toby）的带领下从比特鲁特岭开始穿越落基山。天气不遂人意，托比还一度迷了路，远征队面临着在未来两个星期忍饥挨饿的危险。9月23日，他们来到了内兹佩尔塞族聚居地，这些可怜的远征队员终于得救了。内兹佩尔塞人相当热情，收容了他们两个星期，甚至还教了他们一种新的划艇制造方法。接下来，他们顺流而下，这看起来似乎比较轻松，但是湍急的水流却是十分危险的。一路下来，他们又一次战胜了艰难险阻。

11 月 7 日，克拉克觉得自己就要看到太平洋了，他在日记中写道：“海洋就在前方！啊！喜悦难以言表……前方就是我们一直期待的太平洋。我似乎已经听到海浪拍击到岸边礁石上（我猜会有礁石）的咆哮声了。”不幸的是，克拉克弄错了。距离太平洋还有 32 千米，在当时糟糕的天气下，他们用了一个多星期的时间才到达失望角。那天是 11 月 18 日，克拉克写道：“大家看起来都很兴奋，他们注视着冲到岩石上的高高海浪和这片广袤无垠的大海，眼睛里充满着欣喜和惊奇。”就这样，他们到达了太平洋，完成了使命。刘易斯和克拉克决定用投票的方式决定扎营过冬的地点，这应该是美国历史上有记载的首次有奴隶（约克）和女人（萨卡加维亚）参加的投票。冬天非常难熬，天气阴雨连绵，队员们士气大挫。第二年三月，他们开始返程，这次使用的是克拉克绘制的新地图。返程路途耗时较短（只用了六个月），但仍然充满着危险，其中就包括与黑脚族的一次暴力冲突，他们还在那次冲突中杀掉了两个印第安人。1806 年 9 月 23 日，远征队终于抵达圣路易斯，此时距他们出发已有两年半之久。

刘易斯、克拉克和他们的远征队到达了所有白人都未曾到达过的地方。他们有许多新的发现，不管是动植物（灰熊、北美野牛、大角羊、狼等）还是印第安部落，都对美国政府了解自己的国家有很大帮助。他们改变了新兴的美利坚合众国的样貌。

航程结束后

刘易斯和克拉克回来后发生了什么？

刘易斯和克拉克成了国家英雄，托马斯·杰斐逊总统非常高兴，向这两个人授予了官职。但对刘易斯来说，这些新的荣誉也不能帮他找到内心的平静。作为路易斯安纳州的州长，他每天陷于公务之中，时常情绪失控，酗酒的恶习也愈演愈烈。1809 年 10 月 12 日，刘易斯在去往华盛顿的路上开枪自杀，他的人生就这样以悲剧结尾。

1807 年威廉·克拉克（左）和梅里韦瑟·刘易斯（右）的画像

相比较而言，克拉克的人生就有了更多幸福的色彩。他专注于印第安事务，于 1808 年结婚，后来成为密苏里州的州长并在任长达十年之久。尽管他在与拉科塔苏族的暴力冲突中说过一些刻薄的话，克拉克还是因其公平对待印第安人而出名（有些人还认为他对印第安人的同情有些过头）。他还帮助萨卡加维亚和图森特照顾小蓬普（让·巴普蒂斯特）。1812 年，萨卡加维亚去世，克拉克将让·巴普蒂斯特抚养长大，后来这个年轻人到了欧洲，进入了德国宫廷。

跟随探险者的脚步

让我们一起探寻那些勇敢的探险者在路易斯安那的踪迹。

01. 伍德营 1804 年 5 月 14 日

刘易斯从匹兹堡沿河而下，在路易斯维尔和克拉克会面，然后他们就开始为远征探险做准备，准备包括配足供给，培训人员，向每个人强调航行的重要性。出发前，还对全体成员进行了纪律训练。

02. 拉科塔苏族 1804 年 9 月 25 日

尽管远征队与印第安部落有过几次和平会面，但他们与拉科塔苏族在现在的南达科他州皮尔市附近河边的会面却是非常紧张的。如果没有部落酋长的干涉，估计他们只能以冲突收场。

03. 曼丹堡 1804 年 10 月—1805 年 4 月

远征队员到达曼丹－希多特萨聚居地，为他们扎营过冬做准备，他们的军营名称就叫作曼丹堡。刘易斯和克拉克派人将他们的发现和日记带回圣路易斯，萨卡加维亚加入远征队。

04. 未知的分流 1805 年 6 月 1 日

远征队在密苏里河意外发现一处分流，他们必须做出选择，这一选择对他们至关重要。这就像是一种赌博，但当他们看到大瀑布时，就知道自己赌赢了。

05. 大瀑布 1805 年 6 月 13 日

远征队员以前就知道大瀑布的存在，但当他们看到构成大瀑布的五个小瀑布时，刘易斯和克拉克意识到，这段路程将会非常漫长和艰难。除此之外，他们还有很多打猎的工作要做。

06. 三叉分流 1805 年 7 月 22 日

远征队在密苏里河遇到一处三叉分流，这在地图上没有标记，对他们来说这又将是一次关键选择。这时是 7 月底，他们知道，如果选择错误，未来穿行山脉将会非常危险。

07. 遇到肖松尼人 1805 年 8 月 17 日

经过一番搜寻，远征队找到肖松尼族时，萨卡加维亚也终于和她的族人重聚。刘易斯和克拉克希望她能和她的族人商量交换马匹的事情，结果萨卡加维亚发现酋长是她的哥哥，这对他们来说可谓是意想不到的惊喜。

08. 比特鲁特岭 1805 年 9 月 11 日—23 日

在一位肖松尼族向导的带领下，远征队向着大山出发。他们对于穿越落基山的长途旅行准备不足，等待他们的是严峻的天气状况，并且他们还很可能会忍饥挨饿。

09. 内兹佩尔赛族 1805 年 9 月 23 日—10 月 7 日

他们最终走出了大山，进入了内兹佩尔赛族居住的村落。那些印第安人非常同情这些全身泥污、饥肠辘辘的远征队员，后来还教他们制造新的划艇，帮助他们为最后一段旅程做好了准备。

10. 克拉特索普堡 1805 年 11 月 24 日—1806 年 3 月 23 日

经过两个星期前的一次空欢喜，远征队终于到达太平洋。他们投票决定在哪里扎营过冬，刘易斯绘制了一幅新的改良版地图，全体队员都在期待着来年回家。

重大发现

灰熊

灰熊算是他们见过的体型最大的动物。要打倒一只灰熊，至少需要开上十枪。

草原土拨鼠

刘易斯和克拉克认为这些小动物很可爱，尤其是他们在那些四通八达的地洞（他们称之为“城镇”）中钻来钻去的样子。

北美野牛

这些探险者并没有想到在这荒野中会看到野牛。刘易斯记述了一只很友好的小牛崽，它不怕人，只是害怕他的猎狗。

郊狼

刘易斯和克拉克夜里听到有狼嚎叫的声音，他们将这种狼描述为“草原狼”。欧洲的商人对它们很熟悉，但它们对远征队员来说是陌生的。

银艾草

现称银叶蒿，远征队首次发现是在 1804 年 10 月，当时它被描述为“芳香草”，遍布整片西部大地。

路单利草

作为烟草种植商，刘易斯对路途中遇到的两种烟草特别感兴趣，并对阿里卡拉族的烟草种植和收获情况做了记录。

花旗松

航程快要结束时，远征队看到一些松树，刘易斯在日记中对其中的六种进行了描述，其中就包括花旗松。

落基山
皮毛贸易公司

在山中坚强求生的捕猎者彻底改变了皮毛贸易，他们走遍了北美荒野的每个角落，几乎让海狸彻底灭绝。

提起皮毛猎人，你脑海中想到的也许是他们抓捕水貂、狐狸和水獭来制作皮毛大衣。但在18世纪和19世纪早期，最珍贵的皮毛实际来自海狸，当时主要用来制作帽子。这里说的帽子指的不是“戴维·克罗克特”那种拓荒者戴的粗糙皮毛帽子，而是销往欧洲的精美帽子。礼帽、圆顶礼帽、海军三角帽和军帽——所有这些帽子都是用海狸的内层绒毛制成的。海狸皮毛的价格波动很大，从5到12先令不等，取决于当时的金融环境。每年都有超过10万张海狸皮被出口到欧洲。猎捕海狸是大生意。

海狸皮有两层，外面是一层长长的、粗糙的防水毛发，里面则是一层

欧洲人来到五大湖和加拿大之前，野外大约有一千多万只海狸。

落基山皮毛交易公司的一名捕猎者涉水渡过山间浅溪

柔软的短毛。里面的每根短毛上都带有一个小钩子，清洗和处理这些毛发时，它们会互相钩住。毛发缠绕在一起的时候，它们就会形成一个浓密的垫子，从而可以制成坚硬、防水的帽子，同时又能保持皮毛最初的形状。生存在野外的海狸不会冬眠。冬天，它们会长出一层更厚的毛，以抵御严寒。天气越冷，海狸的皮毛越厚，所以最值钱的皮毛就来自加拿大落基山脉和美国西北部的海狸。

到 1820 年，那里已经有三家皮毛贸易公司：英国的西北公司、哈得孙海湾公司和美国皮毛公司。实际上，这些公司并不是自己捕猎海狸，而是依靠印第安部落，他们只是建立了许多长期交易点并形成了网络，这些交易点也就是所谓的“工厂”，印第安猎人可以用皮毛来交换枪支、铁制品、羊毛毯子、马还有威士忌。酒不仅仅用来直接支付皮毛，还被用作讨价还价的工具——喝醉的印第安人更容易欺骗。1802 年以后，在美国向印第安人卖酒变成了非法行为，但这只用来约束美国政府经营的工厂，私营企业则无视这一限制。他们在更靠近北方的地方建立了工厂，那里更加荒凉，但能让他们获取最优质的皮毛，而且价格要低得多，路途遥远，要把交易物品运送到工厂也要困难得多。

后来，1822 年，密苏里民兵组织的将军威廉·阿什利（William Ashley）在报纸上登了一则广告，声明要“招募 100 个富于进取的年轻人……沿密苏里河至其源头，在那里工作一至三年的时间”。150 多人报名参加（他们被称为“阿什利百人团”），他们后来成为落基山皮毛贸易公司的骨干。这次不是利用印第安人来捕猎，而是要训练这些人自己捕猎或诱捕海狸。用“富于进取”来要求这些捕猎者实际上并不公平。他们过着令人难以置信的艰苦生活，大多数人都没有活过中年。为了检查海狸陷阱，他们经常需要在冬天涉水或游泳进入快速流动的山间溪流。他们居无定所，靠天吃饭，露宿荒野。有些人被熊或麋鹿咬死，有些人从山间陡峭的小径上堕落摔死或在渡河时被淹死，甚至还有些人被活活冻死或饿死。1823 年，阿什利百人团中的一名成员杰迪代亚·史密斯（Jedediah Smith）遭遇阿里卡拉部落的袭击，其队伍中有 12 人被杀。几个月后，他被一只灰熊按倒在地，肋骨被咬断，头皮和一只耳朵被撕扯下来。他幸运地活了下来，一位朋友将他的耳朵缝

印第安人穿过的海狸皮价值更高——身体上的汗液会让它们变得更加坚韧。

捕猎者经常遭到来自印第安部落的袭击

了回去。1827 年，他再次遭到袭击，这次是莫哈维族，他的手下有10 人被杀，还有两个女人被绑架。结果，第二年他们又遭到乌姆普夸族的袭击，这些印第安人对他们进行了一次大屠杀，史密斯的队员全被杀害，只有他因当时不在营中而又一次幸免于难。

晾干后的海狸皮重约750 克。一般 60 张海狸皮会压成一个包裹，总重约 45 千克。

为了与印第安人进行交易，其他的皮毛公司不得不经营自己的贸易点网络。这些贸易点不仅要储备足够的物资用来换取皮毛，还需要加强防御，以免遭到来自一些不友好部落的袭击。

落基山皮毛贸易公司通过使用所谓的“旅交会”系统避免了这一损失。捕猎者不可独行——在荒野中独自生存很长时间是不可能的。他们被组织成一个个名为“旅”的小团队，每队都有一名被称作“布尔戈斯”[1]的老板。这些旅在秋季和冬季寻找海狸坝，但等到早春才会实施抓捕，因为冬天过后他们的毛才是最厚的时候。然后，他们会尽可能多地捕猎、剥皮，到了夏天，就把所有的皮毛都带到一个事先安排好的地点，通常是在现在怀俄明州的格林河边。各旅的聚会是一个盛大的节日，捕猎者卖掉他们的皮毛，然后再在几周的狂欢庆祝活动中把大部分的收入都花掉。对

1 来自法语单词 bourgois，意为资本家。

将海狸皮铺在圆木架子上

于落基山皮毛贸易公司来说，这些山里人不仅仅是供应商，也是顾客。公司在北方的野外建立会合点，也就建立了一个垄断市场，把补给再卖给这些猎人。捕猎用的设备、枪支、刀具、毯子、食品和烟草都以极高的价格卖给那些不愿再往南走到最近贸易点的人。通过这种方式，公司可谓全方位盈利。

19 世纪 30 年代，海狸的数量开始急剧下降。落基山皮毛贸易公司发出命令，在捕获一处海狸坝后，应等待 2~3 年的时间，让海狸在那里重新繁衍。但是，皮毛的高价不可避免地导致许多猎人寻找捷径，故意忽视这条规则。而且不管怎样，现代研究表明，海狸的回归可能需要 5 年的时间。最重要的是，哈得孙海湾公司采取了一种激进的“焦土”政策[2]，故意在落基山脉过度诱捕，以迫使当地海狸灭绝。该公司相信，如果他们能将俄勒冈州的海狸消灭，美国的皮毛公司就会撤离，而哈得孙海湾公司将拥有加拿大北部唯一一部分剩下的海狸。事实上，他们的破坏行为加速了整个皮毛贸易行业的消亡。所有的皮毛公司

每年的捕猎者旅交会能将几百千米之外的白人和印第安人吸引到这里

2　当敌人进入某处时故意烧毁、破坏及移除任何可能对敌人有用的东西即为焦土政策。

印地安人将海狸皮毛带给白人商人

都在互相竞争，海狸越来越少，皮毛价格上涨，而捕猎者猎取海狸的动力也越来越大。

19 世纪 40 年代，丝绸开始取代海狸皮毛成为帽子的首选材料。这在一定程度上是由于海狸的短缺，但具有讽刺意味的是，这种转变也可能是由于太平洋彼岸的东方商人在海狸皮毛贸易中获利丰厚。这些东方商人将他们的利润转移到中国丝绸中，并将它们带到欧洲，其现成的实用性促使帽商探索使用丝绸代替海狸皮毛的可能性。1834 年，落基山皮毛贸易公司濒临破产，将其资产出售给了它的前竞争对手——美国皮毛公司。但对捕猎者来说，这只是死刑的缓期执行罢了。1840 年以后，旅交会消失。一些人开始到落基山以外的地方捕猎，另一些人则在俄勒冈之路上为一波又一波涌入的移民做向导。当这些捕猎者小心翼翼地寻找着每一条可能有海狸生存的溪流时，他们也偶然将自己变成了西北太平洋地区的权威地理专家。他们所发现的道路仍然保留着他们的名字，并将在 1848 年的加利福尼亚淘金热中被下一波财富猎人使用。

与哈得孙海湾公司竞争的捕猎者叹息道，哈得孙海湾公司的首字母 HBC 就代表“基督之前”[1]。

[1] 有人将哈得孙海湾公司的首字母 HBC 解释为 Here Before Christ，意为基督之前。

真实的“归来亡魂”

休·格拉斯（Hugh Glass）曾是一名皮毛猎人，1823 年由阿什利将军招募。在第一次外出捕猎时，他遭到一只灰熊的袭击，受伤非常严重，他的同伴们都确信他将不久于人世。他们留下两个人照顾格拉斯并为他料理后事，但后来那两个人说他们遭到了阿里卡拉印第安人的袭击，不得不抛下格拉斯自己跑掉。格拉斯强拖着自己的身体在荒野中爬了 320 千米到达凯厄瓦堡，耗时 6 个星期，并且没有携带任何枪支和补给。格拉斯的故事让他成为传奇人物，他的形象出现在许多电影中，其中就包括 2015 年莱昂纳多·迪卡普里奥（Leonardo DiCaprio）主演的《荒野猎人》。然而，这部电影的虚构成分过多，其中故事的真实性值得怀疑。而第一次对格拉斯生存壮举的文字描述则出现在 1825 年，是《费城日报》上的一篇文学作品，后来又被其他几家报纸收录。而我们知道休·格拉斯是真实的，是因为他的老板在信中提到了他，他自己也写了一些信。尽管格拉斯曾经受过教育，但是他从未写过任何有关自己探险经历的东西，大多数的故事细节都纯属猜测。

和大多数的捕猎者一样，休·格拉斯的生活被传奇所包围

印第安人迁移法案

安德鲁·杰克逊总统这项有争议的立法让数以万计的印第安人背井离乡。这场大迁徙被称为“血泪之路”。

到 1830 年时，已经有越来越多的白人想要占领印第安人的土地，他们呼声强烈。为了赢得选民的支持，美国政府做出了激烈的反应。安德鲁·杰克逊总统给出的“解决方案”就是《印第安人迁移法案》，这个法案将“五大文明部落”（乔克托族、塞米诺族、克里克族、契卡索族和切诺基族）从美国南方腹地驱逐到了几百英里以外的印第安新领地。

在此法案之前，这五大部落曾得到保证：只要他们学习欧洲社会的生活方式，遵循盎格鲁－欧洲人的文化习惯，皈依基督教，他们就能留在密西西比河以东的土地。但杰克逊在 1829 年的国情咨文演讲中终结了这一时代，他提到，在“进步”面前，无人可以挡道，印第安人很可能会面临灭绝的命运，而迁移是阻止这种命运的唯一办法。根据他的提议，印第安人将由政府护送搬迁到密西西比河以西的居留地，并在那里实行自治。

1830 年 5 月 28 日，经过激烈的辩论，参议院最终还是通过了该法案；事实上，只有戴维·克罗克特提出了反对意见。在后来的 20 年中，五大部落在当地民兵的“护送”下陆陆续续地徒步前往他们在俄克拉荷马州的新家园。许多人进行了反抗，但是几次战争过后，这些印第安人只能屈服，再次踏上这迁移的路途。疾病肆虐，环境恶劣，还有途中不断的袭击，上千名印第安人死在这艰辛、不义的旅途中。欧裔美国人最终夺取了 2500 万英亩[1] 的土地，却丝毫不关心印第安人为此付出的代价。

安德鲁·杰克逊总统画像，托马斯·萨利（Thomas Sully）1824 年作。杰克逊总统的任期几乎持续了整个迁移时期

1 1500 万英亩约等于 101171 平方千米。

1830 年，乔治 · W. 哈金斯取代其叔叔格林伍德 · 莱福饶成为乔克托酋长

乔克托族

《印第安人迁移法案》通过以后，原住于美国东部亚拉巴马州、阿肯色州、密西西比州及路易斯安那州的“五大文明部落”被迫迁移，其中最早被驱逐的就是乔克托族。他们的迁移分三个阶段进行，主要在 1831 年至 1833 年完成——但有些乔克托人拒绝离开，以至于对他们的驱逐一直持续到 20 世纪。

乔克托族形成于 17 世纪，由数千年来占据美国南方腹地的其他部落残存者集聚而成。美国独立战争时，许多乔克托人加入了乔治·华盛顿（George Washington）的军队。在随后的政局动荡期，乔克托人也基本是站在新美国政府一边的（或者说，至少没有武装反抗；1813 年，他们甚至还同美国政府一起对抗克里克印第安人）。然而，这种合作态度并没有为他们赢得任何特殊待遇。1820 年，杰克逊代表美国政府走访乔克托族，试图就乔克托居住地范围问题达成协议。为达目的，杰克逊决定采用敲诈、贿赂和威胁的手段。

当年，《多克货摊条约》（*Treaty of Doak's Stand*）签订，乔克托人将其一半领土割让予美国政府，并同意放弃美国公民身份直至自己称得上“文明开化”。但十年后杰克逊当政时，那些未兑现的权利却无疾而终；乔克托人最终签订了《舞兔溪条约》（*Treaty of Dancing Rabbit Creek*），用其密西西比河以东的 1100 万英亩[1]土地换取了现在俄克拉荷马州的 1500 万英亩[2]土地。这是乔克托族签订的最后一个重要的土地割让条约，也是《印第安人迁移法案》下签订的第一个条约。由于签署了这一条约，族长格林伍德 · 莱福饶（Greenwood LeFlore）随即被乔克托人废黜，由其侄子乔治 · W. 哈金斯（George W. Harkins）继位。

《舞兔溪条约》签订以后，乔克托族一分为二：一部分人长途跋涉至俄克拉荷马州，另一部分人依然留守密西西比。拒绝迁移的乔克托人约有 5000 名，他们拥有了美国公民的身份，但却遭到排挤，忍受着来自欧裔美国人的法律冲突、骚扰、恐吓及暴力（截止至 1930 年，留守的乔克托人仅剩 1600 人）。与此同时，离开的 15000 名乔克托人也不得不与 1830—1831 年的严寒以及 1832 年的霍乱进行抗争。在西迁途中，约有 6000 名乔克托人失去了生命。

随后的几年，绝大多数乔克托人在美国内战中选择支持南方的联盟国，主要是因为联盟国承诺将一个州交由印第安人管理。第一次世界大战期间，乔克托人成为美国军队中第一批有名的密语者（他们的语言就是一种密码，敌人无法破解）。时至今日，乔克托已成为现存的第三大印第安部落。

1 1100 万英亩约等于 44516 平方千米。
2 1500 万英亩约等于 60704 平方千米。

迁移后的乔克托后裔分支：耶拿分支和密西西比分支

塞米诺族

塞米诺族从 18 世纪早期就居住在佛罗里达地区。塞米诺族由克里克族、乔克托族和其他部落的分支组成，其名称来自西班牙单词“cimarrón”，意思是“野生”或“逃亡”。根据《印第安人迁移法案》，他们需要迁移到密西西比河以西的克里克领地，然后并入克里克部落。但他们对此进行了激烈的反抗，因为克里克人将他们视为背弃者，他们担心会遭到克里克人的排斥。

1816 至 1819 年间，安德鲁·杰克逊就已经下令入侵佛罗里达，当时的塞米诺人与入侵者进行了长时间的斗争。迁移法案的通过则点燃了第二次塞米诺战争，这次是从 1835 年持续到了 1842 年。

有关塞米诺迁移的具体条约就是《佩恩码头条约》（Treaty of Payne's Landing）。据说，七名塞米诺首领前往俄克拉荷马的新居留地签署了此条约，并表示可以接受条约内容。但回到佛罗里达以后，这些首领却拒绝承认当时的签署行为，声称他们是被胁迫服从的。甚至一些美国军官也支持这一说法。然而，该条约于 1834 年 4 月被批准，给塞米诺人留了三年的时间离开他们的土地。塞米诺人拒绝接受条约，佛罗里达即将迎来一场战争。

在 1835 年 12 月 28 日的戴德大屠杀（Dade Massacre）中，弗朗西斯·戴德少校（Francis Dade）带领的 110 名美国士兵遭到塞米诺战士的偷袭和杀害。美军少校伊桑·艾伦·希契科克（Ethan Allen Hitchcock）发现了他们的尸体，他写道，这是“政府暴政”带来的不可避免的悲剧。在后来的几个月中，布鲁克堡、巴恩韦尔堡、库珀营、亚拉巴马堡和德雷恩堡相继发生了更多小的冲突，全部都是塞米诺人获胜——有几个堡甚至是被美军自动放弃的。最终，托马斯·杰瑟普（Thomas Jesup）少将带领了一支包括美国陆军、海军和民兵的 9000 人军队才将这些印第安人的反抗镇压下来，而塞米诺一方的战士却从未超过 1400 人。1837 年的哈奇－拉斯蒂战役（Battle of Hatchee-Lustee）后，双方休战。几百名塞米诺人投降，但还有些人拒不投降，战斗持续到了 1842 年 8 月。

后来，虎尾（Tiger Tail）酋长被擒，和他一起顽抗的一小队人均被杀害，战争就此结束。虎尾死在新奥尔良，后来尸体被运到俄克拉荷马。大多数塞米诺人都接受了迁移的命运，但还有 100 人左右留在佛罗里达大沼泽地，独自坚守着自己的一块特别保留地。后来他们成为唯一一个未放弃主权、未与美国政府签订和平条约的部落。

第二次塞米诺战争中，美国海军在大沼泽地中搜寻塞米诺战士

塞米诺酋长奥西奥拉

1835年，伊桑·艾伦·希契科克将军公然谴责其政府和军队对塞米诺人的行为

克里克族

克里克族原居住于美国东南林地，是第一批被归为“文明部落”的土著居民——他们是五大文明部落之一。这或许让人感到有些意外，因为他们曾经与美国发生过冲突。美国独立战争以后，他们的土地被英国人割让给美国；在 18 世纪晚期的切诺基－美国战争中，他们与切诺基人并肩作战，对抗田纳西的白人殖民者。

1813 年爆发的“克里克战争”是克里克红棍组织（Creek’s Red Stick Faction）和美国民兵之间的一系列冲突。红棍组织对美军堡垒发动了几次袭击，其中包括 8 月份在亚拉巴马州米姆斯堡发生的一场有名的大屠杀。同年 11 月，为了进行报复，美军又发动了塔什图奇战役，克里克族的许多男人、女人和孩子被杀害。后来，在 1814 年 3 月的马蹄铁战役中，安德鲁·杰克逊将军终于平息了克里克人的反抗。同年 8 月，克里克人签署了《杰克逊堡条约》（*Treaty of Ford Jackson*），将佐治亚州和亚拉巴马州的 2300 万英亩[1]土地割让给美国政府。这场战争几乎破坏了前几代克里克人与欧裔美国人和平共处的全部努力。杰克逊在这场战争中建立的对克里克人的反感情绪也在后来被带入他的总统任期中。

《印第安人迁移法案》通过以后，亚拉巴马州仍有大约两万名克里克人。他们的土地被划分为单独的小块，1832 年的《库西塔条约》（*Freaty of Cusseta*）给了他们两种选择：留在原地（必须服从州的法律）或者迁往俄克拉荷马，并获得财政补偿。然而，在实际中，克里克人根本没有办法选择留在原地。白人移民大肆侵占克里克人的土地，美国当局对此睁一只眼闭一只眼。克里克人变得愈加贫困和绝望，他们再次对闯入的白人发起了攻击，这便导致了 1836 年短暂的第二次克里克战争。最后，在温菲尔德·斯科特将军的指挥下，克里克人由军队押送开始了迁移。1837 年中期，大约 15000 名克里克人先是被赶进了拘留营，然后被驱逐出他们的土地。大约四分之一的人死于西迁至俄克拉荷马的艰苦旅程中。

后来，在美国内战期间，克里克人分成了两派，一部分人支持北方美利坚合众国，另一部分人则支持南方的美利坚联盟国。开始时，亚伯拉罕·林肯总统通过增加政府援助来奖励忠诚的支持者，但后来军中出现了叛徒。于是，1866 年，又签订了一个新的条约。根据其条款，克里克人失去了更多的领土，其部分居留地还给了新解放的奴隶。

1 2300 万英亩约等于 93078 平方千米。

1814 年的马蹄铁战役后，红鹰酋长向安德鲁·杰克逊投降

美国内战后，契卡索族的政治代表霍姆斯·科尔伯特

一位不知名的契卡索战士，摄于 19 世纪 80 年代

契卡索族

契卡索族与乔克托族关系密切。根据他们的口述历史，在史前年代，两族人都居住在密西西比河地区，后来在 17 世纪，他们分成了两个部落。1540 年，契卡索人和欧洲人有了第一次接触——那是一支由埃尔南多·德·索托（Hernando de Soto）带领的西班牙探险队。因为一些分歧，契卡索人攻击了索托的随从，无情地将他们赶走了。1670 年，他们与英国人结盟（那段时间，他们经常与乔克托人发生冲突）；美国独立战争时，他们又与新成立的美国结盟。后来，他们对美国及其政府一直持支持态度，尽管有时他们的权利和土地受到侵犯。

确定契卡索族西迁的条约是 1832 年的《庞托托克溪条约》（*Treaty of Pontotoc Creek*）。1830 年时，美国政府就已经尝试让其西迁，但当时契卡索人对他们在俄克拉何马州被分配的土地质量感到非常失望。两年后，他们在密西西比的宝贵土地逐渐被欧裔美国移民侵占，同时威士忌瘾流行，他们开始感觉到自己的文明正在被淹没，甚至就要被吞灭。他们渐渐感到绝望，最终同意把他们在密西西比的土地割让给政府，而唯一的要求就是为他们提供新的土地。同时，他们还同意自己支付迁移的费用，这在五大文明部落中也是独一无二的。他们利用在密西西比土地上获得的经济补偿购买了乔克托部落在俄克拉荷马州的一部分新领地。虽然这属于印第安内部事务，但美国参议院在 1837 年的《多克斯维尔条约》（*Treaty of Doaksville*）中批准了他们之间的协议，这也是不太常见的。

契卡索族的西迁于 1837 年开始，持续了两年的时间。参与西迁的契卡索人不到 5000 名，这和血泪之路上的其他 4 个部落相比，已经是相对多的了。然而，他们的到达却是穷困的开始，大多数契卡索人都未能在原先乔克托的土地上获得他们新的家园，而是被关押至乔克托城镇中的临时营地和一些政府供给仓库。他们忍受着贫困、酒瘾、内部政治斗争和来自其他部落的攻击，后来又过了 15 年，才最终有了自己专属的领地。

1856 年，契卡索人正式脱离乔克托族，建立了自己独立的民族。美国内战时，契卡索人加入了联盟国的军队。1907 年，五大部落要求自治州的请愿被驳回后，契卡索在其自己的土地上失去了权利。然而，到了 20 世纪，他们又慢慢复兴，1983 年时又终于作为一个民族被正式认可。

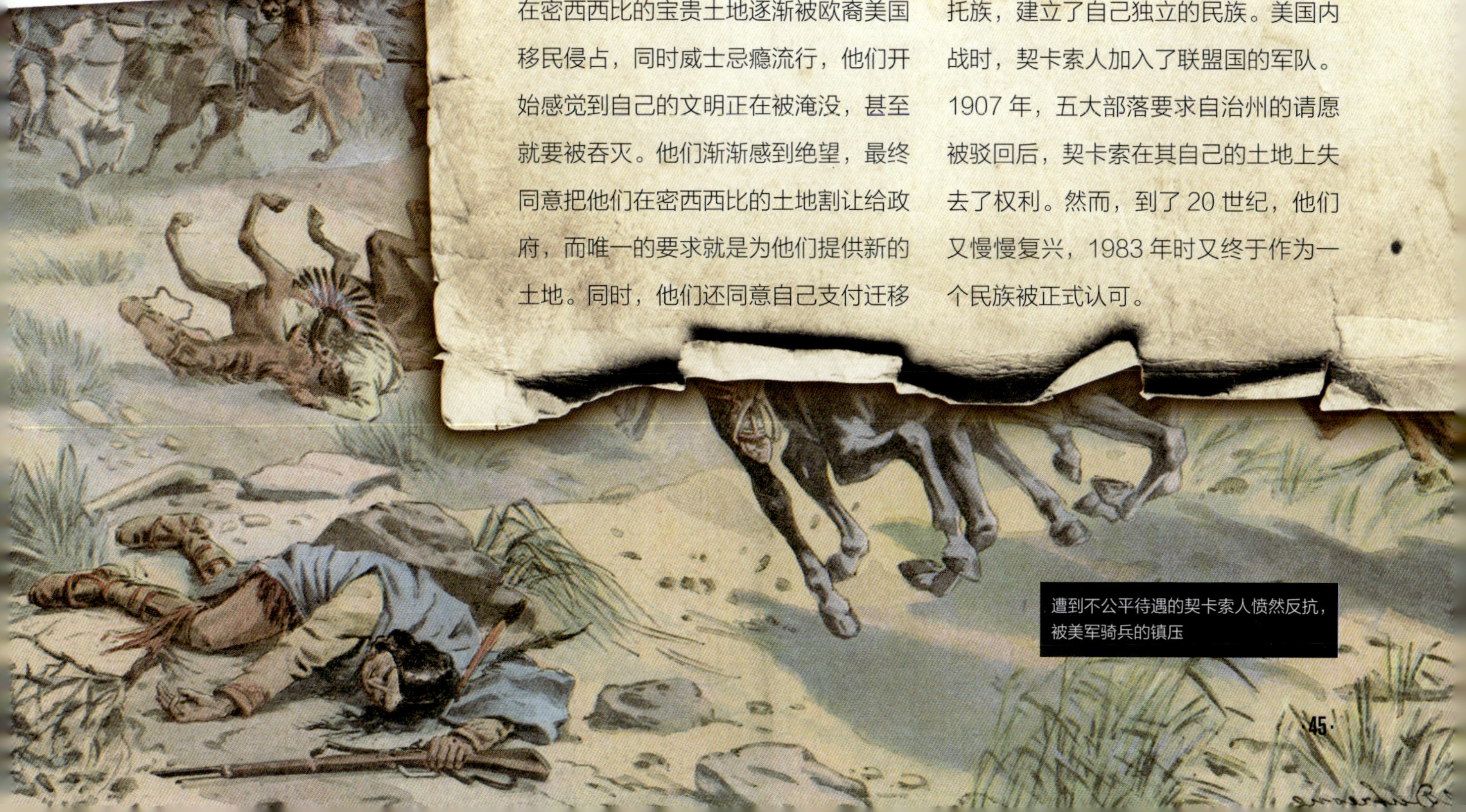

遭到不公平待遇的契卡索人愤然反抗，被美军骑兵的镇压

血泪之路上数以千计的切诺基人之一——伊丽莎白·布朗·斯蒂芬斯。此照片摄于1903年，当时她82岁

安德鲁·杰克逊之后，马丁·范布伦继任总统，通过了切诺基人西迁条约

切诺基人西迁图

切诺基族

欧裔白人殖民者侵占印第安人的土地，一般都是因为觊觎这里良好的农耕条件，或是为了获取矿产资源，抑或两者兼而有之。然而，对于佐治亚州切诺基人的土地，还有一个非常特殊的原因——黄金。在佐治亚州的淘金热中，成千上万的淘金者在切诺基人的土地上寻找他们的财富。这里的淘金热开始于 1829 年，比更著名的加利福尼亚淘金热还更早 20 年。虽然切诺基人自史前时代就居住在这片土地上，但他们很快就被征服了。佐治亚州政府似乎完全不支持自己的土著居民，急切地想要把他们赶出去。

有关切诺基人迁移的具体条约是《新赫伯特条约》（*The Treaty of New Echota*）。但不管是部落首领，还是切诺基的普通民众，都拒绝接受此条约，因为即使按照之前《印第安人迁移法案》的标准，它都称不上是合法，而合乎道德更是无从谈起。即便如此，1838 年，安德鲁 · 杰克逊的继任者马丁 · 范 · 布伦（Martin Van Buren）还是通过了此条约。不幸的是，新总统的上台并不意味着印第安人的命运会有什么新的改变。由于拒绝承认条约，切诺基人在拘留营中被关押了几个月，后来被民兵部队强行赶出了他们的土地。1838 年冬天，切诺基人的 12 个马车队开始了艰难的长途跋涉，其中每个车队大约有 1000 人。他们选择了不同的路线，经过了肯塔基州、伊利诺伊州、田纳西州、密西西比州、阿肯色州和密苏里州。大部分切诺基人都是赤脚行走的。

途中，他们饱受营养不良、疾病、肺炎和严寒的折磨。在拘留营中的那个夏天酷热难耐、极其干旱，同年冬天，他们又遭遇了极端的寒冷天气，因此西迁的路程进行得特别缓慢（仅俄亥俄河和密西西比河之间的 96 千米就花费了 3 个月）。尤其是一些当地人担心切诺基人有传染疾病，禁止他们从城中经过，因此他们必须绕过城镇或居留地，这样路程就变得更长了。到达俄亥俄河时，摆渡的船夫向他们收取每人 1 美元的渡河费，而这项费用在平时仅为 12 美分。在渡河的漫长等待中，许多切诺基人死于虚脱和饥饿，有些人甚至被当地人杀害。

1839 年初，切诺基人终于到达了他们在俄克拉荷马州的目的地。若将拘留营和西迁路途都算上的话，切诺基人的死亡总数估计达到了 4000~6000 人。

如今，切诺基人已经成为美国最大的一支印第安部落，但对他们及其他文明部落的种族清洗却不能被忘记。1987 年，这条长达 3540 千米的“血泪之路”被定为国家历史之路，以此纪念在迁移中饱受折磨及死亡的印第安人。2008 年，五大部落终于收到了来自美国政府的正式道歉。

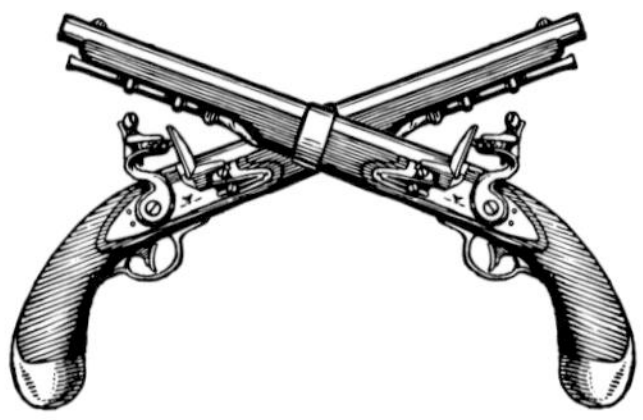

戴维·克罗克特

戴维·克罗克特真的是西部边境之王吗？也许并不是，但他的一生绝对称得上传奇。

在任何人看来，戴维·克罗克特的一生都是不平凡的。在生命的不同时期，他分别扮演着拓荒者、政治家和军人的角色，当然他的性格也是多样的。但是，他生前身后的名声并不仅来自于他真正的成就。他能够成为一位民间英雄和传奇人物，多半要靠他自己讲述的那些离奇经历和他怂恿别人为其杜撰的那些故事。如今，历史学家已经发现许多有关戴维的真相，但他的崇拜者仍然更喜欢那些虚构的版本。

1786 年，戴维出生在富兰克林。这里曾经是北卡罗来纳州的一部分，后来意图分离成为一个独立的州。戴维的父亲约翰就参与了这场激烈运动，他们试图让富兰克林正式成为美国的第 14 个州。但后来运动失败了，戴维 11 岁的时候，富兰克林已被纳入新成立的田纳西州。不过，在克罗克特的家中，政治活动一直都是大家讨论的话题，这显然给家中排行老五的戴维留下了深刻的印象（约翰和他的妻子丽贝卡共有 9 个孩子）。

在这张 1889 年的画像中，戴维·克罗克特右手拿着一块浣熊皮，左手中是他那有名的步枪“老贝齐”。艺术家们都更愿意将传奇人物像这样描绘出来

在担任政治职务前的 20 年里，戴维的生活经历是非常丰富的——有些是出于自愿的，而有些则有一些不情愿的成分在其中。童年时期，他的家庭遭遇了多次金融危机，所以戴维从 12 岁起就不得不外出工作。他的第一份工作是在通往弗吉尼亚的路上当牛仔，需要赶着牛走 400 英里[1]的路。20 岁之前，他又做了几次这样的工作，同时他还接受了四年的制帽培训。

关键时刻

克里克战争

克里克印第安人在亚拉巴马州米姆斯堡屠杀了 500 名白人移民，克罗克特应征入伍，加入了安德鲁·杰克逊将军的民兵团。但他感觉自己更适合侦察，而不适合直接参与战斗。完成规定的 90 天服役期后，他就回家了，错过了剩下所有的战斗。后来，到阿拉莫战役之前，他都没有再服过兵役。

1813 年

所有这些工作都是为了偿还他父亲的债务。不过到了 1802 年，约翰便不再让其继续偿还，戴维开始独立生活。后来，戴维有过两次婚姻，并生育了很多子女。他曾作为猎人捕猎了很多熊，并将熊肉卖给当地人，因此留下了一些恶名。

1813 年，安德鲁·杰克逊将军招募民兵来武力对抗克里克印第安人，戴维受到吸引，离开自己的家人，加入了杰克逊将军的队伍。不过，他只是作为一名侦察兵报名参军，而且还错过了所有重要的战役。

因为这段参军生涯，戴维回到农场后便在家乡赢得了更多的尊重，这直接导致他在 1817 年的选举中当选治安法官。他从未读过法律书籍，也几乎没有上过学，但他在处理罪犯时那朴素的智慧和精准的判断力让他在当地成为一名颇受欢迎的人物，而且他的所有裁决都未遭到过上诉。

而这对他来说只是开始。1818 年，他成功地当选当地民兵团的中校——这在当时引来了其他候选人的极度不满。尽管在职只有几年的时间，但后来他将“中校”的头衔一直延续了下去。他还成为当地的一名行政长官，为城镇管理和县界划分出谋划策。1821 年，他决定竞选田纳西州的州议会，也就是在这次竞选活动中，他开始磨练自己“扯皮”的技巧，知名度变得越来越高。

在当地竞选活动中，他巧舌如簧，赢得了民众的支持，据传他还用免费

1 400 英里约等于 644 千米。

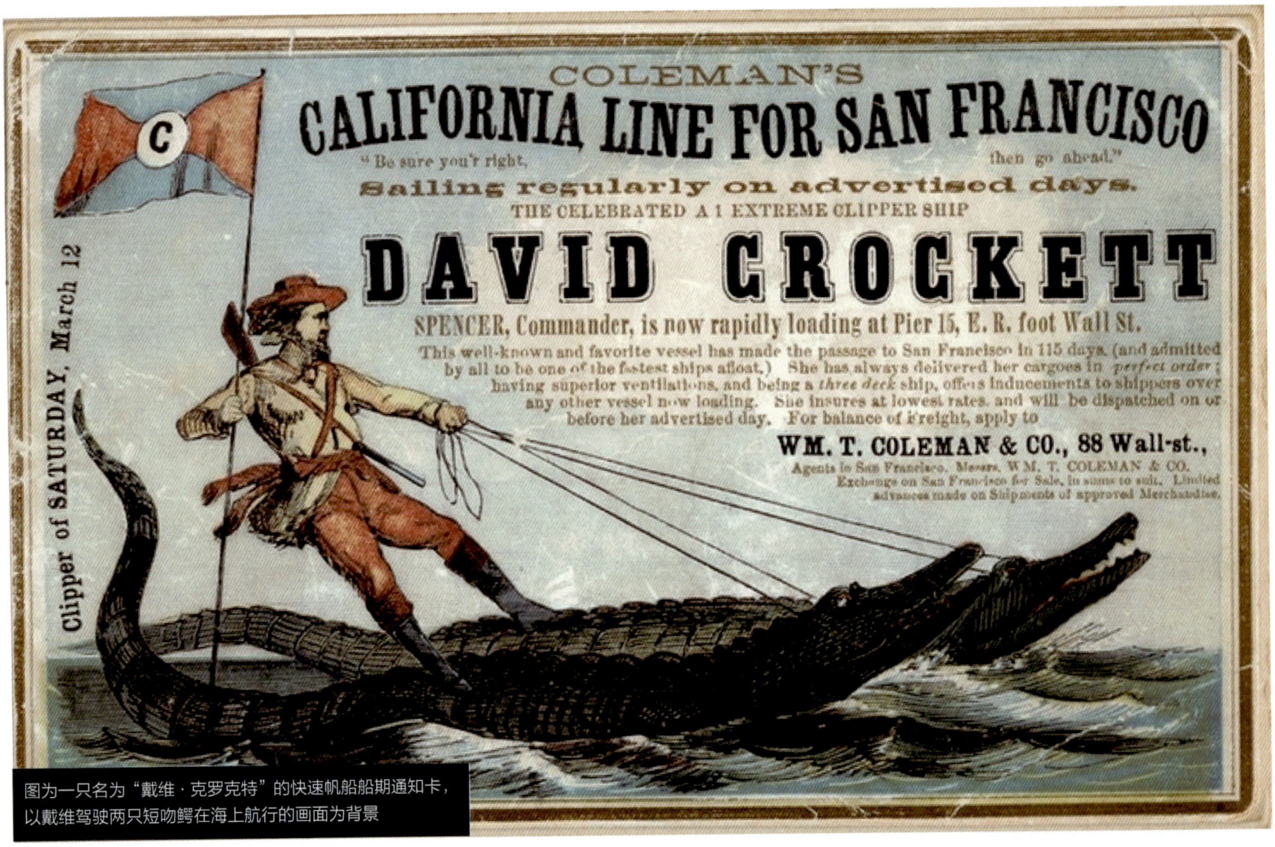

图为一只名为“戴维·克罗克特”的快速帆船船期通知卡，以戴维驾驶两只短吻鳄在海上航行的画面为背景

饮料贿赂选民。还有几个传闻称，他在演讲结束后将所有听众邀请到附近的酒吧，以阻止他们留下来听下一位候选人的演讲。关于他的传闻还有很多。

一个非常著名的故事是，他和一个酒吧店主打赌，如果他能射杀一只浣熊，就能获得免费畅饮的机会。当然，他赢了。有趣的是，他后来又把那只死浣熊偷了回来，重新给了那位愚蠢的店主，换取了第二次免费畅饮。还有一次，他偷了对手的演讲稿并抢先做了演讲，让对方有苦难言，无话可说。他声称自己根本不需要开枪，只需一笑就能让浣熊头晕目眩、昏迷倒地。至于他为什么做浣熊猎人，是因为他曾经遭到一只狡猾浣熊的愚弄，后来便发誓再也不能受此屈辱，因此走上了猎杀浣熊的道路。

关键时刻

克罗克特议员

克罗克特在提案和申诉委员会任职，代表着其选民——主要是贫困的田纳西拓荒农民的利益。当选国会议员后，他收获很少，却树敌很多。他对《印第安人迁移法案》的反对也使他在自己的选民中失去了支持。

1827 年

这个南方佬在选民当中颇受欢迎，由此他在 1823 年进入了州议会，并最终在 1827 年进入国会。这个没受过教育的、粗犷的拓荒者给略显沉闷的华盛顿增添了一种别样的色彩。

1831 年，一场名为《西部之狮》（*The Lion of the West*）的讽刺剧在纽约上演，取得了巨大成功。其中那荒唐可笑的主人公尼姆罗德·怀尔德非雷（Nimrod Wildfire）就是以人尽皆知的克罗克特为原型。但克罗克特丝毫没有感觉被冒犯，还认为这个角色很有趣，并欣然接受了这个角色为其带来的更高的知名度。在公众意识中，事实和虚构变得无法辨认。那戴着浣熊皮帽子的是尼姆罗德·怀尔德非雷，克罗克特应该从来没有这样穿戴过。然而，那顶帽子后来却成了克罗克特形象的标志，并流传至今。

1834 年，在托马斯·奇尔顿（Thomas Chilton）的帮助下，克罗克特完成了一本自传《田纳西州戴维·克罗克特的生活故事》（*A Narrative of the Life of David Crockett of the State of Tennessee*）。此标题可谓赫然醒目，其中的内容也有些夸大其

阿拉莫建筑，摄于 1904 年

实。同时，一些野史和廉价小说也开始虚构关于他的故事，包括他的探险和狩猎经历以及在军队中的英勇事迹。他还进行了巡回演说。但这并非仅仅为了强调个人成就而进行的自我夸大。和“野牛比尔”那些人的故事相比，克罗克特的故事毫无真实性可言，几乎无法让人相信：他驾着一只鳄鱼航行到尼亚加拉瀑布上方，穿过密西西比河，然后又跳入了俄亥俄河；他是半人半马；他骑着闪电，削断了哈雷彗星的尾巴。甚至还有故事说他用太阳点烟。

阿拉莫建筑今天的样子

尽管（也或许正是因为）他的名气很大，但是他在国会中却大受欢迎。他对《印第安人迁移法案》持强烈的反对意见，同时他支持普通民众反对富人商业利益的做法对于特立独行的克罗克特来说并不稀奇。这些行为导致他与同事和竞争对手的关系都不是很好。他树了很多政敌，未能通过一项法律。在华盛顿，对印第安人的公平待遇和为穷人立法似乎都不能得到关注。当时的美国第七任总统安德鲁·杰克逊对这位不守规矩的议员越来越失望，而克罗克特也觉得现在的总统已不是当初他在克里克战争中跟随的那个将军了。

1835 年，克罗克特最终在第二届任期结束时落选。政治生涯就此结束，他开始寻找新的机会，将目光着眼于西部地区。在那里，夺取得克萨斯的机会已经成熟，与墨西哥的紧张关系也在酝酿之中。

当他到达得克萨斯时，与墨西哥的战争似乎随时都有可能爆发，克罗

时间轴

1786年

戴维·克罗克特出生

他并非像歌中唱的那样出生在一个高高的山顶，而是出生在距离田纳西州诺克斯维尔以东不远的格林县。他的父母是早期拓荒的农民，还拥有一个酒馆，不过农场和酒馆都经营得不是很好。

1798年

牛仔生活

草草地读了几年书以后，小戴维就被送去打工。他的主要工作就是当一个牛仔，负责在长途旅行中驱赶牛群。

1806年

戴维的第一次婚姻

克罗克特和波莉·芬利（Polly Finley）结了婚，尽管他的岳母对这个没文化的粗人并不是很满意。他们生育了三个孩子：约翰·韦斯利·克罗克特（John Wesley Crockett）、威廉·芬利·克罗克特（William Finley Crockett）和玛格丽特·芬利·克罗克特（Margaret Finley Crockett）。

1812年

优秀的猎人

作为一位有修养的拓荒者和有天赋的猎人，克罗克特在当地颇受尊重。据称，他曾在一个季节杀死了 100 只熊。

1815年

戴维的第二次婚姻

克罗克特的第二任妻子是一个寡妇，名叫伊丽莎白·巴顿（Elizabeth Patton）。她在与戴维结婚之前已经生育了两个子女（玛格丽特一安和乔治），后来又和克罗克特有了三个孩子：罗伯特、丽贝卡和玛蒂尔达。

1817年

治安法官

搬到田纳西州肖尔溪以后，克罗克特开始对地方政治产生兴趣。他是镇里的第一个执法官，并且对政治得心应手。

克特认为自己即将在其中扮演重要的政治角色。他宣誓效忠得克萨斯的临时政府，或“未来任何可能的共和党政府”，并再次走上竞选之路（这一次是带着武装随从），他发表了令人振奋的演讲。当然，他就是靠演讲出名的。

最后，他和一群志愿兵一起来到圣安东尼奥。他被任命为驻防部队首领——他仍然期待着自己的政治道路。然而，1836年2月23日，安东尼奥·洛佩斯·德·桑塔·安纳（Antonio Lopez de Santa Anna）将军率领的墨西哥军队对他们发起了突然袭击。紧接着，圣安东尼奥开始了著名的阿拉莫围攻：经过13天的炮火轰炸，墨西哥军最终轰开了这个建筑。战斗持续90分钟后，包括克罗克特在内的阿拉莫驻防军全部丧生。尽管他的生命在战斗中终结，但他的形象已经留在了大众文化中。1872年，一场名为《戴维·克罗克特》（*Dave Crockott*）的舞台剧（又称《认定了，就放手干》（*Be Sure You're Right, Then Go Aheed*））在纽约上演。直到1896年主演弗兰克·梅奥（Frank Mayo）去世，这部剧都一直很受欢迎。在20世纪50年代，一部成功的迪斯尼电视剧带来了一场“克罗克特”热潮，数百万主题歌唱片被售出，以克罗克特为主题的儿童玩具和浣熊皮帽供不应求（帽子每天能卖出5000顶，浣熊尾巴的批发价格更是提高了20倍）。1960年，约翰·韦恩（John Wayne）在耗资巨大的壮观影片《阿拉莫》中扮演克罗克特，后来此片在2004年进行了翻拍，这次的主演是比利·鲍勃·桑顿（Billy Bob Thornton）。在其死去181年后，我们依然对那个虚构的克罗克特无法忘怀。也许，那个真实的克罗克特也正希望如此。

关键时刻

不忘阿拉莫

克罗克特来到西部的得克萨斯寻找新的机会，这时得克萨斯革命正在发酵，政局即将变动。他向得克萨斯临时政府签署了誓约，然后被任命为阿拉莫驻防部队的首领。在墨西哥将军桑塔·安纳两个星期的围攻中，克罗克特对阿拉莫进行了防守。

1827年

1818年

民兵团中校

克罗克特认为有军衔的人都是杰出人才，因此竞选了当地民兵团的一个高级职位，并在任了两年的时间。

1821年

进入州议会

克罗克特成为弗吉尼亚州的一名行政长官，后来被邀请参加田纳西州议会的竞选，这表示他将参与州级别事务的决策。最终，他赢得了选票。

1831年

西部之狮

克罗克特这一传奇人物形象出现在纽约一部非常受欢迎的戏剧演出中。克罗克特很享受这部戏剧为其带来的关注，也非常认可该剧。后来，其他一些作品也描绘了他的形象。

1834年

克罗克特自己的讲述

克罗克特决定对神化的东西加以控制，撰写一部自传来直接讲述自己的故事。和其他奇谈相比，他的自传少了那些稀奇古怪的内容，但还是和事实相差甚远。

1835年

离职

第二届任期结束后，克罗克特未能继续当选，他的对手威廉·菲茨杰拉德（William Fitzgerald）获胜。克罗克特在任期间，未能在国会中通过任何一项立法。

1839年《克罗克特历书》其中一期："西部的探险经历、英勇事迹、狂欢作乐以及窘迫困境"

1916年的《戴维·克罗克特》电影海报，主演为达斯廷·法纳姆（Dustin Farnum）。此电影拷贝未能留存下来

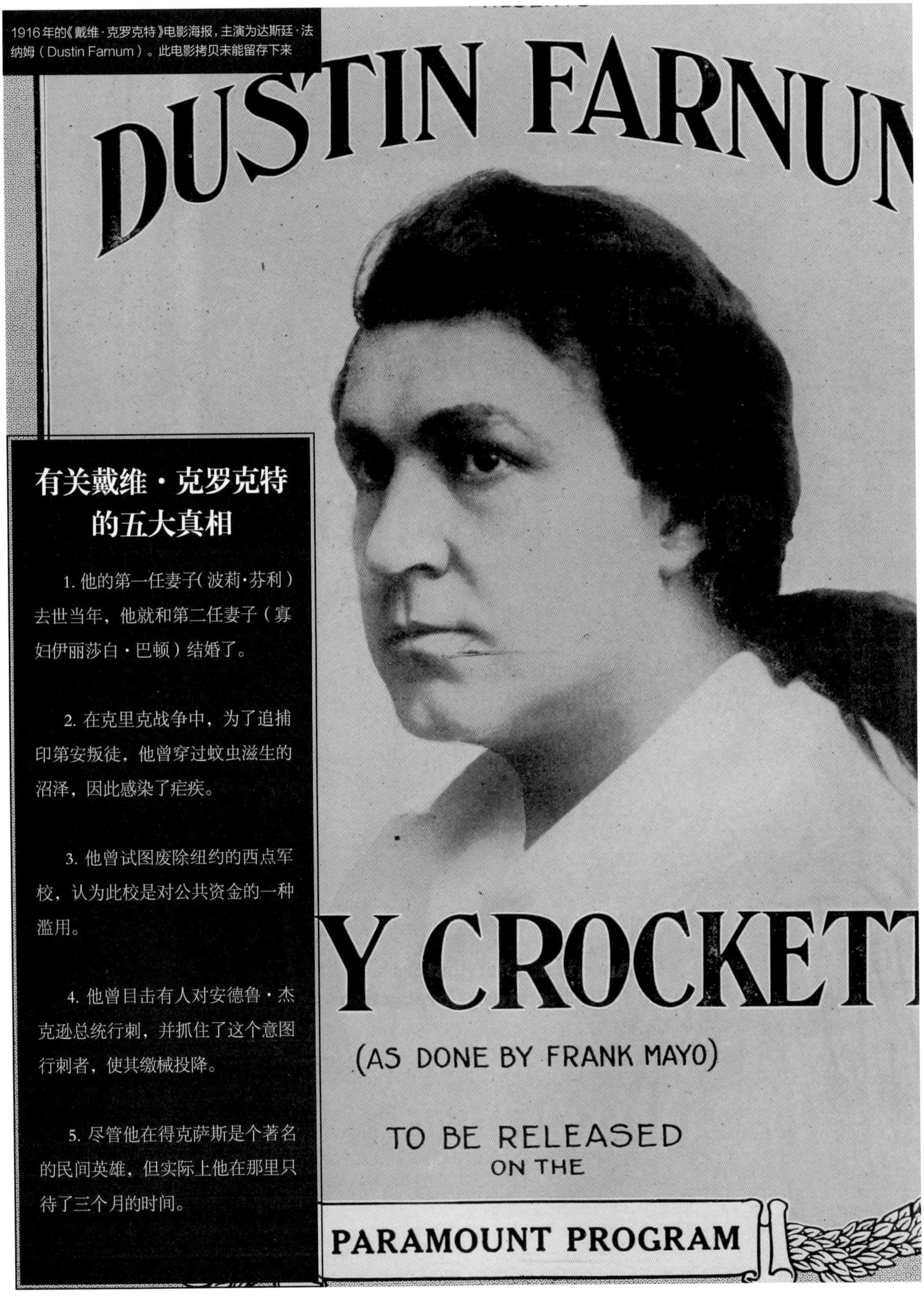

有关戴维·克罗克特的五大真相

1. 他的第一任妻子（波莉·芬利）去世当年，他就和第二任妻子（寡妇伊丽莎白·巴顿）结婚了。

2. 在克里克战争中，为了追捕印第安叛徒，他曾穿过蚊虫滋生的沼泽，因此感染了疟疾。

3. 他曾试图废除纽约的西点军校，认为此校是对公共资金的一种滥用。

4. 他曾目击有人对安德鲁·杰克逊总统行刺，并抓住了这个意图行刺者，使其缴械投降。

5. 尽管他在得克萨斯是个著名的民间英雄，但实际上他在那里只待了三个月的时间。

戴维·克罗克特之死

提起戴维·克罗克特的死亡，有人说他在阿拉莫战役中英勇悲壮而死，有人则说他因屈辱投降而死。他的维护者则更喜欢20世纪50年代著名迪斯尼电视剧中描绘的那个版本，尤其是在得克萨斯，在那里他可是民间英雄。

剧中故事是这样讲的：战场上，只剩克罗克特在独自坚守，他被墨西哥士兵包围，却仍然顽强地战斗，手中的步枪没了子弹，只能当作棍棒挥舞着。许多图画和书的封面描述的就是他被一堆堆的墨西哥士兵尸体包围的场景。

然而，历史研究显示，克罗克特其实是投降了，他和包围圈中的其他幸存者一起做了俘虏。然而桑塔·安纳将军并没有对他们从轻发落，而是将他们全部处死。这个说法得到很多目击者的证实——有个人甚至说，克罗克特还向敌人称自己是名游客，在战斗开始时恰好在阿拉莫避难。

但倾向于第一个故事的人指出，幸存的目击者都是墨西哥人，他们只是想要破坏克罗克特的名声。许多历史学家甚至因坚持克罗克特投降的说法而遭到谩骂甚至生命威胁。还有些克罗克特的铁粉称，他当时根本没被杀死。

阿拉莫遭受了连续13天的轰炸

唬人必读 墨西哥 1835 年 10 月 2 日—1836 年 4 月 21 日
★ 得克萨斯革命 ★

主要人物都有谁?

安东尼奥 · 洛佩斯 · 德 · 桑塔 · 安纳

1794 年 2 月 21 日—1876 年 6 月 21 日

墨西哥总统，在革命期间亲自带领墨西哥军队，最终在圣哈辛托被抓。

萨姆 · 休斯顿

1793 年 3 月 2 日—1863 年 7 月 26 日

得克萨斯军队首领，在圣哈辛托战役中成功带领革命军赢得胜利。

戴维 · 克罗克特

1786 年 8 月 17 日—1836 年 3 月 6 日

美国著名拓荒者和政治家，因其在阿拉莫战役中壮烈牺牲而成为民间英雄。

时间线

1835 年 10 月 2 日

尽管规模很小，冈萨雷斯战役算得上是革命中的第一次正式冲突，结果是得克萨斯方胜利。

1835 年 10 月 23 日

经过几个月的部署，1824 年的宪法被推翻。12 月，“西特雷耶”the Siete Leyes(或称“七项”法律）颁布，为后来的得克萨斯革命埋下了伏笔。

1836 年 3 月 6 日

在阿拉莫战役中，得克萨斯的革命军与具有极大数量优势的敌军僵持 13 天后，最终惨败，全部牺牲。

革命是如何发生的?

1835年年底，为了抗议联邦政府的立法改革，墨西哥得克萨斯的居民开始拿起武器，意图将该地区的联邦军队驱逐出去。革命得到迅速发展，不久之后，他们便组织了临时政府，对革命进行监督并确定了其目标——回到1824年的墨西哥政体或争取独立。

安东尼奥·洛佩斯·德·桑塔·安纳总统被激怒，他亲自领导一支军队，重新夺回得克萨斯，于1836年年初将其占领。墨西哥军队残忍至极，令许多人闻风逃跑，这就是著名的“逃亡者困境”。结果，这反倒为革命事业赢得了更多的同情。后来的圣哈辛托战役起了决定性作用。墨西哥军遭到突袭，桑塔·安纳被抓获。仅仅过了18分钟，得克萨斯军队就取得了胜利。

这场革命使得克萨斯成为一个独立的共和国，但墨西哥并不承认其独立地位。这种情况持续了近十年的时间，后来得克萨斯被美国吞并，美墨战争爆发，得克萨斯共和国就此终结。

革命为什么发生?

造成得克萨斯革命爆发的原因有很多，但其中最主要的原因是，该地区的盎格鲁人与墨西哥政府之间存在文化和政治上的脱节。1821年赢得独立后，墨西哥放宽了对移民的规定，成千上万的白人从美国南部移居到得克萨斯。最终的结果是，盎格鲁人的数量超过了讲墨西哥西班牙语的特吉诺人。

最后一根稻草是1835年的“西特雷耶”[1]。这一法案从根本上改变了墨西哥政府的结构，但其最重大的影响是造成桑塔·安纳政治权力的进一步集中。对于这些变化，得克萨斯的反应是非常消极的，革命的导火索由此点燃，尽管可以肯定的是，革命已经不可避免，只是时间问题了。

1 西班牙语，意为七部法律。

1836年3月27日

科勒托溪战役中，几百名得克萨斯士兵投降做了俘虏。根据桑塔·安纳的命令，他们在戈利亚德被杀害。

1836年4月21日

在具有决定性的圣哈辛托战役中，墨西哥军被得克萨斯军击溃，这也是得克萨斯革命中最后一次重要的武装冲突。桑塔·安纳被俘。

1836年5月14日

桑塔·安纳被俘后签署了《韦拉斯科条约》（*The Treaties of Velasco*），战争结束，但该条约并未通过墨西哥政府的批准。

城门被轰开

阿拉莫方圆 3 英亩，教堂位于其东南方向，是其中最坚固的建筑。为了进入阿拉莫，墨西哥人将一门 18 磅大炮对准厚厚的双层门，将其轰开。

阿拉莫大改造

阿拉莫的驻军在桑塔·安纳的军队到来之前，加强了防御工事，在城墙上安装了大炮，并在城墙外设立了步兵障碍，比如他们放置了被称作鹿砦的尖树枝。

戴维·克罗克特传奇

拓荒者戴维·克罗克特带领的 12 人田纳西志愿军由一些边远居民组成，他们负责防护阿拉莫附近外墙的下段。人们对于克罗克特的死因存在争议，有人说他是在阿拉莫被杀，还有人说他是被俘后按照桑塔·安纳将军的命令被处死了。但这并不妨碍克罗克特民间英雄的形象。

死亡挣扎

墨西哥人突破防线，双方士兵在院中、营房和教堂里展开了白刃战。驻军用棍棒、手枪、斧头和长刀来抵御攻击者。

阿拉莫战役

墨西哥得克萨斯

圣安东尼奥－德贝克萨尔 1836 年 3 月 6 日

黎明前的黑暗中，一名狂热的士兵高喊："桑塔·安纳万岁！"喊叫声在队伍中蔓延开来，军号随即吹响。在月光的笼罩下，1000 名墨西哥士兵涌向那座被称为"阿拉莫"的西班牙古老建筑。那里之前是一个布道所，后来被作为堡垒使用。于是，墨西哥军队对圣安东尼奥－德瓦莱罗 Santa Antonio de Valero 的突袭就这样开始了。

这里说的"桑塔·安纳"就是安东尼奥•洛佩斯•德•桑塔•安纳。他曾是墨西哥独立战争中的一名将军，带领墨西哥人民摆脱了西班牙的殖民统治，因功绩显赫，在 1833 年当选墨西哥总统。然而，他最初对国家团结的允诺很快就被一片混乱所替代。当政的第二年，他就废除了墨西哥宪法，对国家自卫队进行了清洗，并对所有反对派进行了镇压。后来，他将关注点转向了北方。

桑塔·安纳当政十年之前，墨西哥政府曾允许美国移民进入科阿韦拉－特哈斯省[1]，于是成千上万的美国人迁移至此。但随着该州"美国人"的数量逐渐超过墨西哥人，桑塔·安纳担心美国会将科阿韦拉－特哈斯州吞并。于是，他故意找出原先移民协议中被忽略的一条规定，要求这些移民（即得克萨斯人）皈依天主教，试图激起他们的反抗。

1835 年 10 月 2 日，在冈萨雷斯小镇，马丁·德科斯（Martín de Cos）将军带领得克萨斯军向墨西哥军队开始了射击，得克萨斯革命的第一枪打响了。墨西哥军撤退到阿拉莫所在的圣安东尼奥－德贝克萨尔，但两个月后又被得克萨斯军赶走。后来，一些得克萨斯士兵便驻守在了阿拉莫。

德科斯将军失败后，桑塔·安纳于 1836 年 2 月 23 日率领一支 6000 人的军队包围了阿拉莫，意图对反抗军进行镇压。驻守的军队拒绝投降，桑塔·安纳便命令他的士兵在堡垒的视线范围内升起一面血红色的旗帜。它传达的信息很简单——绝不手软。

桑塔·安纳抵达时，得克萨斯军官陆军中校威廉·特拉维斯（William Travis）任阿拉莫驻防军的指挥官。桑塔·安纳首先命人在阿拉莫周围挖筑战壕，掩护炮兵逼近堡垒，以便破坏或削弱北墙，然后再由步兵进行攻击。此项工作非常耗时，但到 3 月 5 日时，他们距离目标就只有不到 75 码[2]的距离了。特拉维斯的手下每天晚上都竭尽全力加固城墙。

可能是因为害怕敌军救援部队的到来，桑塔·安纳在 3 月 6 日黎明前发出了进攻的命令，但那时北墙并未遭到任何削弱。由于堡垒发出了防御射击，攻击很快就停止了，后来桑塔·安纳请求增援，他们最终战胜了阿拉莫堡垒中的美国人。

根据传统的说法，当时没有任何俘虏。然而，在战争结束一个多世纪以后，墨西哥中校恩里克·德拉·佩纳（Enrique de la Pena）（据说是目击证人）当时的记录被发现，根据其中的描述，桑塔·安纳共带走 7 名俘虏，并将他们用利剑处决了。但传统主义者认为，这并不能改变所有守军在当天早上被杀的事实。

后来，"不忘阿拉莫"成了得克萨斯全军的战斗口号。1836 年 4 月 21 日，他们赢得了圣哈辛托战役，俘获了桑塔·安纳，并迫使他和他的军队退回里奥格兰德。得克萨斯获得独立。

1 得克萨斯以前是墨西哥科阿韦拉－特哈斯省的一部分。
2 75 码约等于 69 米。

墨西哥作战军

士兵 6000 名大炮 21 门

安东尼奥·洛佩斯·德·桑塔·安纳

指挥官

精明的政治家和大胆的指挥官，承袭拿破仑传统，擅长管理规划和后勤。

优势：深谙急行军及突袭之道。

弱势：以暴力行动恐吓敌人。

正规军

核心部分

他们拥有团队精神，这是突击部队的必备素质。

优势：由各类军种组成，包括轻型兵、掷弹兵和工兵。

弱势：缺乏技巧，步枪使用不熟练。

印度型恩菲尔德步枪

主要武器

0.75 口径明火枪拥有一个滑膛枪的良好射程和精度。

优势：结实耐用，在恶劣环境下依然使用良好。

弱势：墨西哥军使用的步枪质量较差，未能发挥出该步枪的优势。

陆军中校威廉·特拉维斯

指挥官

受过良好教育的律师，试图寻求增援部队的帮助，却未能等到增援。

优势：勤奋、有条理，即使面对压倒性的优势也无所畏惧。

弱势：喜怒无常、自负、缺乏实战经验。

克罗克特的田纳西志愿军

核心部分

他们曾在前线参与作战，由此锻炼了他们坚强的品格。

优势：战斗异常凶猛。

弱势：作为平民士兵，他们有时会不服从命令。

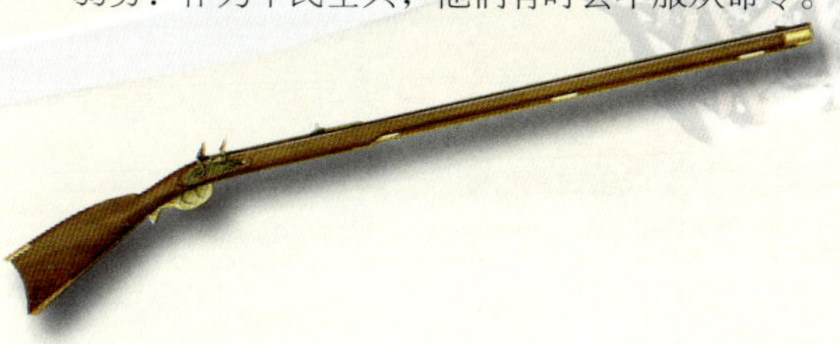

长步枪

主要武器

在被包围期间，狙击手依靠其高超的精确性击退敌人的炮兵。

优势：一种高效的远程步枪。

弱势：比滑膛枪上膛要慢。

得克萨斯军

士兵189名 大炮21门

(红色)	第 1 阶段
(白色)	第 2 阶段
(绿色)	第 3 阶段

01 展开防御

在 3 月 6 日黎明前的黑暗中，桑塔·安纳带领 1700 人向阿拉莫发动进攻。队伍分为 4 列，分别从北城墙和东城墙的中间以及东北角和东南角同时进行突破。

02 攻击暂停

凌晨 5 点 30 分，墨西哥突击队试图在得克萨斯士兵的火力猛攻下突围北墙。尽管带了 28 个云梯，他们最终还是未能占领护墙。墨西哥军直接以墙作为掩护，一边和敌人交火，一边慢慢向前移动。

03 炮轰

得克萨斯方的炮手占据高地，因此能对墨西哥军队进行精准的炮轰。有些炮手还用了钉弹，那是一种功能类似霰弹筒的铁屑，一次能杀死或致残十几个敌人。

04 增援部队

由于敌人防御良好，桑塔·安纳在 4 个方向的攻击均未能如愿，因此他命令后备部队全力攻击北墙。增援部队的首领胡安·阿马多尔（Juan Amador）带着一些人跳上城墙，然后打开了北墙的大门。墨西哥军随之涌入阿拉莫，得克萨斯军不得已放弃城墙，撤退至教堂和营房，准备最后一击。

05 带上斧头

马丁·德科斯将军带人从西墙呈扇形攻入，这里防御极弱，他们用斧头开路，破门开窗，闯入了阿拉莫。

10 避开大爆炸

一队墨西哥士兵冲上教堂后面的炮台，那里有三架大炮，炮手们有的被开枪打死，有的被刺死。其中，有个正要用火把点燃弹药库的人在关键时刻被射死，成功地避免了一场大爆炸。

09 白刃战

田纳西的戴维·克罗克特命其手下撤退到教堂进行最后一搏。他们用手枪和刀进行防守，但还是寡不敌众。挥舞着刺刀的墨西哥士兵杀人成性，除士兵外，许多平民也惨遭杀害。

08 第二防御阵地

大部分得克萨斯军都撤退到堡垒内部的建筑中，在那里，他们建造了防御工事。南墙旁的一个房间内，志愿兵科洛内尔·吉姆·鲍伊（Colonel Jim Bowie）在病床上离世。严格地说，鲍伊的级别高于特拉维斯，但特拉维斯掌管得克萨斯正规军，因此要比掌管志愿军的鲍伊权力更大，属于最高指挥官。

06 打哑大炮

胡安·莫拉莱斯上校（Juan Morales）带领100个人登上了阿拉莫西南角的城墙，并俘获了这个堡垒中唯一一门18磅大炮。那时，得克萨斯的士兵还未来得及将这个大炮钉住。后来，大部队攻入了阿拉莫的南半部分。

07 试图逃跑

随着墨西哥军从各个方向的涌入，大约75名驻防军从东墙逃跑，试图逃生。在东边驻守的一队墨西哥持枪骑兵对逃跑的敌军士兵进行了追杀，用长矛和军刀将他们杀死。后来，其他方向驻守的枪骑兵也过来协助追杀这些逃兵，不留一个漏网之鱼。

行走在俄勒冈之路

记者兼政治家霍勒斯·格里利（Horace Greeley）曾说过一句名言：“去西部吧，年轻人。”但他并不知道西行的旅程有多么的艰辛和危险。

俄勒冈之路是旧西部的另一个标志。从19世纪30年代中期，到1869年第一条横贯美洲大陆的铁路建成之前，大约有40万人曾通过这条路前往西部，俄勒冈之路极大地促进了美国西部边境的扩张。起初，俄勒冈之路就是一条条的泥土路，人们只能步行或骑马通过，后来它发展成了一个网络，包涵盖了众多马路、驿站、堡垒和城镇，并连通了美国中西部各州。

俄勒冈之路从密苏里州开始，在鼎盛时期曾连通艾奥瓦州、堪萨斯州、内斯加州、科罗拉多州、怀俄明州、犹他州、爱达荷州，然后穿过俄勒冈州与加利福尼亚州相连。在加利福尼亚，它又与加利福尼亚之路连接。今天的一些主要道路仍然沿袭使用着其中的部分路段。

最初，这条路是猎人的领地。然而，在其鼎盛时期，许多探险者、牧场主、猎人、拓荒者、传教士和商人都曾通过此路，希望能从这里开始新的生活，甚至赚取财富。但无论是为何而来，许多人最终都落得悲惨，甚至死亡的下场。

一些人安全抵达目的地，并且还收获了财富；一些人虽抵达目的地，

艾尔弗雷德·比尔施塔特（Alfred Bierstadt）描绘了上百幅有关 19 世纪美国的图画，其中包括《俄勒冈之路》和《穿越平原的迁移者》

拉勒米堡是拓荒者在俄勒冈之路上的一个重要补给站。此纪念碑用以纪念那些在这条路上牺牲的人

此碑位于俄勒冈州达尔斯市，它标志着俄勒冈之路的正式终结。其他路则继续延伸至加利福尼亚

- 俄勒冈之路的东段连接其他主要的道路，包括加利福尼亚之路、摩门之路和博兹曼之路。
- 俄勒冈之路最繁忙的一个起点就是密苏里州的圣约瑟夫——驿马快信之乡。
- 由于没有新鲜水果和蔬菜，旅行者需要食用路旁的水果和浆果来防范坏血病。
- 在这条路上，通常还会出现大规模的赶牛活动，牧场主们会将牲畜转移到售价高的地方。

但只是勉强捡回一条性命，并没有什么收获；还有一些人干脆放弃了原来的目的地，在旅途中安顿下来，没有继续前行。而对于其他人来说，只有死亡在等待着他们。印第安人、疾病、饥饿、歹徒和意外都在俄勒冈之路上留下了死亡的坟墓，成为历史前行中的里程碑。

1843 年的大迁移是一个高潮，大约 1000 人的马车队来到这里。然而，到达爱达荷州的霍尔堡之后，向导告诉他们，前方马车无法通行，接下来他们需要更换交通工具，改用驮兽。但这一提议被首领马库斯·惠特曼（Marcus

Whitman）拒绝。他和许多拓荒者都相信，他们可以踏出一条路，必要的话，也可以一边走一边砍树、平路。惠特曼和他的追随者是对的。

他们成功地穿过了俄勒冈州茂密的蓝山，然后遇到当时无法逾越的障碍——胡德山。他们绕过这座山，马车沿哥伦比亚河前行，动物们则从洛罗山口赶出，几乎所有的旅行者都在1843年10月成功到达威拉米特山谷。俄勒冈之路真的被他们踏出来了。

摩门教徒是俄勒冈之路上规模较大的一个群体。成千上万的摩门教徒因共同的信仰聚集在一起。他们派人到前方寻找合适的栖身之地，并在那里建造农场和房屋，等到后面的部队到来时，就可以直接居住。摩门教徒来自全国各地，他们的领导人布里格姆·扬（Brigham Young）选择了犹他州的盐湖谷作为他们的大本营。不过还有一些摩门教徒在其他地方定

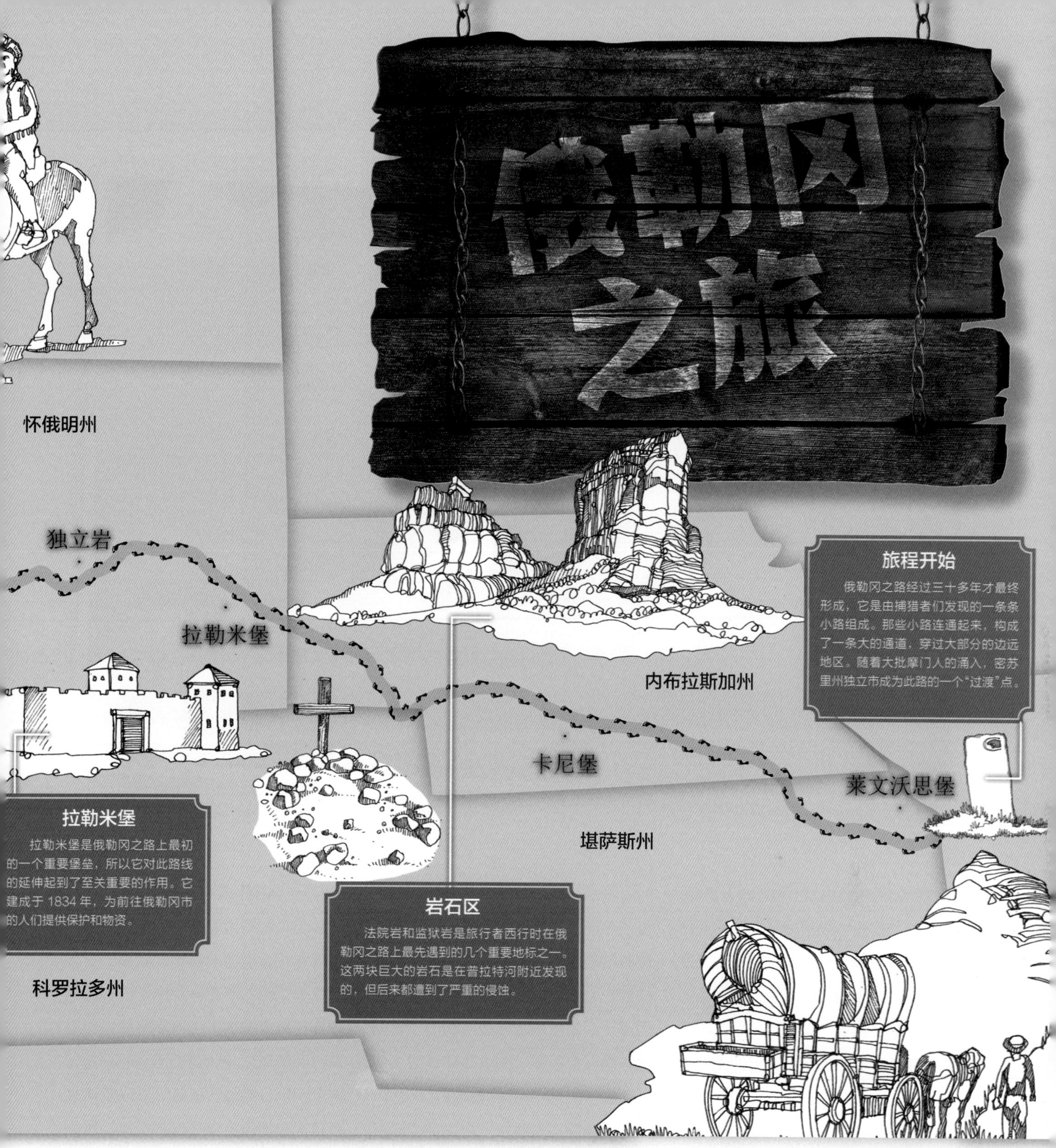

居下来。其中，一位商店老板和报纸出版商塞缪尔·布兰南（Samuel Brannan）在加利福尼亚定居，后来他为俄勒冈之路带来了巨大的交通人流量，正是布兰南的报纸《加利福尼亚之星》公布了那个重大的发现——黄金。

1848 年的加利福尼亚淘金热又给俄勒冈之路带来一大群旅行者。面对无尽财富的诱惑，世界各地的人们都来到这里，想要挖取自己的一桶金。那些从欧洲来的人不想坐船绕过合恩角或经巴拿马——他们认为那样太危险，于是都从这条路经过。关于黄金的传说是如此疯狂，甚至有人说，从河床上或溪流中抓一把就能抓到金子，因此成千上万的人涌向加利福尼亚。“黄金热”甚至比霍乱更具有传染性。

1849 年，霍乱真的袭击了美国。数千人死在西行的路上，尤其是在 1849—1855 年，传染病流行。由于

对霍乱如何传播和如何治疗缺乏了解，这条路的很多路段都成了疾病的天然繁殖地。许多人想要通过这条路来追求名誉和财富，最后却没有到达终点，而是停在了中途的堪萨斯州、内布拉斯州和怀俄明州长眠，他们的无名坟墓就留在了路的两侧。

对于这条路上的旅行者来说，食物、水和交通工具是他们最重要的东西。他们的交通工具有马匹、骡子、牛和马车。但每种方式都有自己的缺点。骡子是最没有合作精神的动物，尤其是还需要驮着 45 千克多的货物攀登陡峭的山坡，穿过多山的地区。马和牛必须钉上蹄铁。马车在路上则经常需要修理，因此还要备上零件和工具。

水是一项关键的补给，但人们不可能总能找到水或者找到安全的水。有时很难找到河流、池塘和溪流，而找到安全的饮用水和烹饪用水就更加困难了。由于对水源性疾病的了解很少，而且有很多人的生活环境卫生条件恶劣，霍乱长期困扰着他们。

食物是基本需求。出发前可以买到肉，路上也可以狩猎。主食有硬饼干、咸猪肉、培根、豆类、水果干、腌菜、面包和米饭。为了增加食物的多样性，他们还准备了糖、茶、咖啡、蔬菜干和少量的香料和枫糖。如果一个马车走丢了，或者因为印第安人的突袭走散了，那么有可能整个车队的人都将在这大平原上挨饿了。因此，有经验的向导一般都价格相当高昂。

选对服装和装备至关重要。由于天气寒冷，需要准备一些暖和的衣服和靴子（两三双都有可能不够，因为鞋会在路上磨坏），还需要备上枪用来狩猎或自卫，其他东西则包括帐篷、床上用品、蜡烛、提灯、书以及用来写日记和记录旅途见闻的纸笔、修补马鞍、缰绳和靴子的多余皮革和工具、洗衣服的肥皂，等等。烟草是很受欢迎的东西，可以自己来抽，也可以与一些友好的印第安人和其他旅行者进行交换。基本的烹饪设备也是必不可少的。物资越多，也就需要越多的马车和骡子来进行运输。

如果某个设备无法再修理或者没

有适合的运输工具，旅行者通常就会将其丢弃。要是马车坏掉，上面运输的物资就会被转移到其他的马车或驮畜上。但如果其他马车和驮畜上也没有地方，那它们就会被直接扔在路边。后面的旅行者发现这些被遗弃的马车和物资后，就会从中寻找他们认为有用的东西。“不浪费也不累赘”“谁找着谁要”已经成为漫长西行道路上的准则。

还有一个对旅行者来说非常重要的东西——钱。钱可以买到很多东西，没钱就会寸步难行。商店、马车、牲畜、武器、物资和向导都必须付钱，除非有什么别的东西可以用来交换。物资的需求越大，价格也会越高。一个团队的旅行者通常会把他们的钱凑到一起来支付所有的费用，其余的钱则放在保险箱里，以备不时之需。但这也不是万全的办法。印第安人的突袭可能会将整个马车队洗劫一空。除此之外，他们还可能遭到强盗的抢劫，因为大多数地方的执法力度有限，甚至在有些地方几乎不存在执法。

和驿马快信一样，横贯大陆的铁路建成后，俄勒冈之路便逐渐衰落。这条路上充满着艰辛和危险，且费用昂贵。而乘坐火车从东海岸到达西部不仅快速、安全、舒适，而且花费更少。俄勒冈之路上八个月的旅程，乘坐火车只需八天，而且还不用担心感染霍乱或被歹徒和印第安人抢劫。

随着来自东西部的铁路在犹他州的海角峰汇合，俄勒冈之路剩余的日子已经不多了。铁路的建设也带动了周围城镇的发展，因此旅行者还可以中途停下歇脚，然后再继续赶路，而且相对安全，这就对俄勒冈之路的需求更加少了。到 19 世纪 70 年代，俄勒冈之路正式退出历史舞台。铁路和公共马车取代了马车和骡子。这条路上曾有 40 万人通行，但遭遇死亡的就有 21000 人。尽管已经废弃，但俄勒冈之路的作用不可小觑，正是它开辟了西行的道路。

西行路上的女人

男人和女人对西行路途的态度和体验有着很大差别。男人一般会将这一旅途看作是一次探险，如果他们认为回报高于风险，就会渴望经历探险。而女人则不同，对她们来说，这次旅途打乱了她们原本平稳、有序、舒适的生活。

许多女性都在日记中描述了她们旅途的艰辛以及她们在途中失去亲友的悲伤。通常，她们也会认为旅途生活比她们想象得更加艰苦，不管从身体上还是从精神上都是如此。

即使如此，女性在旅途中却获得了打破传统的机会。在一个人人都需要有所贡献的环境中，女性往往会发现自己有了以前从未经历过的角色——和男性平等的角色。西部的社会场景也是不一样的。例如，在加利福尼亚的淘金地，女性可以经营自己的生意，而且这种事经常发生。

拓荒的经历往往会改变男人对女人的看法，甚至女人也会重新审视自己。然而这并不是真正的平等，实际上也远非如此。但它不仅仅是通往西部的道路，而且是通往更高的自由和宽容的道路。

怀俄明州的独立岩是西行之路上一个重要的点

美墨战争

很多学校在讲述美国历史时，都会提到美国的天命论，但这种天命的获得却并不简单。

摆脱殖民枷锁以后，美利坚合众国羽翼渐丰。民主党很快抛出这样一个概念——天命论，这极大地迎合了民众的心理。然而，对于这个新生的国家来说，仅仅占据这块大陆的东海岸还不能满足其独立后迅速发展的需求——暴增的人口和拓荒的精神促使美国要求更多的东西。

当詹姆斯·诺克斯·波尔克（James K Polk）宣誓就职第 11 任总统时，美国民众已经开始关注西部和那里的财富了。波尔克在讲话中说："我们国家是由各个独立的州组成，我们奉行和平共处的原则，对世界其他国家也是如此，扩展国家疆土就是要将和平惠及更广阔的地区和更多的人口。我们政府的这种军事野心将有益于世界的发展。"然而，就在一年后的 1846 年，美国就面临战争，美国人的鲜血将首次在外邦的土地上抛洒。

得克萨斯爆发革命

在努力摆脱各自欧洲宗属国的束缚以后，美国和墨西哥都试图在北美大陆找到自己的定位。然而没过多久，前西班牙殖民地墨西哥就开始面临领土控制问题。它在 1821 年继承的大片土地即将脱离控制，涉及范围就是从东北的科阿韦拉－伊特加斯到西北的加利福尼亚，一直向南至尤卡坦半岛的区域。得克萨斯（科阿韦拉－伊特加斯省的一部分）的人口对墨西哥政府来说尤其是一个问题，因为这里的人大多是美国移民，他们充满着自由、民主和平等的观念。尽管他们表达了想加入墨西哥这个新国家的意愿，但随着越来越多的墨西哥人来到这里，那些占据多数的美国人似乎成为了麻烦。

到了 1835 年，紧张局势达到高潮。为了维持对其边远地区的控制，墨西哥政府禁止所有合法的美国移民进入得克萨斯。更糟糕的是，在安东尼奥•洛佩斯•德•桑塔•安纳的新独裁统治下，高度集权让国家和各省的自由民主希望破灭。与此同时，得克萨斯也变得富裕起来，棉花和兽

圣哈辛托战役中，一小队得克萨斯士兵对墨西哥军进行了突袭，战斗仅进行了18分钟就结束了

显然，天命并不是自然发生的事情。

皮的出口额达到了50万美元。这对墨西哥来说是件值得炫耀的事情，但对美国政府来说，尝试夺取得克萨斯倒似乎成为了一个选择。

不久之后，紧张局势演变成为彻底的敌对状态，墨西哥政府试图加强对得克萨斯的控制。得克萨斯的驻军大量增加，但当弗朗西斯科·德·卡斯塔涅达（Francisco de Castaneda）带领的墨西哥军队去没收属于冈萨雷斯美国移民的一门大炮时，得克萨斯人拒绝了。随后的冲突便引发了得克萨斯革命。这场革命历时较短，却足够血腥。阿拉莫之战是其中最具标志性的战役。200多名得克萨斯士兵面对数量几乎是他们十倍的墨西哥军队，进行了顽强的抵抗，但最终被桑塔·安纳的人无情地屠杀了。这场战役，或者更贴切地说，这场大屠杀激发了得克萨斯对墨西哥统治的进一步反抗，甚至直到今天也被铭记在孤星州的民间传说中。

在阿拉莫和戈利亚德，数百名得克萨斯俘虏被处决。这让革命得到迅速发展，美国移民团结起来，在圣哈辛托战役中突袭墨西哥军成功，桑塔·安纳被迫投降。这场小规模的起义在仅仅几个月的时间里就让墨西哥政府屈服了。

美国西进

波尔克总统当选之前，美国就已经在竭力争取加利福尼亚、俄勒冈和得克萨斯西部那些有争议的土地。显然，天命并不是自然发生。得克萨斯革命成功后不久，有关美国将吞并得克萨斯的传言四起。得克萨斯的许多美国移民都表示非常支持，但直到1845年，国会才通过法案，正式将得克萨斯接纳为美国的第28个州。

约翰·C.弗里蒙特（John C. Fremont）是一名美国陆军中尉，在军队中担任地形工程师。他的任务是找到一条从密西西比河到太平洋的航线，由此他几乎充当着美国扩张野心的先锋。1846年1月，弗里蒙特带着一支60人左右的武装队伍对加利福尼亚进行探索。和得克萨斯一样，加利福尼亚也是一片有争议的领土。墨西哥、美国甚至是英国都希望在这里挖掘它的财富，也希望能在这里找到进入太平洋的通道。

也不知是不是弗里蒙特刺激了加利福尼亚支持独立的美国移民，在他抵达后不久，熊旗革命爆发，加利福尼亚省脱离墨西哥政府，获得了自由。这让墨西哥政府提高了警惕，他们看到美国对西部地区的控制正在逐渐收紧。

主要人物

安东尼奥·洛佩斯·德·桑塔·安纳将军

桑塔·安纳被称为“西方的拿破仑”，不管是作为墨西哥的将军还是总统，他的野心在这个国家的历史上都是不可超越的。他感知到了美国的入侵，提议带领墨西哥军队进行防守，不久后便宣布自己继任总统。

詹姆斯·诺克斯·波尔克总统

因支持美国边境扩张，波尔克当选美国第 11 任总统，上任时美国与墨西哥的冲突也即将爆发。他的任期只有一届，在随后的战争结束不久就因病退休了。

扎卡里·泰勒将军

泰勒是一位经验丰富的老兵，曾参加过 1812 年战争，也曾参加美军与黑克劳人和塞米诺人的战斗。美墨战争期间，他的战场经验助其赢得了与墨西哥军队的许多场战斗。1849 年波尔克总统去世后，他被选为美国第 12 任总统。

约翰·弗里蒙特

弗里蒙特多次被派遣西行考察，以寻找通往太平洋的潜在路线。在加利福尼亚，他与墨西哥人发生了冲突，因为他的任务对那些墨西哥人来说似乎充满敌意。他积极参与武装起义，如“熊旗革命”，并于 1850 年成为加利福尼亚第一任参议员。

马里亚诺·阿里斯塔（Mariano Arista）将军

在墨西哥独立战争中，阿里斯塔加入了革命事业，在此之前，他曾在新西班牙军队服役。美墨战争后不久，他接替了埃雷拉的总统职位。

何塞·华金·德·埃雷拉

担任墨西哥总统期间，埃雷拉在出售墨西哥西北部领土的问题上向美国官员进行了妥协，这让他失去了自己的总统职位。后来，他在战争期间担任将军。

经过 18 分钟的战斗后，墨西哥将军桑塔·安纳向得克萨斯方的萨姆·休斯顿将军投降

与此同时，波尔克总统的另一名特工约翰·斯莱德尔（John Slidell）已被派往墨西哥城，与总统何塞·华金·德·埃雷拉（José Joaquín de Herrera）会面。他的本意是讨论有关得克萨斯的和平条款，这时的墨西哥还未承认得克萨斯为美国所有。然而私下里，斯莱德尔被授权用 2000 多万美元交换新墨西哥和加利福尼亚的领土。墨西哥媒体听闻这笔交易后十分愤怒，埃雷拉由此成为国家的叛徒——墨西哥总统绝不可以产生和美国人做领土交易的想法。斯莱德尔不得不空手而归。外交手段甚至商业手段都未能解决这一问题，所以现在看来，陷入战争是不可避免的。

第一枪打响

所有准备工作都已就绪，接下来，似乎只需要一点轻微的冲突就能推动战争的车轮。1846 年 1 月，波尔克总统命令原先在南部科珀斯克里斯蒂驻守的扎卡里·泰勒将军（Zachary Taylor）向里奥格兰德河行进。这被看作是侵略行为，因为那条河实际上到今天都算是两国之间的天然边界。

4 月 24 日晚，泰勒的特遣队队长赛斯·巴顿·桑顿（Seth Barton Thornton）带领大约 70 名龙骑兵出发，在靠近拉罗西亚的一个区域巡逻，

1821 年

墨西哥获取独立

9 月 28 日

经过与西班牙王室的 11 年战斗，前新西班牙（或称墨西哥帝国）的革命力量宣布脱离殖民统治。

1835 年

得克萨斯革命开始

10 月 21 日

伴随墨西哥政府权力的日益集中和军事侵略，许多得克萨斯人奋起反抗，意图争取得克萨斯独立。

1836 年

阿拉莫战役

3 月 6 日

桑塔•安纳将军的军队大约有 1600 人，包围着得克萨斯一个小小的要塞——阿拉莫。经过短暂的围攻，墨西哥军队几乎将阿拉莫所有

1836 年

圣哈辛托战役

4 月 21 日

在薛姆·休斯顿的带领下，一支规模较小的得克萨斯队伍对桑塔·安纳的军队发动了突袭。仅仅 18 分钟的战斗后，墨西哥军队就被击败。得克萨

1842 年

萨拉多溪战役

9 月 17 日

在再次当选墨西哥总统后，桑塔•安纳试图夺回以前的得克萨斯省。然而，阿德里安·沃勒（Adrián Woll）带领的墨西哥军再次败北。

阿拉莫战役中，墨西哥军几乎将得克萨斯驻军全部杀害

加利福尼亚第一面正式的州旗，于 1846 年叛乱时第一次升起

那里离里奥格兰德河很近。4 月 25 日日出之后，他们对这一地区进行了小心翼翼的侦察，试图找出墨西哥军队是否已经越过里奥格兰德河以及他们是从哪里过河的。

在对一个种植园进行侦察时，桑顿和他的手下被一支强大的墨西哥军队包围，该军队由托雷洪（Torrejon）将军带领。这些美国士兵之前并未设置任何警卫，也没有对敌军的到来采取任何预防措施，他们就这样突然被数千名已经驻扎在该地区的墨西哥士兵抓获了。16 名龙骑兵被杀，其余的则被托雷洪将军的部队带走，其中就包括桑顿上尉和他的军官。

桑顿事件很快传开，5 月时传到了华盛顿，这就给了波尔克总统一个宣战的理由。5 月 11 日，他在国会前宣称，墨西哥“入侵了我们的领土，并在我们的土地上杀害我们的国民，敌对行动已经开始，两国现在处于战争状态”。毫无疑问，国会投票支持了这场在 5 月 13 日正式宣布的战争。

革命的炮火终于让墨西哥和美国发生了碰撞，接下来的战争将决定这个大陆的形状，并对未来几代人产生影响。美国天命论是其在北美大陆统治地位的自我实现预言，并需要在帕洛阿尔托、塔巴斯科等其他许多战场上实现。很快，墨西哥城就落入美国军队手中，墨西哥政府被迫投降。

1845 年

波尔克当选总统

3 月 4 日

因为承诺带领美国进行西部扩张，詹姆斯·波尔克赢得总统大选。波尔克就职时正是美国、墨西哥和英国之间的紧张局势加剧之际。

1845 年

美国吞并得克萨斯

12 月 29 日

与得克萨斯共和国进行谈判之后，美国国会通过了将得克萨斯接纳为一个州的提案。1845 年年底，得克萨斯正式成为美国领土。

1845 年

德·埃雷拉被免职

12 月

波尔克派遣一名特工以 2000 万美元的价格收购加利福尼亚和新墨西哥的领土。墨西哥总统何塞·华金·德·埃雷拉因有意进行此交易而被罢免。

1846 年

桑顿事件

4 月 25 日

扎卡里·泰勒将军在里奥格兰德河北岸扎营，特遣队队长赛斯·桑顿带领的一小队龙骑兵遭到攻击，并被全部抓获。

1846 年

宣布战争

5 月 13 日

收到桑顿事件的消息后，波尔克总统向国会发表了演讲，并提出与墨西哥开战。绝大多数投票通过，战争开始。

狂野西部食人事件

这是一个真实的恐怖故事，唐纳探险队从移民沦为食人者。

这是一个关于美国梦变为美国噩梦的故事，也是对拓荒精神阴暗面的警示。距离唐纳大队从伊利诺伊州的斯普林菲尔德出发已经过去 170 年了，他们的故事仍然萦绕着我们，让我们着迷。那 89 个男人、女人和孩子是如何遭遇如此可怕的命运的呢？这要始于人们对西部的向往——那里似乎有着更多的机会、更好的生活。加利福尼亚就是他们的目的地之一，根据兰斯福德 · 黑斯廷斯（Lansford W Hastings）的描述，那是一片充满机会的富饶土地。黑斯廷斯是一名拓荒者，一位有抱负的土地开发商，他想在加利福尼亚成就一番大事业，但首先需要有人来这里定居。1845 年，他发表了《俄勒冈和加利福尼亚的移民指南》（*The Emigrants ‘ Guide*

To Oregon And California），其中提到，到达俄勒冈和加利福尼亚有一条较短的路线，也就是所谓的“黑斯廷斯捷径”。

1846 年，大量移民涌入西部。因为妻子玛格丽特（Margaret）患上了可怕的头痛，詹姆斯·弗雷泽·里德想要寻找一处气候更好的居住地，并希望能获得新的生意机会。而乔治·唐纳和他的家人正好是经验丰富的移民。于是，他们于 4 月 14 日离开了斯普林菲尔德，结伴西行，那时正是暮春。他们出行的景象十分壮观，主要是因为里德一家乘了一辆豪华的二层马车，那辆马车后来被称为“宫殿式拓荒车”。5 月 19 日，他们加入了威廉·拉塞尔（William Russell）上校的马车队，当时有 50 辆马车，后来又有更多的人

唐纳大队竭尽全力挽救他们的牛，使它们免于脱水和疲劳过度

加入他们。6 月，拉塞尔离开了队伍，利尔伯恩·博格斯（Lilburn Boggs）获得指挥权。后来，队伍很快破裂，但并不是因为领导问题，而是因为兰斯福德·黑斯廷斯和他的捷径。

6 月 27 日，博格斯的马车队到达拉勒米堡，他们遇到了詹姆斯·克莱曼（James Clyman）——一个经验丰富的旅行者，曾与黑斯廷斯一同西行。他向里德和他的同伴们发出了可怕的警告。他告诉他们，徒步旅行已经很难，乘马车将会非常危险。然而，里德并没有放在心上，而是选择继续相信黑斯廷斯和他的捷径。

伴随一次次的失败，他们的精神状态越来越差，物资也越来越少。

他们的向导黑斯廷斯在独立岩给他们留了一封信，约定在布里杰堡会面。7 月 20 日，里德－唐纳探险队脱离了博格斯的马车队。新的队伍需要任命一位领导人。由于里德傲慢专横，

交通工具

康内斯托加大篷车

每日行程：24 千米

在东部，你会经常看到康内斯托加大篷车，它们可以用来运送沉重的货物，上方由白色的帆布覆盖。然而，对于西迁路途中所遇到的地形来说，它们过于沉重和笨拙。

改装版大篷车

每日行程：24~32 千米

所谓的“草原帆船大篷车”是那些前往加利福尼亚的人最常用的交通工具，它比康内斯托加大篷车更小、更轻。它的名字来源于其白色的棉帆布罩，就像是船上的帆一样。

摩门车

每日行程：10~14 千米

许多摩门教徒涌入他们在盐湖城的新避难所，但他们买不起马车，只能用两轮的手推车载着他们的行李前行，由此西迁的路途中出现了一些手推车大军。

驿马快信的骑手

每日行程：120~160 千米

1860 年 4 月 3 日开始，驿马快信的骑手以令人难以置信的速度闻名于世，他们负责从密苏里州到萨克拉门托的特快专递。然而，由于电报线路建成，驿马快信在 1861 年年底便停

詹姆斯·里德和妻子玛格丽特的照片，很可能是在那次灾难之后拍的

许多旅伴都不喜欢他，最终唐纳当选。到达布里杰堡时，他们发现黑斯廷斯已经走了，但他留下了一些指示。经过四天的休息和整顿，他们根据留下的指示再次出发。

开始时是顺利的，似乎克莱曼对这条道路的警告有些夸张。他们进行了几天轻松的旅行，并度过了愉快的时光。然而，8 月 6 日，他们在犹他州的回声峡谷发现了一张纸条。黑斯廷斯在纸条上告诉他们，原先计划的路线“无法通行”，他已经到前面去寻找另一条路了。里德带了两个人去找他们的向导，当他们终于找到他的时候，黑斯廷斯指出了一条新的路线，但拒绝和他们一起回去。

黑斯廷斯说的新路线需要穿越沃萨奇山脉，极难通行。为了让马车通过，那些移民不得不下车清理灌木和石头。后来，他们又遇到了沙漠，但那时他们的物资只够再撑几天的时间。八月底，队伍又发现黑斯廷斯留下的一张字条，他要求大家跟随他穿过大盐湖沙漠，他说这要经过两天两夜的艰苦路程。这些移民把所有的水和草都押在了接下来的旅程中，他们知道自己已经走得太远，不能回头了，接下来会是一场严峻的考验。

穿行盐湖难度很大。白天，太阳把盐化成了污泥，马车轮子陷到了轮毂处。到了第三日，他们的水就用尽了，那一夜，里德的人还把牛弄丢了；因为缺水，那些牛发疯跑掉了。

唐纳一行花了五天的时间才穿过盐滩，那时他们已经丢了 36 头牛和 4 辆马车。经过一周的恢复，他们于 9 月 8 日再次出发，并派查尔斯·斯坦顿（Charles Stanton）和威廉·麦卡特森（William McCutchen）前往萨特堡，因为他们知道自己已经没有足够的食物可以支撑到加利福尼亚了。

9 月 26 日，他们找到了洪堡路——那是最开始的安全道路。黑斯廷斯捷径让他们多走了 200 千米，并浪费了装备、牲畜以及最重要的时间。大雪即将来临，而队伍此时却遭遇了分裂。10 月 5 日，里德的一名手下和格雷夫斯的车夫约翰·斯奈德（John Snyder）发生了殴斗，里德试图阻止，冲突却变得更加剧烈。愤怒的斯奈德用鞭子抽打了里德，但没等他第二鞭落下，里德就在他的胸口插了一刀。

斯奈德踉跄着后退了几步，便倒地身亡，周围的人立刻指控里德谋杀。由于妻子玛格丽特为其求饶，里德最终捡回一条性命，但却遭到驱逐，不得不带着他的妻儿离开。一天后，一位老人

独木舟 / 龙骨船

每日行程：35~40 千米

刘易斯和克拉克曾使用独木舟进行探险，而龙骨船是依靠划桨前行的大型独木舟，不过有风的时候，他们也会用帆。

驮马

每日行程：16~32 千米

驮马是探险和殖民的一个关键工具，因为移民到达的地方很多都没有路。后来，采矿公司还用骡车来运煤，而商人也用它们运送货物。

步行

每日行程：16~19 千米

正如你所料，步行前往西部是极度困难的。那里有大片的土地极度荒凉，且天气极端恶劣。

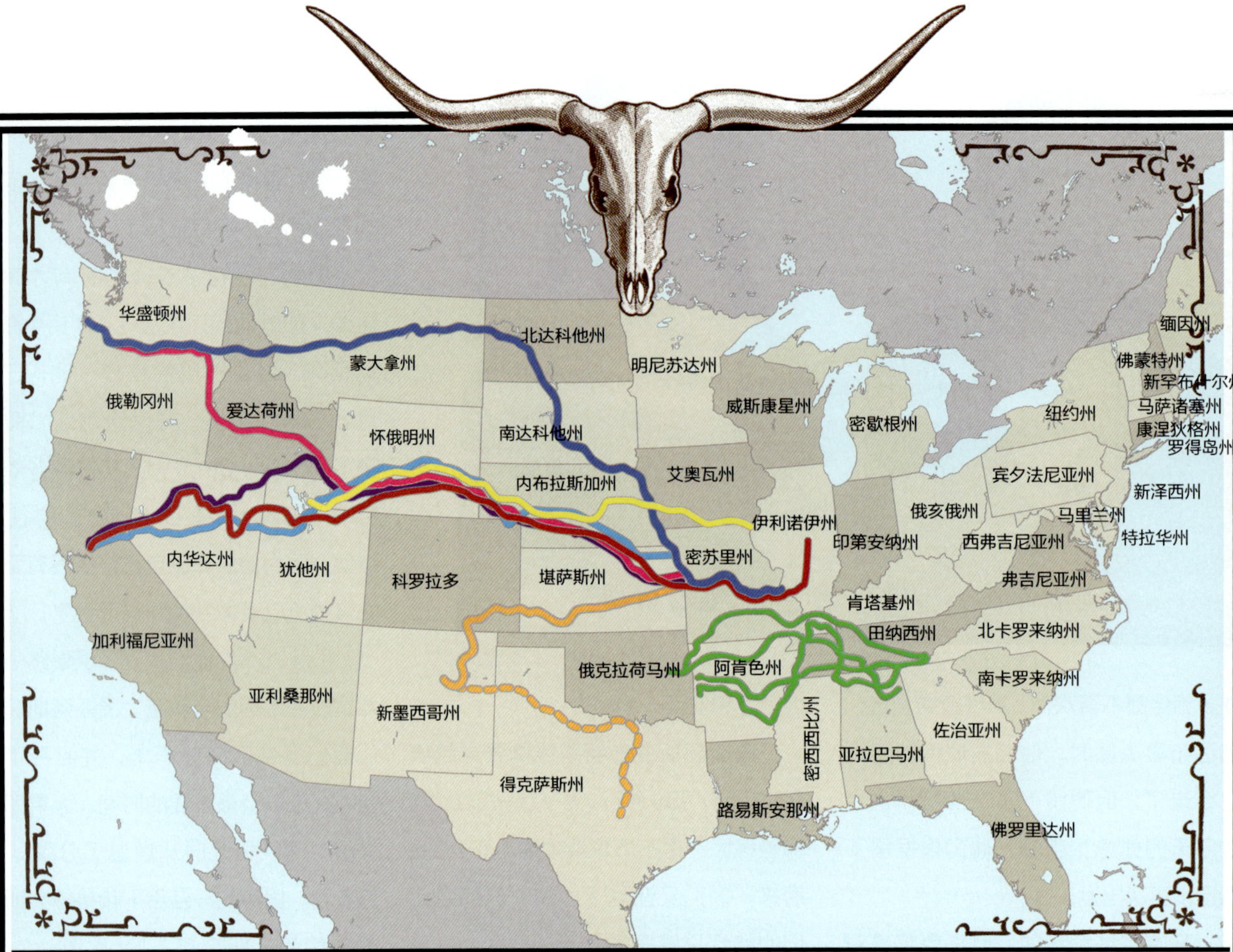

西行途中

最著名、死亡人数最多的路线

俄勒冈之路 1811—1869 年

• 对于北行的移民来说，穿越俄勒冈的旅程非常艰难：天气恶劣，地形危险（许多移民被淹死），还有许多印第安部落对他们充满敌意，但是最大的致命因素是疾病，特别是霍乱。

加利福尼亚之路 1811—1869 年

• 1849 年的淘金热造就了这条路线最繁荣的时期，但是任何想要获取财富的人都必须做好最坏的准备，因为这条路上的死亡率是 4%。也就是 40 万人中有 16000 人死去。

圣达菲之路 1821—1880 年

• 这条路是墨西哥和美国之间的主要贸易路线（也是美墨战争期间使用的入侵路线）。旅行者需面临 1450 千米的沙漠和山脉，几乎没有水，还有很多响尾蛇。

血泪之路 1831—1838 年

• 安德鲁·杰克逊迫使切诺基族迁移至俄克拉荷马州，在那里开拓他们新的领土，这是美国历史上最令人发指的罪行之一。在西迁的 15000 人中，有 3500 人死在了路上。

刘易斯和克拉克 1804—1806 年

• 刘易斯和克拉克是美国历史上最著名的探险家，就是他们那 12900 千米的探险路程促成了后来的美国天命论。

摩门之路 1847—1869 年

• 在犹他州的盐湖城，布里格姆·扬将摩门教徒召集到他们新的精神家园，召唤信徒推着他们的手推车向西行进。由于疾病和缺乏准备，他们在旅途中遭遇了可怕的死亡。

驿马快信之路 1860—1861 年

• 驿马快信承诺从东海岸到西海岸 10 天送达，他们挑选了最优秀的骑手，以惊人的速度穿越崎岖的地形。

唐纳大队之路 1846—1847 年

• 唐纳大队按照兰斯福德·黑斯廷斯提议的捷径西行，而没有采纳标准路线，结果牺牲了生命、物资和时间。等到他们重新回到原来的路线时，时间已经来不及了。

版画——被困于内华达山脉的唐纳大队，1846 年

家哈德库普先生（Hardkoop）从刘易斯·凯斯伯格（Lewis Keseberg）的马车上被赶下来，由于年老体迈无法跟上队伍，他最终被遗弃在路边。十月中旬，这些移民遇到了派尤特族印第安人，他们的牛被那些印第安人杀掉了。

最后，10 月 25 日左右，当查尔斯·斯坦顿（Charles Stanton）带着物资和两位米沃克族向导路易斯和萨尔瓦多（Luis and Salvador）出现时，这支队伍才算是有了些希望。不可避免的是，新的物资引发了是否休息的争论。后来，乔治·唐纳在为他的马车做新车轴时，不小心在手上划了一道裂缝。那时，他们才意识到自己是多么孤立无援。他们继续往前走，在特拉基湖边停了一夜，然后就开始下雪了。

第二天，他们试图登山，但前方 1.5 米深的雪让他们又折了回来。在山上待了一个晚上之后，他们又不得不返回湖边，那里相对安全。天气变得越来越糟，只能暂时扎营。但简陋的棚屋完全不足以抵挡天气的寒冷。他们用动物皮搭在上面做屋顶，但后来那又变成了他们的食物。他们焦急地观察着天气，期待着能有几天的好转，好让他们爬过前方的大山。日子一天天过去，他们意识到，马车根本无法通行。11 月 12 日，他们第一次试图徒步爬山，但失败了。后来，伴随一次次的失败，他们的精神状态越来越差，物资也越来越少。

最终，12 月 16 日，一支 17 人的队伍趁着天气晴朗，穿着临时制成的雪地鞋向着山口出发了。但几天后他们就遇到了麻烦。曾经救过这支队伍的查尔斯·斯坦顿掉队了，但他让同伴不要管他，继续往前走。据称，队友最后一眼看到他时，他正在雪地里从容地抽着烟。

12 月 24 日，情况变得异常糟糕。他们迷路了，物资丢了，暴风雪又回来了。绝望至极之时，他们想要通过抽签决定一名可以为团队牺牲的人。倒霉的帕特里克·多兰（Patrick Dolan）被抽中，但没人能够下得了手。两天后，四名成员死去，于是其他人便吃掉了他们的肉，但他们不吃自己的家人。虽然使出了如此残忍的手段，但这并不是什么长久之计。食物很快又被吃光，这时威廉·福斯特（William Foster）建议杀掉路易斯和萨尔瓦多。威廉·埃迪（William Eddy）十分震惊，他将福斯特的意图告诉了那两名印第安人，他们二人后来就消失了。大约

10天后，他们又被发现，但那时已经奄奄一息了，福斯特最终还是实施了原先的计划。

1月12日，他们发现了米沃克族的一个营地。米沃克人见到他们十分震惊，将能给的食物都给了他们。在他们的帮助下，埃迪继续前进，并最终到达萨克拉门托的约翰逊农场。一支救援队被派出，并于1月17日找到了这一死亡营地中的幸存者。他们的苦难终于要结束了。

与此同时，在特拉基湖边，唐纳大队逐渐走向绝望。帕特里克·布林（Patrick Breen）写道，他在圣诞节那天向上帝祈祷，但是天气仍然没有放晴，他们挣扎着寻找吃的，动物的兽皮成了他们最基本的食物。他们派出的希望小分队已经得救，但留在湖边的人一个个死去。死神笼罩着他们，暴风雪也势头不减。不过救援队就要来了。美墨战争结束后，里德和麦卡特森聚集了一些队员，于2月7日离开旧金山开始他们的旅程。但就在两天后，布林写道："派克的孩子已经奄奄一息，墨菲的孩子病重得下不了床，而基堡就从没下过床。约翰（帕特里克的儿子）今天要去埋葬埃迪夫

四名成员死去，于是其他人便吃掉了他们的肉，但他们不吃自己的家人。尽管使出了如此残忍的办法，但这并不是什么长久之策。食物很快又被吃光了。

队伍成员挤在一起，抵御严寒

悲剧发展过程

1846年4月14日

队伍出发

唐纳和里德夫妇收拾好东西，离开了伊利诺伊州的斯普林菲尔德，他们的旅程开始。

1846年6月27日

一次警告

马车队在拉勒米堡遇到詹姆斯·克莱曼，他告诉他们不要走黑斯廷斯捷径。

7月20日

转向捷径

唐纳大队拒绝接受建议，脱离大马车队，直奔黑斯廷斯捷径。

10月5日

一次谋杀

詹姆斯·里德遭到约翰·斯奈德的攻击，情急之下将其杀死，后被队伍驱逐。

8月30日

穿越沙漠

在黑斯廷斯的指示下，他们穿过了大盐湖沙漠，水都用光了，牛也丢掉了。

11月初

被大雪封住

他们抵达特拉基湖，但天气恶劣，无法继续前行，只能在湖边扎营。

12月16日

希望小分队离开

一小群人穿着雪地鞋进入山中。他们的物资很快用光，开始同类相食。

1847年1月18日

遇到帮助

希望小分队的威廉·埃迪（William Eddy）来到约翰逊农场，到那时他已经面黄肌瘦，那里的人救了他和他的同伴。

2月19日

第一次救援

救援人员终于抵达特拉基湖，看到那些幸存者的样子，他们非常震惊。23人被救走。

3月1日

第二次救援

詹姆斯·里德带着第二支救援队伍来到这里，他意识到那些还活着的人已经开始同类相食。第三次救援队于3月13日抵达。

4月17日

最后一次救援

刘易斯·凯斯伯格是最后一个从特拉基湖旁被救出来的人；他被发现时，身边都是被吃掉一半的尸体。

人和她的孩子。”

救援队伍直到2月19日才到达。丹尼尔·罗德（Daniel Rhoads）写道，他在大雪中喊了一声，然后收到了一名女子的回应，随后就见到她和她的同伴。“他们饿得面黄肌瘦，”他写道，“我永远也忘不了他们那惨白、可怕的样子。第一个女人的声音空洞，听起来非常激动，她说：‘你们是从加利福尼亚来的，还是从天上来的？’”他们小心翼翼地分发着数量有限的食物，并决定带走23名移民，留下21人继续等待后面的救援人员。他们离开之后，营地的饥饿问题更加严重。布林在2月底的日记中写道：“墨菲夫人昨天在这里说，她要从弥尔顿开始下手，她要吃掉他。我认为她没有那样做，那太痛苦了。”

詹姆斯·里德参加了第二次救援行动，这次救援队于3月1日到达湖边。墨菲的小屋是一场噩梦，一场夹杂着疾病、疯狂和同类相食的噩梦。同样的场景也出现在唐纳的营地中，从雅各布·唐纳（Jacob Donner）的遗骸可以看出，他当时就是被同伴吃掉了。

这次救援队带走了17个人，只留下5个人。但后来救援队又遭遇了一场猛烈的暴风雪，他们疲惫不堪，束手无策。年轻的艾萨克·唐纳（Isaac Donner）死了，玛丽的脚被冻伤，结果在烤火时不幸被烧死。布林和格雷夫斯家族拒绝继续前行，但詹姆斯·里德坚持了下去，后来碰到威廉·福斯特和威廉·埃迪，他们正与一名叫约翰·斯塔克（John Stark）的救援人员一起返回湖边去解救他们的家人。他们带走了里德的四个人，后来又遇到布林和格雷夫斯家的人。11名幸存者坐在火坑周围，不远处就是可怕的食人现场。福斯特和埃迪带着两个人继续往前走，而另外两个人则各自带着一个孩子往回走。约翰·史塔克带着两个孩子和他所能携带的所有物品，将这11人带到了安全的地方，这是一次令人惊叹的英雄行为。

当福斯特和埃迪于3月14日抵达时，他们发现已经来不及救他们的孩子了。他们带着四个年轻人和两个成年人去了熊谷，但托马斯·唐纳（Thomasen Donner），唐纳夫人选择留下来和她的丈夫乔治待在一起，乔治的身上坏疽严重，已经不能再继续前行。刘易斯·凯斯伯格也留下了。再过一个月，第四支救援队就能到达这里。

3月底，乔治·唐纳最终死去，此时托马斯前往刘易斯·凯斯伯格的小屋。我们不知道她后来是如何遭遇可怕命运的，但当凯斯伯格被发现时，他的小屋里到处都是他死去的同伴的尸体，其中就包括唐纳夫人。4月21日，凯斯伯格被救援人员带走，一星期后他到达萨特堡。“食人营”的恐怖故事震惊了整个国家，那些活下来的人心有余悸地度过余生。对于白人移民者来说，这是一个具有重大意义的警示故事。正如维吉尼亚·里德（Virginia Reed）所写：“只需尽力前行，永远不要妄图走捷径。”

他们厄运的构建者

兰斯福德·黑斯廷斯是谁？

对于唐纳大队遭遇的可怕事件，有个人应该负起责任，但他从未涉足所谓的死亡营。兰斯福德·黑斯廷斯虽有雄心壮志，但他在做事情前经常不加思考，当然，在他的加利福尼亚梦想上也是如此。

黑斯廷斯于1819年出生在俄亥俄州并在那里长大，后来学了法律，成为一名执业律师。然而，面对西部的诱惑和机会，他放弃了自己律师的职业，满怀热情走上了拓荒的道路。在俄勒冈州待了一段时间后，他向南前往加利福尼亚，并在那里看到土地开发的巨大潜力。虽然他曾骑马前行，但他从来没有乘过马车，也不知道自己在书中都说了什么，而这便导致了唐纳大队的悲惨事件。

后来，他在加利福尼亚定居，并在内战期间加入南方联盟军。战败后，黑斯廷斯迁往巴西，调查了在那里建立殖民地的可能，并撰写了《巴西移民指南》。1870年，他在维尔京群岛为移民做向导时死于黄热病。

黄金之州

黄金的意外发现，

如何永久地改变了加利福尼亚之貌。

对于詹姆斯·W.马歇尔（James W. Marshall）来说，这一天的开始与往常别无二致。作为一名受雇于约翰·萨特（John Sutter）的领班，他在加利福尼亚州的科洛马四处奔走，为萨特的伐木场建造尾水渠。但1848年1月24日却注定是个不平凡的日子。晨检时马歇尔发现了一片亮闪闪的金属。那片金属后来被证明是黄金，而马歇尔的发现带来了一场巨大的淘金热，从1848年一直延续至1855年。

你可能想象着，萨特发现黄金后会站在屋顶上兴奋地大喊大叫，但事实却恰好相反。萨特曾经梦想着建立一个广大的农业帝国，他知道，如果在这里发现黄金的消息传出去，他的梦想将会破灭。所以他试图将这个发现隐瞒下来。

但他未能如愿。谣言开始流传，而当商人塞缪尔·布兰南（Samuel Brannan）在1848年5月将这个发现公诸于众的时候，一切都已覆水难收。这个消息越传越广，1848年8月19日，《纽约先驱报》报道了这个发现，后来在1848年12月5日，詹姆斯·波尔克总统在对国会进行的演讲中讨论了黄金一事。不仅是加利福尼亚周边的居民想要分一杯羹——到了1849年年初，这个消息已在全世界范围内扩散开来，把怀有发家致富愿望的人们都吸引到了美国西部。

第一批到来的淘金者是加利福尼亚人，他们携家带口，跋山涉水，想

旧金山得到迅速发展，城市人口攀升，为了满足这些新人口的需求，新的商业涌现出来

淘金热改变了加利福尼亚的命运
并让许多人变得非常富有

要在这里挖掘尽可能多的黄金。起初，这工作还比较简单。地壳构造力已将黄金等金属推至内华达山脉的地表，水流又将其带至下游，最终散落在河川溪流的砾石层上。这就意味着，人们在水流中淘洗砂砾就能找到黄金，甚至仅仅用手就可以捡到金片和金块。

早期开采者的收获是丰厚的。他们很容易地就能采到大量黄金，甚至业余采金者也能采到足以改变其生活的金子。据说，当时人们平均每天的淘金收入能达到普通劳动者日工资的10到15倍。

加利福尼亚奇怪的法律状况也给早期的开采者造了福。1848年，加利福尼亚严格来讲还是墨西哥的一部分，只不过处于美国的占领之下（美墨战争的结果）。虽然美墨战争在1848年年初就结束了，加利福尼亚成为美国的一部分，不过一切都还不正式。所以，加利福尼亚处于一种边缘状态，那里的法令可谓是墨西哥、美国和当地法规的大杂烩。采金区在理论上是公共土地，但是没有任何行政或司法机构对其进行管理，所以它实际上是个“三不管”地带。开采者对墨西哥采矿法进行了改编，规定开采者可以占有其开采的土地，但这种占有仅在该地被开采期间有效。再加上开采无税无授权费，加利福尼亚的黄金由此变得非常具有吸引力。

如果1848确实见证着一大批人前来寻找黄金，而1849则见证了

★ 淘金热造就的第一位富翁 ★

第一个将黄金的消息散发出去的人应该是淘金热的最大受益者，这似乎没错。塞缪尔·布兰南有着多重职业，但与淘金相关的则是商人和记者。他在旧金山经营一家报社，出版的报纸名为《加利福尼亚之星》，他也是最先将发现黄金的消息宣传出去的人之一。这不仅是因为他喜欢宣传故事（事实上他的故事都没能印出来，因为他所有的员工都去采金了），而且是因为他想在淘金热中赚上一笔——他的商店是旧金山到金矿之间唯一的一家，他买下了所有他能找到的金矿开采设备，而后跑到旧金山大喊："金子！美洲河里有金子！"据称，他以 20 美分的单价买入淘金盘，而后将其以 15 美元的价格卖出去，仅 9 个星期就挣了 36000 美元。

然而，布兰南的财运并没有持续下去。后来他的妻子和他离婚，他不得不将大部分不动产进行清算，将财产分给了妻子一半。1889 年，他在穷困潦倒中去世。

布兰南以精明的商业决策获得了财富

这数字爆炸式的增长。听到这个消息的人开始从世界各地蜂拥而至。这些"四九人"永远改变了加利福尼亚的面貌。

其中大部分是美国人，成千上万的淘金者乘着马车、小船或用任何可行的方式来到这里。不仅仅是美国人，许许多多对财富充满渴望的中国人、德国人、法国人、意大利人、英国人、澳大利亚人和新西兰人也来到这里。1849 年，总共有大约 9 万人来到加利福尼亚，其中有 4 万人来自其他国家。虽然一旦到达，回报将是丰厚的，但对于大部分人甚至对美国人来说，这场旅行的代价也是巨大的。一开始，大部分淘金者都需要借钱或者用掉他们一生的储蓄来到加利福尼亚。男性淘金者离开家庭后必须独自照料自己，女人则留在家里养育孩子，并肩负起本该由她们丈夫承担起的全部任务。

但是，这些都是值得的——只要淘金者到得够早。虽然河流中的黄金储量惊人地丰富，但成千上万的人很快就将这些地表的黄金开采殆尽。到 1850 年，黄金的开采已经不再容易，必须采用更加复杂的开采技术，诸如"郊狼法"——沿河挖掘 6~13 米深的竖井，然后在各个方向挖掘隧道来寻找深层的金矿床。或者将整条河流改道，以此来寻找埋在河床底下的黄金。

以前易如反掌的淘金现在变成一项极其精密且耗资巨大的工程。一些

河流改道，有毒物质进入水源，环境为淘金热付出了巨大代价，时至今日仍是如此

淘金者耗尽家财长途跋涉，终于到达加利福尼亚，却发现如果没有专业的采矿技能根本无法找到黄金，这肯定是非常令人沮丧的。这种失望转变成敌意又演变成了怨怼。美国淘金者举目四望，看到来自世界各地的人们窃取着本该属于他们的黄金。1850年，为了赶走这些外来的淘金者，《外国人采金税》（*Foreign Miners Tax*）颁布，其中规定外国采金者每人每月须缴纳20美元的采矿税。

船员赶去淘金而将船遗弃在旧金山海港。这些空船后来被改造成商店和旅馆。

但是暴力攻击依然存在，针对中国开采者的尤为明显。1849—1850年仅有几百人来到这里，而1852年则有超过两万人来到旧金山。无论美国白人对于前来抢占他们土地的中国人抱有怎样不理智的恐惧，事实是，大多数中国淘金者只是想在回家之前多挖点金子。

在加利福尼亚淘金热中，有些人光明磊落赚钱，也有人不择手段发财，但加利福尼亚都是最大的赢家。

淘金热伊始，加利福尼亚还未被授予“州”的荣誉。马歇尔在1848年发现那一小片亮闪闪的金子时，加利福尼亚不过是之前属于墨西哥的一片荒凉土地，人口稀少，希望渺茫。但在1850年，淘金热带来大量移民和黄金，使得加利福尼亚迅速成为美国的一个州。不过，尽管加利福尼亚因发现黄金而收益巨大，但真正斩获胜利果实的还是旧金山这座城市。

在1848年黄金刚刚被发现时，旧金山约有1000名居民。一开始，黄金的发现并未对旧金山造成影响，事实上它甚至让这座城市变成了鬼城，

J. R. 布朗尼的描绘显示了对印第安人的典型立场——赶尽杀绝

因为这里的人们都去淘金了。但是很快，这里就得到迅速发展。随着商人和淘金者的到来，到 1850 年年初，这座城市的人口攀升到了 25000 人。为了满足新增人口的需求，新的商业涌现出来，包括酒吧、妓院和寄宿公寓等。

旧金山成为淘金热时代的大都市。基础设施很快得到关注，尤其是加利福尼亚到东海岸之间的交通状况得到了改善。太平洋邮船公司开启了一条从加利福尼亚到巴拿马的专线。乘客可以经由新巴拿马铁路（1855 年完工）穿过巴拿马地峡，而后乘坐汽船去往东海岸。

除此之外，城内道路也得到修建，教堂和学校也建起来了。农业开始大规模地发展，以满足新移民的需求。实际上，对于许多人来说，农业成为淘金热中真正的财宝。黄金供应不断减少，但那些将时间和金钱投入到农业中的人却获得了财富，毕竟大批来到加利福尼亚的人已经给他们带了来巨大的市场。

约翰·萨特担心黄金会毁掉他的农业梦想，情况果真如此，他的工人离开，作物被偷。

不幸的是，多数人的付出只能换来一小部分人的财富。就淘金热来说，受苦的主要是两类人——普通矿工和印第安人——同时当地的环境也为此做出了牺牲。

虽然早期的淘金者确实获得了丰厚利润，但从 1851 年年末开始，普通人挣钱已经越来越难了。由于采金需要越来越多的机械设备和人力，最后的黄金只能被采金公司和他们的老板收入囊中。后来的淘金者几乎都没有挣到什么钱，大部分人实际

淘金热初期，开采者通过淘沙即能找到大量黄金

上是亏本的。他们要与成千上万从世界各地赶来的淘金者竞争，不仅如此，商家还将采矿设备的价格提到了离谱的地步。据说采金者每天要至少找到一盎司[1]黄金才能保本。且这个数字是针对白人采金者来说的，由于有外国人采金税，外国人就更难挣到钱了，更别说维持生计了。

1857 年，“中美洲号”在卡罗莱纳海岸沉没，船上有大约 20 吨从加利福尼亚淘来的黄金。

到 1855 年，单独行动的采金者已经无法再找到黄金了。只有中到大型采金团队才有能力实施一些专业采金技术，从而找到黄金储备。随着采金的困难越来越大，寻找黄金的手段也变得越来越具有破坏性，这就给加利福尼亚的环境造成了永久的影响。采金者一开始使用的是淘金盘，随着黄金越来越难找，人们就需要在河边安装大型疏浚机，或者用高压水炮炸开山的一侧使黄金裸露出来。然后是矿本身，每修建一个竖井都要炸开成吨的岩石。

19 世纪 50 年代，水力采矿非常流行，而这给当地地形带来了不可挽回的损伤。水力采矿就是利用高压将水流通过一条软管引向砾石层，然后砾石将通过洗矿槽，如果其中含有黄金，那么黄金就会落到洗矿槽的下部。这一开采方法使得诸多砾石、泥沙和金属之类的污染物被冲到河流当中。附近的水道被阻塞，中央山谷种植的农作物遭到损害。由此，采金者和农民之间的关系日益紧张，直到 1884 年《索耶决定》（*Sawyer Desision*）通过，水力采矿被叫停，这种紧张关系才得到缓解。然而，时

1 一盎司约等于 28 克。

莎士比亚采矿 & 制造公司的矿工，1860 年

至今日，以前水力矿井的下游地区还是没有植物生长。

许多开采方法也将有毒物质排放到环境中，特别是水银。水银是用来从石英和岩石中提取黄金的重要物质。环境学家正在研究水银对水造成的破坏，而美国地质调查局则发现内华达县的鱼体内水银含量过高，非常危险。

除了实际开矿带来的破坏，为维持矿场运转而实施的一些流程也同样具有毁灭性。举例来说，旱季需要水，因此就改了河道，建了水坝。锅炉需要烧柴，人工运河系统也需要木材，因此伐木业发展起来，加利福尼亚的森林便遭到破坏。虽然这一切如此骇人听闻，但与印第安人遭受的苦难相比，环境破坏倒还不算什么。

有关加利福尼亚淘金热的统计数据十分惊人——来加利福尼亚淘金的人总计有 30 万，淘金热最初五年开采的黄金重量达 370 吨，以今天的价格来算，这些黄金价值数百亿美元。此外，在 1848—1868 年，在著名的“加利福尼亚种族灭绝”事件中死去的印第安人达 10 万人。

大批“四九人”从东海岸冒死长途跋涉来到加利福尼亚。

问题迅速出现。加利福尼亚突然迎来大量人口，印第安人被挤出以前的狩猎区。由于担心失去家园，印第安人对采金者进行了攻击，不料却遭到严重的报复。那些采金者有枪，所以印第安人必然遭到屠杀。不过，即使侥幸逃过屠杀也并不意味着得救。采矿者占领了他们的狩猎地区，幸存下来的印第安人也有可能饥饿而死。

一切的开始：马歇尔在萨特工厂的发现永远地改变了加利福尼亚的面貌

中国采金者会将黄金融掉，制成普通家庭用品，用这种方法掩饰财富，躲过强盗。

并且，即使印第安人的村子并未直接成为采金者的攻击对象，采矿带来的泥沙和化学物质进入环境中也会杀死鱼类以及其他依赖鱼类生存的重要生物。农民利用他们的土地耕种农作物，为采金者提供食物，这就使得印第安人的生活变得更加艰难。

采金者对印第安人的态度是绝对野蛮和残忍的。他们并不把印第安人当作人，而是将他们看作威胁利益的东西，所以对他们进行直接的消灭。1850年，加利福尼亚议会通过了《印第安人治理与保护法案》（*Act for the Goovernment and Protection of Indians*），该法案虽然表示会对印第安人进行保护，但它将移民使用印第安人作为奴隶和收养印第安儿童合法化了，并且禁止印第安人出庭指证非印第安人。彼得·伯内特（Peter Burnett）是加利福尼亚的第一任州长，他不仅没有为改善此状况做出任何努力，还坚持认为政府认可的种族灭绝是上帝计划的一部分，移民与印第安人之间的紧张关系是一种必然。印第安人只有两种选择——如果不离开这里，等待他们的就只有死亡。加利福尼亚甚至资助成立了由警员、士兵、采金者和其他人组成的敢死队，去搜寻并捕杀印第安人。

尽管这段时间印第安人遭受了严重的伤害，并且加利福尼亚对此事完全不关心，但根据加利福尼亚政府的记载，1849—1870年间遭遇暴力死亡的印第安人仅有4500人。与狂野西部其他重大事件一样，印第安人又一次为白人追逐幸福生活而付出了惨重的牺牲。

开凿线路

对大部分人来说，去往金矿区的旅程都是充满艰辛的。在美国，很多人从东海岸来到“黄金之州”，由此促进了基础设施建设。对早期的淘金者而言，想要完成从东到西的旅程，只有两条路可选。他们可以乘坐大篷车走俄勒冈—加利福尼亚之路。此路线道路崎岖，还有一些危险地带，需要花费大约6个月的时间。

另一个选择是走海路，这也需要6个月的时间。急切的淘金者会从纽约乘船南下至南美，然后来到圣地亚哥或者旧金山。坐着船欣赏沿途美景或许听起来很有吸引力，可这并不是豪华游轮。在海上，旅行者需要克服晕船和无所事事，他们吃的食物也都生了虫子。想要订到较好的舱位，他们还要花上一大笔钱。

这两条路都不太适合淘金这项重要事业，所以在1850年，人们计划修建巴拿马铁路。这条铁路由美国私人公司建造，横跨巴拿马地峡，并且是世界上第一条横贯大陆的铁路。更重要的是，它大大缩短了旅程的时间。

PONY EXPRE
4
DOLLARS
WELLS, FARGO &

驿马快信

驿马快信曾是美国旧西部速度最快的邮递服务，长路艰辛，危险无比，但它对开拓西部边境来说非常重要。

洲际电报出现之前，人们还不能通过敲击摩尔斯电键来进行交流，那时著名的驿马快信就是中西部与加利福尼亚之间主要的交流手段。驿马快信由威廉·拉塞尔（William Russell）、亚历山大·梅吉思（Alexander Majors）和威廉·华德尔（William Waddell）创办于19世纪50年代晚期，是历史上第一家快递公司。

驿马快信原名利文沃斯和派克峰快递公司，设于堪萨斯州的利文沃斯。在巅峰时期，该公司雇用了约6000人，不过仅过了19个月，随着横贯大陆的铁路建成以及电报的发明推广，驿马快信最终触礁破产。

驿马快信虽然存在的时间不长，但其精神流传至今。有关驿马快信和传奇骑手的故事已被载入美国史册和民间传说之中，“野牛比尔”威廉·科迪和“驿马鲍勃”罗伯特·哈斯拉姆（Robert “Pony Bob” Haslam）就是当时的两名骑手。孤独的骑手冒着失去一切的风险确保每封邮件的送达，这与“神枪手”和“养牛大亨”一样都是旧西部传说的一部分。

公司在经营上是失败的。它的税前总收入为9万美元左右，损失却高达20万美元。

在当时，驿马快信是中西部与加利福尼亚之间传送信息和包裹的一种风险较低的方式。1848年的加利福尼亚淘金热吸引了数以千计的人从世界各地来到这里寻找财富，他们就是著名的“四九人”。随之而来的还有金钱、基础建设和西海岸的发迹。这种大发横财的机会将人们吸引到西部，他们在旷野中搭起了帐篷城，后来在帐篷城中又建起了木棚屋。其中一些粗糙搭建起来的棚屋很快发展演变为旧金山这样的重要城市。伴随着人口的激增（大部分都有移民血统）和新商业的崛起，东西部

★ “驿马鲍勃”（Pony Bob）★

罗伯特·哈斯拉姆（Rober Haslam）是公司最受尊敬、知名度最广的骑手之一。他是英国人，出生于 1840 年，在 19 世纪 50 年代移民到了美国。他曾经承担了一次非常艰难的骑行任务，从塔霍湖的星期五驿站骑到丘吉尔堡附近的巴克兰驿站，全程长达 120 千米。

“驿马鲍勃”罗伯特·哈斯拉姆是驿马快信的传奇人物，曾在下巴被箭头刺穿的情况下骑行了数百千米

他最厉害的一次骑行是破纪录的。1860 年 5 月，他带着林肯总统的就职演讲出发。若非遇到印第安人的攻击，这本该是一次常规任务。在巴克兰驿站，应该接替他的骑手因恐惧印第安人而拒绝接手。于是哈斯拉姆继续前往史密斯河，他 8 小时不眠不休，骑行了 300 千米。

带着西行邮件返回时，他发现冷泉驿站已被毁坏，站长遭到杀害。后来哈斯拉姆自己的下巴也被弓箭射穿。他忍受剧痛继续前行，到达巴克兰驿站，在那里取下了箭头和三颗牙齿。他的往返旅程本来只有 240 千米，但他却骑行了 600 多千米，成为骑行过最长旅程的骑手。他的事迹被载入公司的历史。哈斯拉姆是“野牛比尔”科迪的密友，曾作为一名侦察兵在美国陆军服役。1890 年，哈斯拉姆曾陪同科迪协商印第安部落首领“坐牛”的投降一事。1912 年，他于穷困之中在芝加哥去世，科迪为他竖立了墓碑。

之间迫切需要一种快捷简便的沟通方式。

植根于如今美国的中西部，驿马快信成了当时最快的邮递服务，能够从密苏里州圣约瑟夫的先遣基地以最快的速度将邮件送达加利福尼亚。马车队、公共马车或者冒险登上一艘邮船在驿马快信的创立者看来都太慢了。一名独行骑手便可做到许多人认为不可能的事情——在十天内将邮件从密苏里送到加利福尼亚，用时相比以前的几周时间大大缩短。他们的路线都经过谨慎挑选，且路边设有驿站，骑手们就在这些驿站间穿行，每到一处驿站便歇脚换马，这样能够保持较快的骑行速度，而且不会让马过度劳

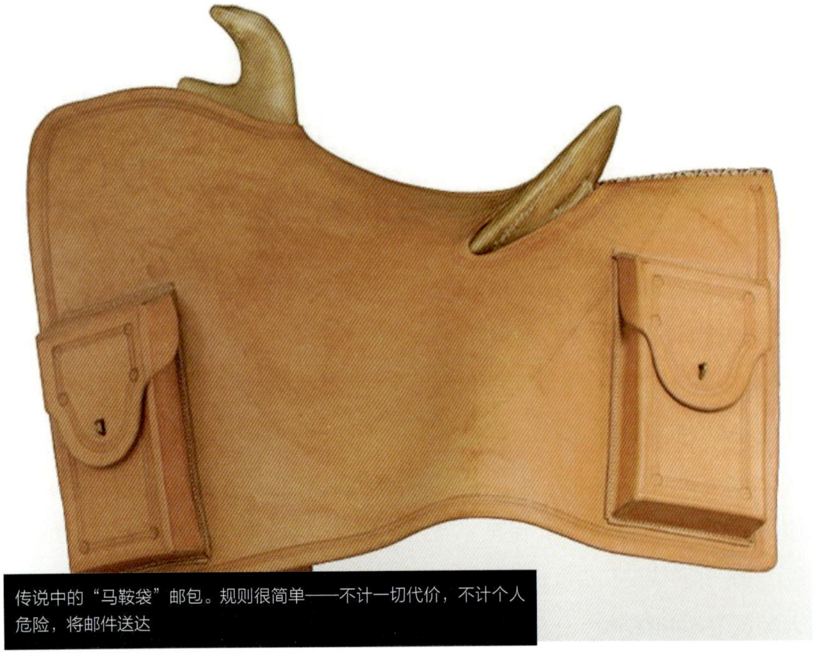

传说中的“马鞍袋”邮包。规则很简单——不计一切代价，不计个人危险，将邮件送达

驿马快信将信件和包裹从中西部送往加利福尼亚。其先遣基地位于密苏里州的圣约瑟夫

累。如此一来，许多人认为不可能的十日送达事实上也不过是常规标准。1860 年冬，驿马快信刚开始运营时，有大约 120 名骑手受雇，他们在 184 个驿站之间接替传递，在密苏里州圣约瑟夫的先遣基地和加利福尼亚州的萨克拉门托之间传送邮件。约 400 匹驿马和数百名其他员工确保了驿马快信的运转。随着时间的流逝和需求量的增加，公司迅速壮大起来。

驿马快信的马鞍都是特制的，由密苏里州圣约瑟夫市的伊斯雷尔·兰迪斯(Israel Landis)设计，既轻巧又结实。

这份工作曾经报酬优厚（月薪 100 美元，幸运的话，一名农民要一个季度才能挣这么多钱）且炙手可热。公司本可以付更少的工钱，但华德尔、梅吉思和拉塞尔想要最好的骑手，也希望骑手能够身材健硕轻盈。为了减少驿马负担，提高骑行速度，他们只雇用体重 56 千克或以下的男性。公司也喜欢年轻、健康的男子。对于驿马快信的骑手来说，健康是必不可少的。在边境生长的年轻男子对于冒死保护和运送货物的恐惧感也会更小。

驿马快信的骑手能够挣得荣誉和金钱，但也要承担相当大的风险。许多骑手都是依靠自己的经验、生存技巧和运气独自旅行的——他们也必须如此。骑手总是面临着各种各样的风险——怀有敌意的印第安人、歹徒、事故、疾病以及单纯的霉运。他们没有陪同者，如果在城镇外面的荒凉地带遇到麻烦，他们就必须只依靠自己。只有足够勇敢和灵活的人敢于申请。当时驿马快信的招聘广告相当诚实坦白但也可能让人见之胆怯，其内容如下：

“招募：年轻、聪明的专业骑手，要求体态健硕轻盈，不超过 18 岁，愿意每天冒死亡之风险，孤儿优先。”

驿马快信的整条路线对一个独行的骑手而言长得有些可怕。骑手从圣约瑟夫出发，需要骑行 3000 多千米。

一座驿马快信的纪念碑，由布伦达·丹尼哈尔（Brenda Daniher）雕刻，坐落于科罗拉多州朱尔斯堡驿马快信

右：和其他邮件一样，它也有自己的邮戳。此标志来自一封于 1860 年从圣约瑟夫寄往萨克拉门托的西行信件

初期，骑手大体沿着俄勒冈和加利福尼亚之路，直到怀俄明州的步里杰堡。从步里杰堡出发，他们经由被称作黑斯廷斯捷径的摩门之路前往犹他州的盐湖城。然后再从盐湖城沿着内华达中部路线到达内华达州的卡森市，继续前行便到了加利福尼亚的萨克拉门托。

他们必须在十天之内完成旅程，这是公司规定的时间，也是第一次驿马快信送达所耗的时间。承担第一次西行驿马快信任务的骑手于 1860 年 4 月 3 日从圣约瑟夫出发，4 月 14 日到达萨克拉门托，此后继续乘坐渡船到达旧金山。初次送达的货物有 49 封信、5 封私人电报以及一些杂七杂八的文件。

骑手想要最快的马。纯种、野马和摩根马更受欢迎，这些马大多从陆军骑兵部队买来。

十日送达的可行性已被证实，因此公司便以此来要求所有骑手。东行路线也同样困难重重。与西行任务的骑手一样，东行骑手也于 1860 年的 4 月 3 日出发，他的出发地点是旧金山，并同样于 4 月 14 日抵达圣约瑟夫。

驿马快信对体力的要求非常高，但是这还不算是最难的地方。骑手用一种被称为“马鞍袋”的带锁小包携带货物，并跨坐在小包上面骑行，他们下马的时候也会将马鞍袋取下。新骑手会被清楚明确地告知，对公司来说丢失包裹比他们失去性命还要严重。如果骑手必须杀人或者牺牲才能确保送达，那也只能算是职业风险而已。

骑手的惯例是带枪而行，通常带的是左轮手枪或卡宾枪（一种更短更轻的步枪或滑膛枪）。他们也会带刀，不过这些刀一般是供日常使用而非用来自卫。可以对他们起到保护作用的主要还是他们的速度以及站与站之间较短的距离。与马车队或公共马车相比，骑手并不显眼且速度很快，所以

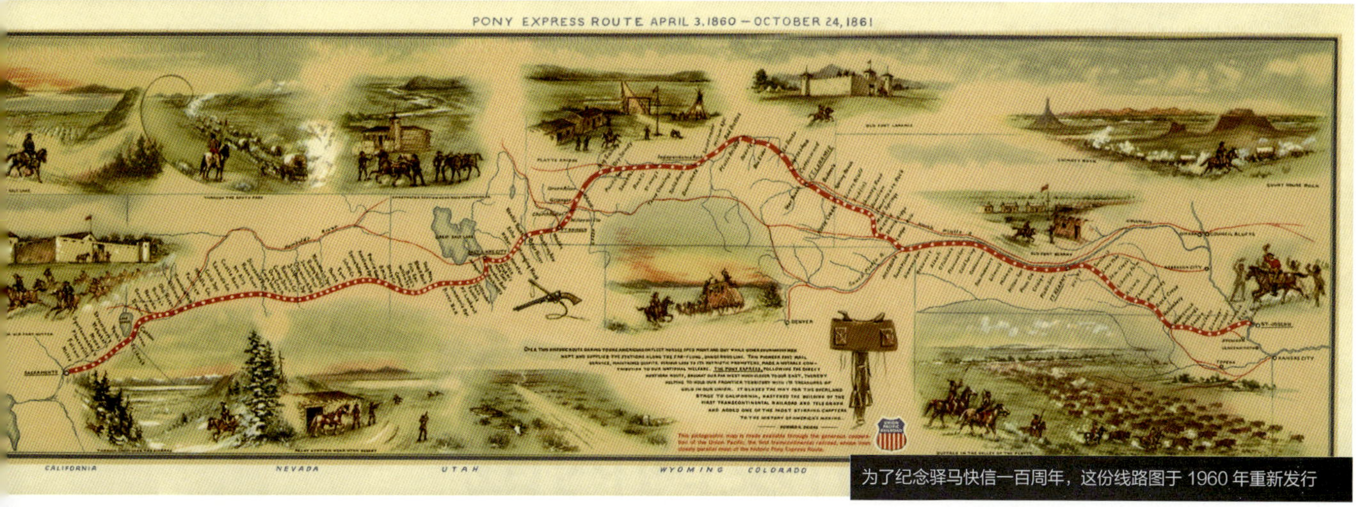

为了纪念驿马快信一百周年，这份线路图于 1960 年重新发行

一旦遇到什么突发事件，他们就会选择逃跑或者躲藏，而非战斗。

对于驿马快信的骑手来说，最危险的一段时间就是 1860 年的 5 月到 6 月。派尤特战争（一系列由内华达的派尤特印第安人发起的突袭和攻击）严重影响了快信的速度。自那之后，零星的战斗持续了很长时间。内华达州卡森河边的威廉姆斯站遭到派尤特战争中一方的攻击并被彻底烧毁，5 人遇难。为了避免对骑手和货物造成不必要的风险，公司暂停营业。

不过，派尤特战争只是暂时威胁，铁路和电报的渗入将他们永久性地毁灭了。铁路能够相对快速和安全地运送重型物件。有三家铁路公司在修建横贯大陆的铁路。西太平洋铁路公司负责修建从旧金山附近的奥克兰长码头到萨克拉门托的线路。中太平洋铁路公司则负责萨克拉门托到犹他州海角峰的线路。太平洋联合公司从东部开始动工，修建了从东部终点康瑟尔布拉夫斯（毗邻内布拉斯加首府奥马哈）到海角峰的线路，与中太平洋公司在海角峰汇合。

该铁路直到 1869 年才开始通车，但当铁轨在海角峰汇合的时候，电报也应运而生。驿马快信渐渐变得多余。它主要运送的就是信件和纸质的电报，但这完全可以被更快的电报所取代。原先从圣约瑟夫骑马将邮件送到萨克拉门托仅需十天，那已经是史无前例的突破，而现在通过摩尔斯电码几乎瞬间就可送达，且费用更为便宜。铁路运输的开始也就标志着驿马快信衰亡的开始。

在其存续期间，驿马快信送达了约 35000 封信件。他们未能签下政府合同，这份合同被巴特菲尔德陆运站线接下，然而这还不算什么，更糟糕的事情接踵而来。1861 年 4 月 12 日，美国内战开始，驿马快信的路线被限制在萨克拉门托和盐湖城之间。1861 年 10 月 26 日，横贯大陆的铁路刚刚将萨克拉门托与奥马哈和盐湖城连通了几天的时间，驿马快信就关闭了。快信刚刚建立时，比其他运送方式都更快更安全，而现在它已遭到淘汰。

“公共马车之王”本·霍拉迪（Ben Holladay）买下了驿马快信的这些驿站，为他的马车队服务。1865 年内战结束后，霍拉迪将他手上原属于驿马快信的资产和对手巴特菲尔德公司的残存物品全部卖给了美国富国银行。漫长的骑行就此告终。

驿马快信早已不在，但其形象和精神财富依然留存。1869 年，美国发行了第一张标志历史事件的邮票，纪念的就是驿马快信。1940 年和 1960 年，为了纪念公司成立的第 80 周年和第 100 周年，美国发行了更多的驿马快信邮票。如今，美国设立了国家驿马快信协会，目的是将传说背后的历史保留下来。直到 20 世纪 90 年代，富国银行仍然在其装甲卡车和保安制服上使用着驿马快信的标识。

骑手早已逝去，但精神永在！

起初运送一封半盎司[1]重的信件要花费 5 美元，约合今天的 130 美元。非常昂贵，但物有所值。

1 半盎司约等于 14 克

西部扩张引发的内战

随着美国向西扩张，有一个问题让这个国家遭遇分化：新成立的州将会是蓄奴州还是自由州?

上：废奴主义者约翰·布朗，1859年，进攻哈珀渡口前不久拍摄

右：亨利·克莱，正是他促成了《密苏里妥协案》*Missouri Compromis*

19世纪伊始，美国就已经开始分裂。针对奴隶制问题，国家从文化、政治、地理甚至宗教方面都分成两派。但由于双方势均力敌，联邦得以保存。在组成合众国的22个州中，一半是自由州，一半是蓄奴州。但是1819年当密苏里申请作为蓄奴州加入联邦时，这个微妙的平衡受到了威胁。

密苏里是路易斯安那购地案中的一部分。1803年，美国（当时其疆域基本上在五大湖的西部边缘以南）从法国手中购买了一大片土地。要说美国在路易斯安那购地案中获取的土地到底有多大——它将联邦的疆土扩大了82800万平方英里[1]（大约是英国领土的4倍），使美国的领土面积翻了一番。新领土的东部以密西西比河为界，西至落基山脉，北接加拿大，南达墨西哥湾，广袤至极。

后来新加入的密苏里州就是当时购地的一部分，在人口达到阈值的时候，它申

1 82800万平方英里约等于214451万平方千米。

密西西比河上海军辉煌的胜利，1862年4月24日

维克多·雨果（Victor Hugo）试图帮约翰·布朗求得赦免。“有的事情比该隐杀死亚伯更可怕……那就是华盛顿杀死斯巴达克斯”。

编者注：该隐杀死亚伯、华盛顿杀死斯巴达克斯。

请加入美国。作为一个新州，它将在参议院占有两个席位，这样也就打破了自由州和蓄奴州之间的平衡。随着对立双方之间的敌意日渐加深，众议院的发言人亨利·克莱（Henry Clay）促使双方达成了妥协，由此密苏里作为蓄奴州加入联邦，但同时缅因也作为自由州加入。这样双方仍能保持平衡。但重要的一点是，法案通过时也同时规定了除密苏里之外，北纬36°30′以北不得蓄奴，而未来此条纬线以南的全部州都将会是蓄奴州。这样，奴隶制被向西推进，同时南北分裂也在向西扩张。

民主党非常支持天定命运的观点，他们认为美国向西扩张就是天命。

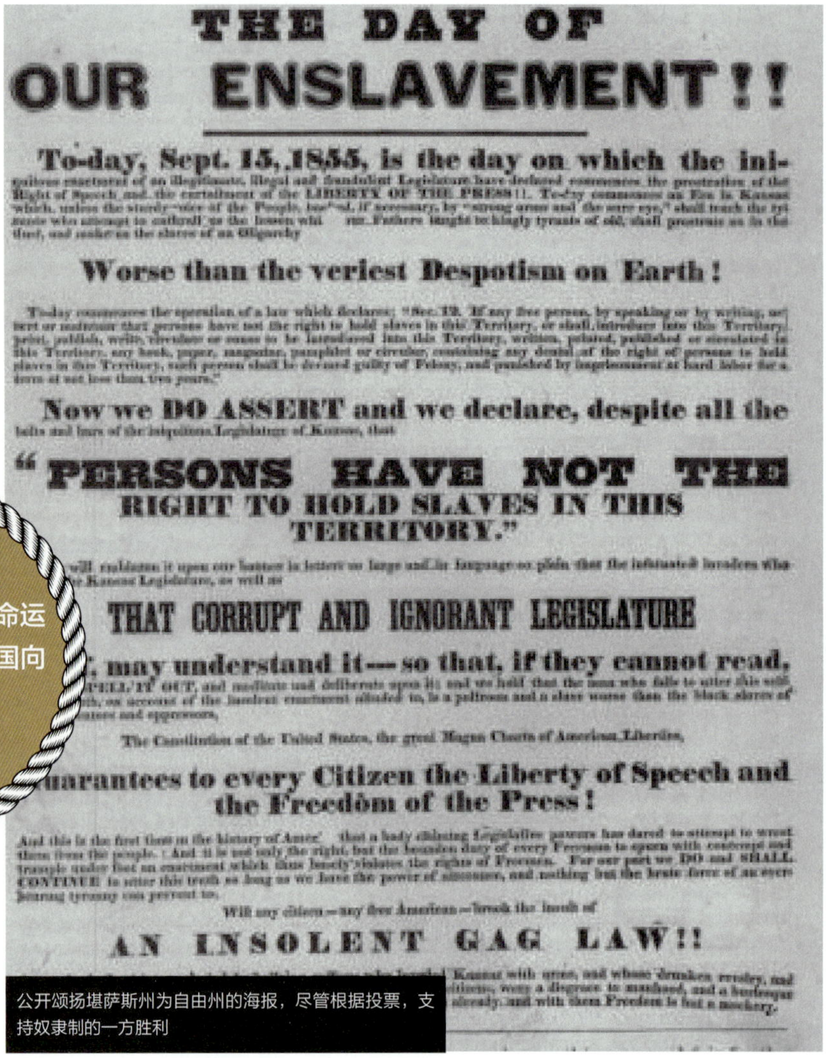
THE DAY OF
OUR ENSLAVEMENT!!
To-day, Sept. 15, 1855, is the day on which the ini-
Worse than the veriest Despotism on Earth!
Now we DO ASSERT and we declare, despite all the
"PERSONS HAVE NOT THE RIGHT TO HOLD SLAVES IN THIS TERRITORY."
THAT CORRUPT AND IGNORANT LEGISLATURE
may understand it—so that, if they cannot read,
The Constitution of the United States, the great Magna Charta of American Liberties,
guarantees to every Citizen the Liberty of Speech and the Freedom of the Press!
AN INSOLENT GAG LAW!!

公开颂扬堪萨斯州为自由州的海报，尽管根据投票，支持奴隶制的一方胜利

虽然《密苏里妥协案》为国家开拓了一条前进的道路，但许多美国政客都认为这项妥协案为未来的冲突播下了种子。美国第6任总统约翰·昆西·亚当斯（John Quincy Adams）在他的日记中写道：“今日不过是一个序言——一部悲剧著作的扉页。”

1849年，当加利福尼亚请愿加入联邦时，这个问题再次凸显出来。自1848年发现黄金之后，加利福尼亚人口激增，既吸引着自称为“自由土壤党”的自由州民众前来，也吸引着奉行骑士精神的蓄奴州民众。针对这个问题，加利福尼亚内部局势愈加紧张，甚至在1850年加利福尼亚作为自由州加入联邦后也是如此。9年之后，加利福尼亚的两位杰出政治代表——参议员大卫·布罗德里克（David Broderick）和加利福尼亚最高法院的前任院长大卫·特里（David Terry）——因在奴隶制上的不同政见进行了决斗。他们曾是朋友，但却因奴隶制反目成仇。特里是奴隶制的支持者，他提前练习了将用于决斗的武器——两把比利时造0.58英寸口径的手枪。而自由土壤党人布罗德里克没有。

北方的农民没有强烈反对奴隶制，但他们不想和低价的奴隶农民竞争。

决斗时，布罗德里克的枪在最后的倒计时之前哑火了。听着倒计时的声音，布罗德里克知道自己的枪已经开火了，但他并没有逃开而是站得笔直。特里知道他的对手已经开枪，本来可以选择射偏，而他并没有。子弹正中布罗德里克的胸口。三天之后，这位参议员死去，临死前他说：“他们杀我，是因为我反对奴隶制和腐败吏治的扩张。”

在1850年加利福尼亚作为自由州加入美国之后的10年中，自由州和蓄奴州之间的紧张局势不断加深。为了安抚蓄奴州，国会虽然同意加利福

人卫·布罗德里克和大卫 特里之间的对决，布罗德里克的枪哑火，而特里还是选择了射击

反奴隶制演讲后，参议院议员查尔斯·萨姆纳（Charles Sumner）袭击了众议院议员普雷斯顿·布鲁克斯（Preston Brooks）。

尼亚将成为自由州，但新墨西哥和犹他界内的民众可以决定他们成为蓄奴州还是自由州。妥协案也要求自由州的民众协助抓捕逃跑的奴隶。这导致自由州和蓄奴州之间的局势更加紧张，双方站在对立的道德制高点上，自由州的民众拒绝充当奴隶的抓捕者，而蓄奴州的民众则认为他们北方的同胞故意违反法律。

随着美国向西扩张，新加入联邦的州应该成为自由州还是蓄奴州这个问题更加频繁地出现。加利福尼亚加入联邦四年之后，伊利诺伊州参议员斯蒂芬·道格拉斯（Stephen Douglas）又一次尝试寻找解决方案。因为允许新的自由州加入联邦对蓄奴州来说毫无好处，美国的西部扩张在密西西比河止步。为了让其继续，他提出了一项新的法案，即《堪萨斯－内布拉斯加法案》（*Kamsas-Nebraska Act*），其中规定民众主权将决定这些新加入的州应为自由州还是蓄奴州。道格拉斯的许多民主党同僚都将其视为扩张奴隶制的一项策略，他们与其他政客开始加入后来因反对奴隶制而团结起来的共和党。

更有甚者，当代表在为确定堪萨斯将成为自由州而投票还是蓄奴州时，选票被人篡改了，这些人从密苏里州越过边界赶来，想要支持堪萨斯成为蓄奴州。欺诈行为极为普遍，甚至每个注册选民竟然能投两张票。就这样，堪萨斯州议会通过了支持奴隶制的法律。但是支持堪萨斯成为自由州的人们对于这样的欺诈行为义愤填膺，他们开始武装自己，创建平行法律，而自由州支持者和奴隶制支持者之间的暴力冲突也越来越频繁，他们分别称呼自己为法律派和秩序派。这是一场十分糟糕的冲突，双方都有责任。为了报复一桩谋杀案，自由州支持者对

议员查尔斯·萨姆纳袭击了众议院议员普雷斯顿·布鲁克斯

奴隶制支持者进行了恐吓、烧死，随后奴隶制支持者又将他们追逐至劳伦斯城，并在那里将他们包围。在随后的围攻当中，支持废奴的女人们将枪支藏在她们的衬裙下偷偷运给被围捕的自由州支持者。在一个寒冷的冬日，围攻取消，但当春天到来时，奴隶制支持者返回劳伦斯城，在那里烧毁了自由州旅馆，并把废奴主义刊物《自由先驱报》扔进了河中。在美国东部，支持共和党的刊物将他们的行为称为“劳伦斯洗劫”。

约翰·布朗（1800—1859）是名废奴主义者，他在劳伦斯洗劫期间出发去帮助保卫劳伦斯，但没能赶上。他对此事十分愤怒，于是带领一些人来到波特沃托米溪谋杀了五名支持奴隶制的移民，后被称为波特沃托米溪屠杀。之后，布朗使用游击战术与支持奴隶制的民兵进行了几次战斗。

一些史学家认为这些小的战斗就是内战的初始。由于在堪萨斯行动中赢得一些名声，布朗筹集了一笔钱，向西弗吉尼亚州的哈珀渡口发动了进攻，他希望能在这次进攻中缴获一些武器，然后挑起一场全面的奴隶起义。但进攻失败了，布朗被捕，随后受审并以叛国罪被绞死。这场进攻点燃了双方的怒火，战争差一点就被触发。在行刑那天早上，布朗写道：“我，约翰·布朗，确信这片罪恶之地上的罪行只能被鲜血所洗涤。”

后来又过了不到18个月，美国内战开始。对西部而言，内战及其余波改变了它。特别是亚伯拉罕·林肯在1862年签署生效的三个法案，将会带来巨大的变革：《宅地法》（*Home Stead Act*）、《太平洋铁路法案》（*Pacific Railway Act*）（促进了第一条横贯大陆的铁路的建设）以及《莫里尔法案》（*Morril Act*）（将联邦土地提供给各州使用以资助农学院，培养了一代又一代的农民和牧民）。这些法案到位后，“赢得”西部的所有基础都已夯实。对于印第安人来说，这意味着他们将要背井离乡，但许多新被释放的奴隶却在那里找到了自己的家，他们在诸如堪萨斯州的尼科迪默斯等小城中安身立命。最后，内战不仅将南部和北部紧紧连在一起，西部也开始与美国其他地区进行交流和交融。

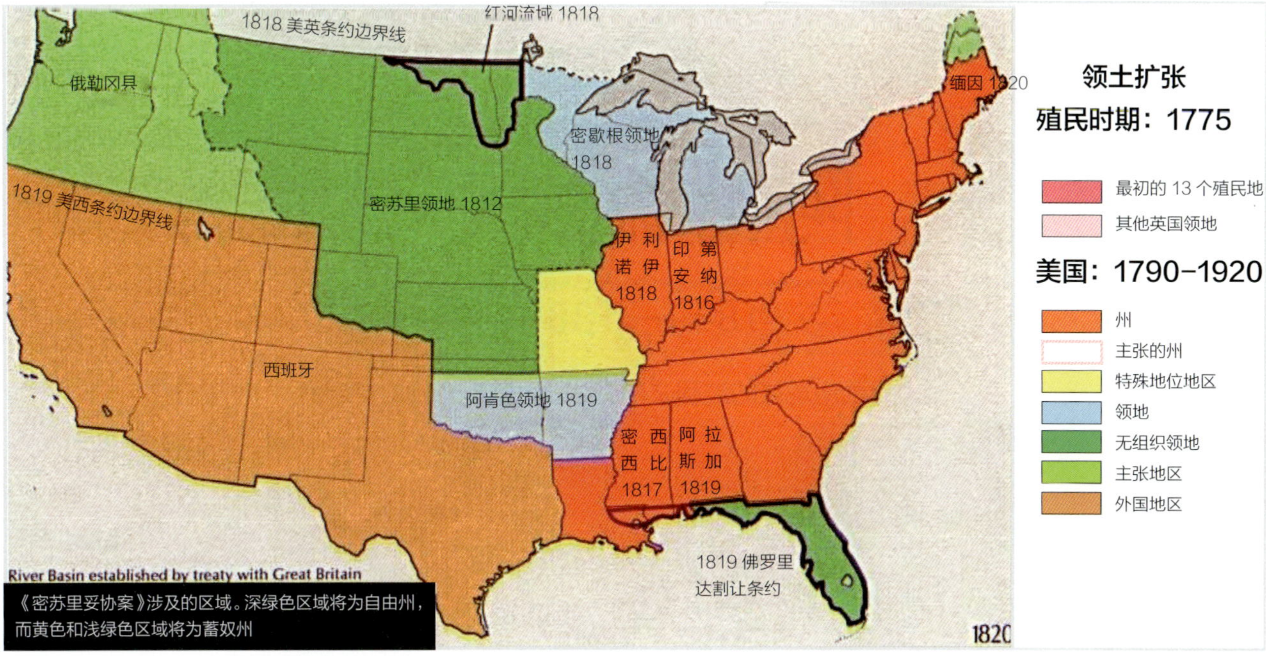

《密苏里妥协案》涉及的区域。深绿色区域将为自由州，而黄色和浅绿色区域将为蓄奴州

★ 大草原上的房屋 ★

《大草原上的小木屋》和其他的许多房屋一样都是《宅地法》的直接结果。1862 年 5 月 20 日，经林肯总统签署，《宅地法》正式生效。该法案规定，任何公民或想要成为美国公民的移民，只要缴纳一小笔申请费，就可以获得 160 英亩[1]的一片无主土地。要获得该土地的最终所有权，申请人必须在该土地上建造房屋、种植庄稼并连续 5 年居住于此，或者在该土地上建造房屋、种植庄稼生活 6 个月之后，按照 1.25 美元每英亩[2]的价格将其买下。从 1862 年该法案签署到 1900 年，有超过 8 千万英亩[3]的土地被分给了移居西部并在大草原上建造房屋的人们。其中就有英戈尔斯一家，他们于 1869 年来到堪萨斯州的蒙哥马利县。《大草原上的小木屋》就是以他们一家人在那里的经历为原型。

《大草原上的小木屋》第一期封面

1 160 英亩约等于 647497 平方米。
2 每英亩约等于 4047 平方米。
3 8 千万英亩约等于 323749 平方千米。

阿帕切战争

1849—1886

在美国赢得西南地区的过程之中，阿帕切部落为自由奋起而战，但最终还是失去了故土。

阿帕切的名字意为“敌人”，此名来自他们的邻族祖尼人。阿帕切部落称呼他们自己为恩戴，意为“人民”。

19 世纪，随着美国领土向西扩张，白人移民战胜并驱逐了沿途居住的印第安人，后者被迫背井离乡，迁移到更远的地方去。移民所到之处，美国政府和军队也随之到来。但华盛顿的权威无论是从法律还是武力上都未能到达边境地区。标志着印第安人在西部战败的堡垒要塞、条约和战斗不过是临时编造的，其目的大都是为了响应“东部”的民意舆论。不过，这一系列后来被称为“阿帕切战争”的冲突始于美国政府的一个决定以及一场与外国政府进行的战争。

1845 年 3 月，詹姆斯 · 波尔克总统将独立的得克萨斯共和国并入美国版图。无穷无尽的殖民浪潮正在将美国的边界向西部、南部和北部推进；同时波尔克也正在与英属加拿大协商俄勒冈的边界问题。为了确定得克萨斯的南部边界，且为了让墨属上加利福尼亚开放迎接更多的美国移民，波尔克提出从墨西哥手中买下里奥格兰德河和努埃西斯河沿岸的领土。

墨西哥政府并未承认 1836 年得克萨斯人的反抗，也未认可 1845 年美国的吞并。墨政府回绝了波尔克的提议。因此，1845 年 7 月，波尔克将扎卡里 · 泰勒少将和 3500 名陆军士兵派往努埃西斯河。虽然波尔克坚称美国对上加利福尼亚的领土并无企图，但他却命令泰勒去挑衅墨西哥军队。1846 年 4 月，墨西哥向美国宣战——结果失去了更多领土。根据《瓜达卢佩 - 伊达尔戈条约》（*Treaty of Guadalupe Hidalgo*）（1848 年），里奥格兰德河被确定为美国南部边界。墨西

杰罗尼莫投降之前与克鲁克将军会面，曾经允诺杰罗尼莫及其人民的东西一样也没兑现

哥割让了领土，这些土地成为后来的加利福尼亚州、新墨西哥州、内华达州、犹他州，得克萨斯州、俄克拉荷马州、堪萨斯州和怀俄明州的部分地区。作为回报，波尔克政府付给墨西哥1500万美元——这比波尔克原先报价的一半还少。

科奇斯的儿子那伊凯（1857—1919）与杰罗尼莫共同战斗，他是齐里卡瓦阿帕切人的最后一位世袭首领。

美墨战争结果之一就是加剧了有关奴隶制的冲突，因为本就意见不合的美国政党对于是否该在新领土上推行“特别制度”（奴隶制度）的看法也不尽相同。另一结果是西南部的阿帕切部落被带到美国统治之下。阿帕切部落的游牧生活方式及好战的文化使他们与墨西哥政府的冲突不可避免。如今，美国移民和士兵的增加导致了一系列战争，阿帕切人传统的生活方式也遭到毁灭。

奥利弗·霍华德准将，内战老兵、基督信徒，曾试图与科奇斯进行谈判

吉卡里拉阿帕切人已经给美国士兵让出一条安全的可以穿过阿帕切地区的路径，但是亚利桑那州圣丽塔山中金矿的发现以及掘金矿工的突然涌入很快就带来了冲突。《瓜达卢佩-伊达尔戈条约》签订仅数月，一小批吉卡里拉勇士和犹他勇士就屠杀了一个马车队。几个月之后，一组邮递员也同样遭此厄运。

1853年，第一骑兵团对吉卡里拉人发动进攻。3月30日，在一系列小规模冲突和武装追逐之后，约250名阿帕切人和犹他人在新墨西哥州靠近陶斯的一条名为谢内吉亚斯的“小溪”边伏击了一支60人的骑兵部队。经过一整天漫长而激烈的战斗，三分之一的骑兵遭到杀害，其余的人几乎全部受伤。第一骑兵团的其他士兵将吉卡里拉人赶进了冰雪覆盖的大山中。许多人死于严寒，更多人则是被后来赶上的骑兵部队杀死在大峡谷中。

齐里卡瓦阿帕切人居住在里奥格兰德河中部流域，与他们的战争也始于淘金热。1851年，一队采金者将齐里卡瓦首领曼加斯·科洛拉达斯（Mangas Coloradas）绑在树上进行殴打。在接下来的十年中，阿帕切人劫掠移民的牛，而白人移民也报复性地袭击阿帕切人的营地。最终，1861年年初，一些阿帕切人绑架了一个农场主的儿子，陆军中尉乔治·巴斯科姆（George Bascom）与曼加斯·科洛拉达斯的女婿科奇斯（Cochise）交涉有关释放人质的问题，但却抓了一名阿帕切人质并将其当场勒死，一场战争由此挑起。

美国内战爆发后，曼加斯·科洛拉达斯和科奇斯发起了一场战役，意图将所有美国人和墨西哥人驱逐出他们的领地。相反，齐里卡瓦阿帕切人却被夹在支持南方联盟国的亚利桑那人和一些在1862年年末从加利福尼亚进入亚利桑那的北方联邦军支持者之间而进退两难。联邦军和齐里卡瓦勇士发生冲突，曼加斯·科洛拉达斯胸部中枪。

1863 年 1 月，为了协商投降事宜，曼加斯·科洛拉达斯举着白旗来到了新墨西哥西南部的麦克莱恩堡。与其进行对话的美军准将约瑟夫·罗德曼·韦斯特（Joseph Rodman West）让人对其刑讯折磨并最终枪杀。士兵们割下他的头颅，将头骨上的皮肤剥下来放在水里煮，并将它送去了史密森博物馆。韦斯特之后成了一名参议员。科奇斯则取道前往龙骑山，准备发动消耗性游击战。美国陆军以残忍的暴行进行了反击。不过亚利桑那地广人稀，军队的堡垒就如同干旱而炙热的半荒漠上的小岛。马匹因高温而死去，马车被崎岖不堪的小路颠坏。阿帕切人比平原上的印第安人武器装备更好，也更加精明和无情。一位美军上尉回忆道，阿帕切勇士更喜欢“像郊狼一样潜伏数小时”，而后再杀死敌人，而不是冒着受伤的危险直接攻击。上尉承认，这使其成为“极为老练的士兵”。阿帕切人在折磨囚犯时也同样耐心而认真。这让移民感到极为恐惧，但也促使那些移民对他们同样实施残忍的暴行。

和大平原上的印第安人不同，阿帕切人并非居住在动物皮制作的圆形帐篷中，而是住在木质框架和灌木覆盖的窝棚中。

内战延缓了政府将阿帕切人驱赶到居留地的行为。但 1865 年后，美军集结了更多资源来对抗科奇斯，对他的族人进行折磨侵扰，最后仅有数百人幸存下来。到了 1870 年 8 月，身患胃癌命不久矣的科奇斯感觉到阿帕切人和美国人“就要打成平局”。在与奥利弗·霍华德（Oliver Howard）准将的交涉中，科奇斯为他的族人争取了 50 英里[1]宽的一块居留地。1872 年，科奇斯失势并投降。

陆军中校乔治·克鲁克对科奇斯及阿帕切人实施了持续的暴力行动，并迫使他们进入居留地

同时，霍华德的同僚、内战老兵乔治·C. 克鲁克中校正要在该地区对残余的阿帕切部族发动战争，想以此强迫他们迁往新建立的白山居留地（现圣卡洛斯居留地中部）。

1872 年 12 月，克鲁克的副官威廉·H. 布朗（William H. Brown）对一处亚瓦派营地发动了夜袭。当妇女和儿童逃入山洞以后，布朗命令他的手下从洞顶开火，子弹杀死了那些手无寸铁的逃亡者。美军将这次屠杀美化为“盐河峡谷之战”。

克鲁克的战役又持续了一年，但还是未能抓住科奇斯。当科奇斯的队伍重拾其古老的劫掠传统时，克鲁克紧追其后。不过科奇斯在 1874 年死于癌症。为了保证部族的安全，他任命自己的儿子塔扎为首领。但美国政府的印第安事务局拒绝遵守将龙骑山作为齐里卡瓦人居留地的承诺。因而科奇斯队伍中的大部分人都跟随塔扎前往圣卡洛斯的另一处居留地。一位阿帕切人这么描述那个地方：“对阿

1　50 英里约等于 80 千米。

帕切人来说是个好地方——一个去死的好地方。”

许多齐里卡瓦人继续抵抗占领他们土地的农民和牧民。有一半的人跟随贝当柯合分支中著名而神秘的萨满杰罗尼莫逃往了墨西哥。布里顿·戴维斯中尉花了数年时间追捕杰罗尼莫，并描述他为一个“卑鄙的流氓……完全是邪恶、凶残和狡猾的”。甚至连查托，19 世纪 80 年代的一位丘卡南首领，都承认杰罗尼莫“绝对算不上伟人”。不过，他并不缺乏布里顿·戴维斯勉强承认的“勇气和决心”。

杰罗尼莫于 1877 年被捕并被带至圣卡洛斯，1881 年 9 月，他和 700 名“顽固分子”一起逃脱。两年后，掌管亚利桑那和新墨西哥居留地的乔治·克鲁克说服他返回圣卡洛斯。一年后，在圣卡洛斯，杰罗尼莫再次潜逃，一路劫掠南下逃进了墨西哥。1886 年，在塞拉德－马德雷山脉，他最后一次向对手克鲁克投降。他被作为战俘带到佛罗里达，再也没能返回亚利桑那。

1909 年，在阿帕切抵抗运动的最后一丝余烬熄灭之前，杰罗尼莫在俄克拉荷马州的监狱看去世了。1924 年，美国最后一次阿帕切袭牛事件最终被刑事定罪，并未遭受军队讨伐。1933 年，墨西哥境内最后的“顽固分子”投降，阿帕切战争宣告终结。

1886 年杰罗尼莫投降时，他的队伍只剩 36 个人，其中还包括妇女和儿童。

杰罗尼莫老年时拍摄，当时他正被囚禁，拍摄者为爱德华·柯蒂斯 Edward Curtis，1905 年

时间线

1848年

《瓜达卢佩－伊达尔戈条约》

美国赢得美墨战争的胜利之后，墨西哥丧失了领土，而这些领土后来成为现在的加利福尼亚州、新墨西哥州、内华达州以及犹他州。一夜之间，阿帕切人就将受美国法律的管辖。

1851年

曼加斯·科洛拉达斯被打

在格兰德河发现金矿后，几个矿工将曼加斯·科洛拉达斯绑在树上进行殴打。在十年日益加剧的暴力之后，美军插手干预。

1853年

吉卡里拉战争中的伏击战

1853 年 3 月，250 名阿帕切人和犹他人在新墨西哥州靠近陶斯的一条名为谢内吉亚斯的“小溪”边伏击了一支 60 人的骑兵部队。三分之一的骑兵被杀，其余的人几乎全部受伤。

1861年

巴斯科姆事件

科约特罗－阿帕切人绑架了一名牧场主的儿子，而美军中尉乔治·巴斯科姆迫使科奇斯与美国对战了长达 11 年的时间。

1863年

曼加斯·科洛拉达斯被杀

当曼加斯·科洛拉达斯为协商投降事宜而举着白旗来到麦克莱恩堡时，美军对话人约瑟夫·罗德曼·韦斯特对其进行了折磨并将其枪杀。

约瑟夫·罗德曼·韦斯特，美国参议员，曾故意命人杀害曼加斯·科洛拉达斯

科奇斯没有照片。此山脊是美国齐里卡瓦遗址，即著名的“科奇斯的头”

科奇斯

不败首领

科奇斯之名在阿帕切语言中意为“橡木般的”。在阿帕切战争期间，他是丘卡南或称“中部”齐里卡瓦人的首领。科奇斯生于1805年前后，在现在的亚利桑那、新墨西哥与墨西哥南部索诺拉地区的交界之地长大。年轻时，他曾与丘可南分支并肩作战，挫败过试图制止阿帕切掠袭的墨西哥军队。

科奇斯人如其名，是一位强壮高大的战士。他并没有参与1861年的科约特罗阿帕切袭击，在这场袭击中一位农场主的儿子遭到绑架使得丘卡南与美军发生了冲突。但是乔治·巴斯科姆中尉却指控科奇斯为绑架犯，后来科奇斯从巴斯科姆的军营中逃了出来。

这场战斗以及巴斯科姆和科奇斯对人质的抓捕和处决导致了科奇斯和美军之间长达十一年的战争。作为一名资深游击领袖，甚至在美军分解其队伍并将他们逼入龙骑山的时候，科奇斯还是突出重围，逃过了抓捕。最终，癌症和疲惫击败了他。1872年，科奇斯为他的族人保下了一小块居留地。而当1874年他在居留地去世时，印第安事务局强迫他的人民离开那块居留地去往恶劣荒凉、不宜居住的圣卡洛斯居留地。

1872年

盐河峡谷之战

威廉·H. 布朗对一处亚瓦派营地发动了夜袭。布朗命令他的士兵对逃进山洞的妇女儿童开火。

1874年

科奇斯之死

在协商退守居留地两年之后，科奇斯死于胃癌。而印第安事务局是不会遵守其诺言的。

1881年

杰罗尼莫和顽固分子

被捕四年后，杰罗尼莫带领由700名“顽固分子”组成的队伍逃往圣卡洛斯居留地。在接下来的5年中，他会对墨西哥及美国南部发动袭击。

1886年

杰罗尼莫的最后一战

第二次越狱之后，美军在整个新墨西哥对杰罗尼莫进行了追击，杰罗尼莫投降。曾经强大的阿帕切战争军最后只剩36人，其中包括妇女和儿童在内。

传统的阿帕切人居住的草棚，由爱德华·柯蒂斯于1903年拍摄

一位吉卡里拉人，由拓荒摄像师爱德华·柯蒂斯于1904年拍摄

1924年

最后的阿帕切袭击

一小队年轻的阿帕切人从他们居留地附近的牧场偷走了牛。这是有记载的最后一次阿帕切袭牛事件。

杰罗尼莫

杰罗尼莫有很多身份——勇士、盗贼、杀人犯以及领袖。
但最关键的却是他未能承担的身份——丈夫和父亲。

杰罗尼莫的家人全部死去了。一队墨西哥士兵杀死了他的母亲、妻子和三个年幼的孩子。这种深刻强烈、无所不在的伤痛使得一些东西在杰罗尼莫的心中升腾而起——一种为他的所爱复仇的原始欲望，这种欲望导致阿帕切族与墨西哥和美国士兵进行了数十年的战争，也让他在白人移民中赢得了“最坏印第安人”的头衔。

杰罗尼莫生于1829年6月16日，他原来的名字是柯亚勒（Goyaałé），意为“打哈欠的人”，属齐里卡瓦阿帕切部落的贝当柯合分支。他的父母按照阿帕切传统将他抚养长大，向他讲述族人的传说、信仰以及那些为荣誉而战的勇士的冒险故事。他的生命与周围的土地合为一体，终日打猎或者在田地里照料庄稼。

17岁时他加入了勇士会，那之后他就可以自由地与他一生的挚爱——埃洛普（Alope）——结为连理。他们在他母亲的帐篷旁边搭建了自己的家，且与任何初建家庭的夫妇一样，开始着手装饰新家。不久之后，杰罗尼莫成为了三个孩子的父亲。他的孩子们和他一样度过了田园诗般的童年生活，他也非常幸福。而后在1858年，他的部落停驻在了一个名叫卡斯克耶（哈诺思）的墨西哥小城，他的人生就此永远改变了。

在他外出进行贸易时，一队墨西哥士兵屠杀了营地里所有的人。杰罗尼莫失去了母亲、妻子和孩子。他们的首领曼古斯·科洛拉达斯（Mangus Coloradas）认为所剩人数太少了，无法为这次屠杀报仇，所以他们尽可能地收集了一些物资，离开了他们死去的亲人，返回亚利桑那。

杰罗尼莫久久不能从那次屠杀的记忆中走出来。后来，他的族人派他去齐里卡瓦和奈迪尼阿帕切人那里寻求帮助，他成功地完成了任务。距卡斯克耶屠杀大约一年以后，杰罗尼莫与来自三个阿帕切部落的勇士们一起踏上了征战的旅途。他们没有马匹，只穿着鹿皮鞋和缠腰布。这块缠腰布能够对折起来用作睡觉时盖的毛毯，这也意味着勇士们不用带太多东西。他们每天要走40~50英里[1]的路程，因而也必须轻装上阵。

杰罗尼莫带领勇士们进入墨西哥境内，在阿里塞附近，一小群人赶来与他们的谈判。但杰罗尼莫对谈话毫无兴趣。为了将城市里的军队引出来，他们将这些人抓了起来，杀死他们并剥下了他们的头皮。此举果然奏效，第二天两个骑兵连和两个步兵团骑着马朝他们赶过来。杰罗尼莫认出了那些曾经屠杀他家人和族人的士兵，他把此事转告给了酋长，酋长要求他去指挥战斗。

这正是杰罗尼莫的机会，既能讨得酋长的欢心，还可以报复那些昔日的仇敌。他将勇士们在河边排成一圈。墨西哥步兵排成了两个纵列，而骑兵则是两个横排。步兵向前进军，到距离杰罗尼莫他们约400码[2]远的地方停下开始射击。杰罗尼莫向他们投了一个炸药，而其他人则从后方发动进攻。他像受伤的猛兽一样疯狂战斗，心中

1 40~50英里约等于64~80千米。
2 400码约等于365米。

关键时刻

家人惨遭谋杀

家人遭到杀害给杰罗尼莫的余生带来莫大的影响，致使他对墨西哥人的态度十分冷酷，并点燃了他内心复仇的熊熊火焰。他强忍悲痛烧毁了自己的房子。对于此事，他如是说：“无论何时我……看到任何能让我想起我之前幸福生活的东西，我的心里都会充满对墨西哥的极度仇恨。”

1858 年

杰罗尼莫早期是一名巫医，但其亲人的死亡及其族人的无礼让他成为了 名令人闻风丧胆的战士所想的唯有报仇的誓言。

这场激烈的战斗持续了约两个小时，只有杰罗尼莫和另外三名勇士活了下来。他们用完了所有的箭和矛，所以只能徒手或用匕首战斗。两个带着武器的士兵射杀了杰罗尼莫手下的两个人，另一个则遭到军刀的攻击。杰罗尼莫从一具死尸上拽下一只长矛，刺死了一名骑兵。另一名士兵也冲上来，与杰罗尼莫进行战斗。但杰罗尼莫嗜血的欲望更为强烈，他用自己的匕首杀死了那个墨西哥人。战斗结束，阿帕切人的呐喊声从远处传来，而杰罗尼莫已经为他的家人报仇了。

关键时刻

获得杰罗尼莫之名

杰罗尼莫是如何得到这个名字的，人们众说纷纭，不过大都认可这个名字是在他生命的后期才有的。在被首领派去对墨西哥人进行复仇时，他的表现就如同着魔了一样。有故事称，为了求他手下留情，当时的墨西哥士兵诚惶诚恐地称他为“圣杰罗姆”，而这个名字的西班牙语发音正是“杰罗尼莫”。

1859 年

杰罗尼莫对罗斯福总统有着一种莫名的尊重，但还是鼓起勇气向罗斯福总统提出了齐里卡瓦战犯的问题

但这并不够。杰罗尼莫想要更多报复。他说服了阿克其内(Ah-kochne)和科德内(Ko-deh-ne)两个勇士和他一起入侵墨西哥。他们徒步出发，沿着塞拉德 - 安图内斯山前行。发现村庄时，他们决定对其攻击。在前进的过程中，杰罗尼莫的两个同伴遭到枪杀。墨西哥人对杰罗尼莫发动了突然攻击，但杰罗尼莫击退了他们，之后便躲藏了起来。

接下来的两天，他一边躲避墨西哥人，一边试图返回亚利桑那。他最终回到营地，可是除了两位勇士的尸体之外，他没有任何能够展示其旅程收获的东西，杰罗尼莫并未受到欢迎。他也不在乎——他最想要的就是复仇——这远高于其他任何需求。如他所言：“我从来没有停止对他们（墨西哥人）进行惩罚的计划。”

接下来几年的事情几乎是千篇一律的——杰罗尼莫说服一些族人和他一起到墨西哥进行袭击，混乱随之而至，杰罗尼莫杀掉墨西哥人，如果一切顺利，他们还会带回一些战利品。但后来，他们的敌人发生了改变。白人移民和美国士兵开始涌入该地，不停地掠夺阿帕切人的土地，并将阿帕切人驱赶至居留地。

1863 年，杰罗尼莫的首领曼古斯 · 科洛拉达斯出发去往新墨西哥的阿帕切领地塔霍与美军士兵签订和约。美国方面告诉他，如果他带着部落迁移到那里生活，他将会得到食物、毛毯和其他物资。

他们召开了勇士会，最终决定曼古斯 · 科洛拉达斯先带一半的族人到那里去，如果一切顺利，杰罗尼莫则会带着余下的人前去。但事情并不顺利。杰罗尼莫收到报告称，部落的人遭到杀害。他手中并无武器，且害怕军队会来找他们，于是他带着自己的族人进入了大山。美军发动了几次袭击，杰罗尼莫和他的族人不停地更换栖身之处以寻找物资。与霍华德将军在阿帕切帕斯(鲍伊堡)签订条约之后，杰罗尼莫与其他的首领均决定离开。

在温泉城，两名从圣卡洛斯来的侦察兵要求杰罗尼莫到城里去。一到目的地，杰罗尼莫就被缴了械，并被关进警卫室。理由呢？因为他离开了阿帕切帕斯，但从来没有人告诉过他不能离开。杰罗尼莫就这样被关了几年。1883 年，有流言称军官们计划囚禁这些首领。杰罗尼莫不能忍受进监狱，于是逃走了。

在旧墨西哥的深山中游荡了一年之后，杰罗尼莫带着一群牛马回到了圣卡洛斯。掌管圣卡洛斯的军官克鲁克将军从杰罗尼莫手中夺走了牛和马，并指示士兵逮捕杰罗尼莫，如果杰罗尼莫还手的话就杀了他。

于是，杰罗尼莫与其他 400 名印第安人一起前往旧墨西哥，并最终到达塞拉德－安图内斯山。后来听说克鲁克将军想见他，杰罗尼莫便同意和他一起回圣卡洛斯。在他和族人一起返回美国的途中，他们又开始对这次冒险产生了担忧，因而调转方向走了另外一条路。

这个决定的实施也并不顺利。这是杰罗尼莫第三次逃脱抓捕，他不停地向美军发动袭击和进攻，这种处境让人非常尴尬和难堪。杰罗尼莫一直抢先敌人一步，美军士兵一直在追捕他而不得。后来墨西哥人也变得更加活跃，几乎每天都会有战斗。

部落决定分解为小队并分散开来。1886 年，在他们去往亚利桑那的路上，杰罗尼莫从侦察兵那里听说迈尔斯将军想再次会见他。杰罗尼莫默许了这个请求，并同意会见迈尔斯。他甚至许诺，只要他们不逮捕自己，他就会投降。迈尔斯向其保证不会对他实施逮捕，而这正是一个让杰罗尼莫后悔莫及的谎言。

关键时刻

会见罗斯福总统

杰罗尼莫参加了罗斯福总统的第二次就职游行，骑着马走过宾夕法尼亚大道。游行后他在白宫向总统提出了让齐里卡瓦人返回故乡的请求。他恳求总统“切断绳索放我自由”。但他的请求被驳回了。

1905 年

在自传中，杰罗尼莫称，迈尔斯将军是将其骗降的

有关杰罗尼莫的五大真相

1. 在杰罗尼莫的最后一次战役中，美军派了 5000 名士兵和 500 名侦察兵对其带领的队伍进行追击和抓捕。

2. 传说，杰罗尼莫小的时候吞下了他杀死的第一个人的心脏，这使得他在后来敌人的追击中总能成功逃脱。

3. 杰罗尼莫于 1903 年加入荷兰归正教会，但 4 年后因赌博被驱逐出教。

4. 摄影师 C.S. 弗莱为杰罗尼莫和其他几个阿帕切人（包括杰罗尼莫的两个儿子）拍摄的照片是如今仅存的有关杰罗尼莫向美国投降的照片。

5. 据说杰罗尼莫的头骨被耶鲁大学骷髅会成员从其墓穴中盗走了。

西奥多·罗斯福总统的第二次就职典礼

到达得克萨斯州圣安东尼奥之后，杰罗尼莫立即遭到了审判。而后被送往皮肯斯堡，在那里他被迫承受了将近两年的苦役。接着又被送去亚拉巴马，在那里他替政府工作了五年。迈尔斯将军曾在投降条约中许诺过的土地、财产和自由从未成为现实。

在作为战俘这段时间，杰罗尼莫成了名人。1898 年，他加入了从希尔堡来的齐里卡瓦代表团，出现在内布拉斯加州的奥马哈展览会上。后来，他又收到许多其他庆典的邀请，其中包括 1904 年的圣路易斯世界博览会。

虽然有些犹疑，但杰罗尼莫还是同意参加了博览会，结果他在那里停留了 6 个月，出售着自己的照片和签名，同时仍然作为一名战俘被囚禁着。事实上，虽然迈尔斯将军曾保证过他绝不会成为一名囚犯，但杰罗尼莫以囚犯的身份生活了 20 多年。1909 年 2 月，他死于肺炎，享年 79 岁，死时的身份仍然是一名囚犯。

临终之时，杰罗尼莫对投降一事表示了深切的悔恨，他告诉自己的侄子：“我不该投降。我应该坚持奋战到最后。”杰罗尼莫是一个诚实守信的人，却死在了一个骗子的拘禁中。

时间线

1846年

加入勇士会

在迎娶埃洛普之前，他必须先加入勇士会，并作为一名勇士为他的部落战斗。

1858年

卡斯克耶大屠杀

当男人们外出在墨西哥的卡斯克耶（哈诺斯）进行贸易时，一队墨西哥士兵突袭了他们的营地，当时的营地中仅剩女人和孩子。杰罗尼莫的母亲、妻子和孩子均遭到杀害。

1860年

矿工袭击

驻扎在明布雷斯河（新墨西哥）西岸的贝当柯合阿帕切人遭到 30 名矿工的袭击，4 名部落成员被杀害。作为回应，阿帕切人对美国人发动了袭击。

1873年

卡萨格兰德屠杀

阿帕切人和墨西哥人同意签署和约，但墨西哥人向阿帕切人提供了麦斯卡尔酒。当阿帕切人醉酒的时候，墨西哥人杀了 20 个阿帕切人并对他们进行了抓捕。

1883年

墨西哥人与美国合作

美军被允许进入墨西哥境内抓捕杰罗尼莫及其阿帕切队伍。

1885年

逃出居留地

杰罗尼莫和其他阿帕切人从亚利桑那的圣卡洛斯居留地出逃。居留地试图对这些人进行限制，让他们放弃以前的半游牧生活。

★ “自愿的”战俘 ★

齐里卡瓦阿帕切的男人、女人和孩子们向美军投降，他们和美军达成一致，将被作为战俘关押两年的时间，然后会被送回故乡。那时是 1886 年。然而，双方约定的两年关押时间最终持续了 27 年，这是令人震惊的。而阿帕切人就那样被监禁着，没有受到任何指控，也没有机会在法庭上进行申述。

在监狱中，阿帕切人的待遇极其恶劣的待遇。第一批 75 名囚犯来到佛罗里达的马里恩堡之后，指挥官说那里的空间只允许再接受 75 个人，但最终却一共有 502 名阿帕切人被送到此处。而后，美军又把其中一些男子送到了岛上，让他们在那里为别人捕鱼、烧鱼。对于阿帕切人来说，吃鱼是一项禁忌，但在那里，鱼类却是他们主要食物。

在马里恩堡待了 8 年以后，国会通过规定，将齐里卡瓦阿帕切人转移到俄克拉荷马州的希尔堡，那里是印第安人的领地。尼尔森·迈尔斯将军对他们说这里将是他们永远的家。

美国参议院试图解除齐里卡瓦阿帕切人的囚犯身份并在希尔堡为他们分配土地，但被众议院驳回。这些囚犯一直等到 1913 年才终于重获自由。

阿帕切酋长杰罗尼莫（右）及其勇士，1886 年

1886年

向迈尔斯将军投降

经过几年的战斗和逃亡，杰罗尼莫和他的勇士队伍在 9 月 6 日向迈尔斯将军投降。

1894年

移送希尔堡

投降后，杰罗尼莫在各个堡垒和兵营间被不停地转移，最终被送往希尔堡，后来他就是在那里死去的。

1898年

奥马哈展览会

作为齐里卡瓦代表团的一员，杰罗尼莫发现自己有着巨大的吸引力。他成了一个名人，且名人的身份此后一直跟随着他。

1905年

杰罗尼莫讲述自己的故事

在征得罗斯福总统的允许之后，S.M. 巴莱特发表了其传记《杰罗尼莫：我的一生》。杰罗尼莫显然拒绝回答问题，只是叙述了自己的一生。

1909年

死于肺炎

杰罗尼莫不慎落马，冻了整整一夜，被朋友发现时他的状况非常糟糕。随后他死于肺炎，死去时仍然保持着美国囚犯的身份。

狂野比尔希科克

高大的身材，钢铁般的眼神，枪法刁钻，酗酒好赌，这让“狂野比尔”希科克成为旧西部的一位代表性的英雄。

狂野西部有许多传奇人物，但“狂野比尔”希科克绝对是最知名的。在那个年代，他是车队调度、军人、间谍，是警长、执法官，还是赌徒和演员。国家刊物和杂志竞相记录他的功绩，将他打造成一个民间英雄。卡拉米蒂·简夸口说他们两人是恋人，后来还结了婚，不过对于此事存有诸多争议。甚至他的死亡已经成了赌博中的奇谈，一直流传至今。

毋庸置疑，有关他的冒险传奇存在很多夸张的成分，有他自己刻意为之，也有别人的刻意增添。不过纵使除去眼花缭乱的外衣，其真身依然非常有趣，值得我们关注。

他出生于 1837 年 5 月 27 日，原名詹姆士·巴特勒·希科克（James Butler Hickok），他在小时候就懂得要帮助弱者的道理。他的父母有个农场，但他们还是冒着生命危险管理着一个地道站点，帮助奴隶从南方逃脱。父母开展的这项重要工作在年幼的希科克头脑中灌输了是非观念，他后来也也经常见义勇为帮助那些不幸的人。

关键时刻

希科克逃离家乡

18 岁时，希科克曾与查尔斯·哈德森（Charles Hudson）进行过一次打斗。打斗中，他们都摔进了运河，并且都以为他们已经杀死了对方。希科克很恐慌，便逃离了伊利诺伊州，来到莱文沃斯。后来，他加入了吉姆·莱恩（Jim Lane）的自由州军队，遇到了 12 岁的野牛比尔，开始了他一生的冒险之旅。

1855 年

少年时他就发现了自己对枪支的热爱。在和父亲一起外出时，他们遭到几个警察的追逐，警察怀疑他们在用干草车走私奴隶。随即发生了一场枪战，希科克不仅没有受到惊吓，反而对此着了迷。这件事之后，他经常在农场周围练习射击

狂野比尔希科克是狂野西部的一名潇洒人物，男人们都敬畏他的枪法，而女人们都为其英俊的长相着迷

希科克与得克萨斯杰克奥莫亨德罗(Omohundro)
和野牛比尔，摄于他跟随野牛比尔进行演出期间

野生动物，不久之后就成为了一名神枪手。

1861 年内战爆发以后，希科克离开故乡成为了北方军队的一名卡车司机。那一年发生的事件将成为后来狂野比尔传奇的大部分内容，这就是发生在七月份的麦坎利斯屠杀。

在洛克溪站拜访朋友的时候，比尔听说一帮由大卫·麦坎利斯（David McCanles）领导的同盟军一直在向他们讨要建筑价款。他听说此事后，这个帮派正好就来了。紧接着就发生了一起枪战，战斗中希科克没等麦坎利斯拿出手枪就杀死了他，然后又接连射杀了五名帮派成员，击倒了另外一个成员，在肉搏战中又击退了三个人。至少 1867 年 2 月份的《哈珀新月刊》（*Harper's New Monthly Magazine*）杂志上是这么写的。大众对其颇为喜爱。

如今公众已经对狂野比尔和他的历险记非常熟悉了，所以对每个细节照单全收。很可能是希科克只是杀死了一个人，而另外三个同伴帮忙除掉了其他的人，但是有时为了故事情节，人们不惜忽略真相。

1862 年，希科克不知为何从军队

关键时刻

获得“狂野比尔”的绰号

在联盟军服役时，希科克遇见一帮醉鬼，他们正计划着绞死一名酒吧店主，那名店主曾在战斗中杀死一名罪犯。希科克决不允许这种事情发生。他朝着这帮人的头顶开了两枪，并且盯着他们离开。旁观的人中有一个女人喊道：“太棒了，狂野比尔！”，这个名字就这样被叫了下去。

1861 年

在讲述了希科克的枪战传闻以及战场上的灵活应变之后，他最终死在一个不懂枪法的酒鬼手中的结局似乎就显得与他的传奇经历格格不入了

退役。他在第二年的行踪变得有些含混不清，但是至少有一个信息源显示他成了北方军队的间谍。作为一段时间的侦探和侦察兵之后，希科克来到斯普林菲尔德，在那里他首次尝到了成名的滋味。

1865年7月21日，希科克与戴维斯·塔特（Daveis Tutt）进行了一场决斗并将其枪杀。有关这场决斗的原因有些争议，可能是有关一个牌局，或者一个女人，甚至可能是因为塔特从希科克那里偷了一块表然后带着它在城里招摇过市，尽管希科克警告过他如果他胆敢戴这只表就会把他杀掉。无论出于何种原因，这都是第一次快速手枪对决，当时吸引了众多关注。

决斗的一个版本是，希科克首先拔枪，但他等着塔特先开枪，不过塔特没有击中目标。然后希科克冷静地将枪放在左臂上瞄准，开火，杀死了塔特。尽管赢得了决斗，希科克还是以谋杀罪被逮捕，之后又减罪成为过失杀人。审判中，他被无罪释放，这引发了民众的强烈反对。除了义愤填膺之外，《哈珀新月刊》也发表了对希科克的采访，使用“狂野比尔”的外号详细描述了他是如何杀死“数百”人的。一个传奇诞生了，而希科克自己似乎只是强化了他作为一个不好惹的人物的形象而已。

在堪萨斯州埃利斯县做警长时，他杀了两个人。醉汉比尔·马尔维（Bill Mulvey）正踉跄着穿过小镇，一面对

希科克死前手中拿的牌，这副牌被称为“死亡之牌”，直到今天也是如此

着镜子和威士忌瓶子射击，一面嚷嚷着他是如何杀掉希科克的。当希科克赶到现场的时候，马尔维举起步枪准备开枪。而希科克挥了挥手，好像在引起马尔维身后某人的注意，他喊着“别从背后开枪，他喝醉了！”马尔维转过去看是谁在他身后，但却被希科克击中了太阳穴。

第二个人是塞缪尔·斯特劳温（*Samuel Strawlwn*）。一天清晨，他正在一个酒吧里闹事，在对希科克发表了某些评论之后，警长希科克射中了他的头部。希科克辩称自己是在“试图维持秩序”。目击者的证词却与希科克的回忆不太相符，不过无论如何，这次枪击被认为是正义的。后来在 1871 年他成为阿比林的执法官。阿比林是西部最乱的城镇之一，充斥着赌博和卖淫活动。就是在担任阿比林执法官的时候，希科克的生活开始走下坡路了。一切都起源于一个淫秽标志。赌徒本·汤普森（Ben Thompson）和商人菲尔·科（Phil Coe）开了间牛头酒吧。为了给他们的小酒吧打广告，两个人就在酒吧的墙上画了一只阴茎勃起的牛。市民们非常不满，就告诉了警长。在要求二人修改图片未果之后，希科克就自己动手做了修改。二人非常愤怒，想找人杀死希科克。之后科开始自夸射击能力，说他可以“杀死飞着的乌鸦”。希科克回答道：“那乌鸦有枪吗？他反击了吗？我是会反击的。”这句话后来成为狂野西部的一句名言。科最终被希科克枪杀，但在混乱中，希科克也射中了自己的副手。他被撤职，这件事标志着他的生活进入一个新的但更加黑暗的篇章。

1873 年，希科克与他的老朋友野牛比尔重逢。野牛比尔邀请他加入自己的演出团。希科克同意了，但却憎

关键时刻

因杀害副手而负疚

当希科克正在处理一群在街上打架斗殴的人员时，科开了两枪，希科克试图对其进行逮捕，但是科瞄准了希科克，于是希科克将其开枪打死。混乱中，希科克看到一个人跑向自己，他转过身开了枪，却误杀了自己的副手。他一直为此感到愧疚。

1871 年 10 月 5 日

斯特劳温对希科克发表了一些评论，然后警长希科克射中了他的头部。

★ 意外的暗杀 ★

除了是个酒鬼兼傻瓜之外，杰克·麦考尔并不为人所知，但他杀死了希科克，也就为自己在旧西部的历史书中也保留了一席之地。他最终也被处决，虽然过程有点滑稽。

开枪之后，麦考尔受到一个由矿工和商人组成的简陋“矿工陪审团”的审判。麦考尔的辩词是他杀死希科克是为了给自己死去的兄弟报仇。虽然没有明确记录希科克杀死了麦考尔的兄弟，不过这也是有可能的。无论是否属实，这个辩词生效了，麦考尔被无罪释放。

公众却很难相信这件事。《黑山先锋报》(*Black Mauntain Pioneer*) 的一篇社论写道“如果某天我们不幸杀了人……我们也想就这样简简单单的审判一下。”不过无论公众是否相信，看起来麦考尔已经确定要逃脱惩罚了。但后来他开始愚蠢地吹嘘炫耀自己杀死希科克的事，为此他再次被捕并受到了审判。

事实上，他的第一次审判有些不太正常，而且是在印第安地区进行的，这就意味着新的审判并不会被认作双重追诉。第二次审判地点是扬克顿，这次麦考尔被判犯有谋杀罪，之后于1877年3月1日被处以绞刑。1881年他下葬的墓地要搬迁，挖掘尸体的时候才发现麦考尔的脖子上还带着绞索。

人们普遍认为如果他没有枪杀希科克，没有人会知道杰克·麦考尔是谁

恨着在那里度过的每一分钟。他经常藏在幕后，甚至有一次聚光灯照在他身上的时候他开枪把灯射灭了。他开始赌博，虽然也能勉强过活，但却知道自己的射击技术越来越差了。1876年，医生告诉他一个坏消息，他得了青光眼，他知道自己作为神枪手的生涯要结束了。那年他39岁。

希科克堕入了酗酒和赌博的迷雾之中，经常作为流浪人员被抓起来。他结了婚，妻子是马戏团老板阿格尼丝·撒切尔（Agnes Thatcher,），一个他似乎真正爱着的女人。但是他还是经常离家去赌博和喝酒。

在达科他州戴德伍德市纳托尔&曼的酒吧赌博时，希科克的一生便终结在了血泊中。一个名为杰克·麦考尔（Jack McCall）的男人加入希科克的扑克牌桌，但他喝醉了，不一会儿就输了很多钱。希科克开玩笑说他应该就此罢手赶紧想办法还债，还要送他些钱去买早饭。麦考尔被彻底羞辱了，但他还是收了希科克的钱。

第二天，希科克又回到赌桌上。但是这一次他打破了一生的习惯。通常他都会坐在背靠墙的位置上，这样他就可以留意屋里的人，而不用怕什么人从身后袭击他。这一次，桌上唯一一个空位是背对入口的。他两次要求和另外一个人换座，但都被拒绝了。不过牌桌的诱惑太大了，所以他便坐下玩了起来。

希科克并不知道，麦考尔进入了酒吧。他走到希科克背后，一边掏出他的柯尔特0.45英寸口径左轮手枪一边大喊“去你的，吃我一枪！”，然后从后面射中了希科克的头部。子弹从希科克的右脸飞出，并击中了另一个玩家的左手腕。希科克当场死亡。

被杀时希科克手中的牌已经成了一副著名的扑克牌型，或许这与他对赌博的热爱倒很相称。那时他正在玩梭哈，麦考尔开枪那一刻他手里抓着一对尖和一对八。这副牌被称为“死亡之牌”，直到今天也是如此。

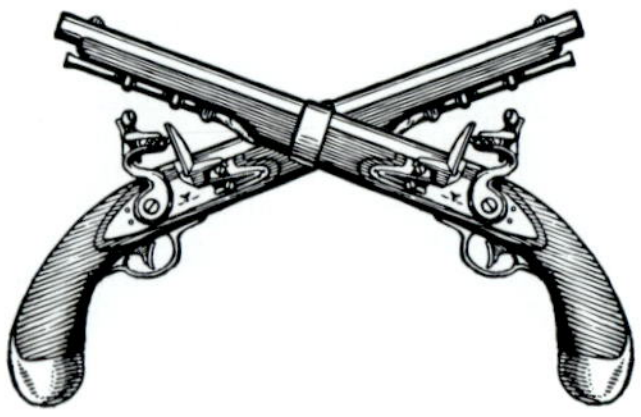

关键时刻

仇恨萌芽

弗兰克·詹姆斯在内战期间加入克莱县南方游击队的事情暴露后，北方民兵组织突袭了他家所在的农场。那时杰西刚满 15 岁，亲眼看着他的继父鲁本·塞缪尔斯（Reuben Samuels）被嘲弄和凌辱，自己也被狠狠地抽了鞭子。这年年末，杰西加入了弗兰克的民兵队。

1863 年 5 月

杰西·詹姆斯

他究竟是密苏里的罗宾汉，还是极端自负的小偷和杀人犯？

杰西·詹姆斯（Jesse James）在世时就已经名声在外，死后更是成为狂野西部的标志性人物，并被南方各州尊为英雄。1847 年，杰西出生在密苏里州的克莱县，三兄弟中排行第二。他的母亲泽雷达（Zerelda）曾在肯塔基州的天主教学校就读，父亲罗伯特（Robert）拥有自己的农场和奴隶，也是一名新教会牧师。杰西三岁那年，父亲在前往美国西部向淘金热中淘金的人们传教时不幸病故。此后五年内，母亲两次改嫁，又生了四个孩子。

19 世纪 50 年代，美国逐渐走向内战的边缘。密苏里夹在南北方中间，正是战火的最前线，而拥有较多奴隶主和奴隶的克莱县，立场稍稍偏向南方的蓄奴州。1861 年内战正式爆发，杰西的哥哥弗兰克（Frank James）加入了南方联盟军。

密苏里很快成为民兵组织对决的战场，南方的“丛林开拓者”和北方的“废奴派游击队”在此纠缠不休，并犯下滔天暴行。丛林开拓者谋杀联邦主义者，绞死北方派俘虏，甚至还公然戮尸。废奴派游击队同样恶行累累，他们烧毁农田，绞死南方联盟支持者，并将他们驱逐出密苏里。1863 年，弗兰克·詹姆斯加入丛林开拓者后，废奴派找上门来，以酷刑折磨杰西的继父，还鞭笞了当时年

杰西·詹姆斯

仅15岁的杰西。弗兰克侥幸逃出，后来加入匡特里尔（Quantrill）的突击队——威廉·C. 匡特里尔（William C Quantrill）领导了一支臭名昭著的游击骑兵队。弗兰克很可能还参与了1863年8月对堪萨斯州劳伦斯镇（废奴派游击队大本营）的屠杀。在这场血腥屠杀中，200多名男子被残忍杀害。

1864年夏，弗兰克回到家，将弟弟杰西带走参战。没过多久他们加入了另一伙由“嗜血比尔”威廉·安德森（William “Bloody Bill” Anderson）领导的游击队。几周后，杰西在一次战斗中被子弹击穿了胸膛，不得不卧床养伤。但没过多久他就恢复了健康，并参与了森特勒利亚大屠杀。那是1864年9月，安德森一伙人被威士忌灌得酩酊大醉后，洗劫了密苏里州的森特勒利亚镇，并劫持了一列火车。他们命令车上23名联邦士兵脱下衣服，用枪将他们打成重伤，然后剥下了他们的头皮。第二天他们遭到一伙废奴派游击队的追击，安德森决定将计就计，设埋伏伏击了这群北方士兵，再次屠杀了100多人。

年轻时的杰西·詹姆斯，摄于1864年

此后联邦军将杰西和弗兰克的家人从克莱县驱逐出去，并在几周后击毙了他们的头目安德森，杰西和弗兰克决定暂时分开。弗兰克跟随匡特里尔到了肯塔基州，杰西则与安德森的副手阿奇·克莱门特（Archie Clement）一起前往得克萨斯。在得克萨斯的列克星敦，在与一支联邦军巡逻队的交火中，杰西再次胸部中枪，但侥幸捡回一命。他在哈勒姆附近的叔叔家养伤时，与堂妹泽雷达·米姆斯（Zerelda Mimms）相识并坠入爱河。

1865年，内战结束。同许多南方老兵一样，杰西难以适应平静的生活。他所熟知的社会已经成为废墟，而共和政府正教唆着复兴运动，鼓吹重建南方社会秩序。丛林开拓者决定继续战斗。1866年，克莱门特一伙人洗劫了属于前废奴派游击队员的银行，制造了美国历史上第一起持枪银行抢劫案。虽然政府派军队围剿并杀死了克莱门特，但他的手下仍然继续着抢劫银行、滥杀平民的罪行。

1869年，在抢劫位于密苏里州加勒廷县的一家银行时，杰西误把一名出纳认成了杀死“嗜血比尔”的凶手，开枪打死了他，随后又在夜幕保护下，甩掉了当地民兵的追击，成功逃出小镇。此事让他名声鹊起，成为人们口中最厉害的前南方游击队凶徒。

鲍勃、吉姆和小科尔（从左到右）和他们的妹妹亨丽埃塔

杰西看重名誉。他向《堪萨斯城市日报》（*Kansas Daily*）写信，为自己辩解，宣称他是无辜的，他的所作所为只是为了捍卫南方联盟，谴责共和政府。这封信被报社编辑约翰·爱德华兹（John Edwards）刊登，并成为他与杰西结成盟友的开端。约翰以前也是南方联盟军士兵，为了抵制政府的复兴运动，他促成了许多南方派人士进入政府工作，他还十分称赞杰西对南方联盟的忠诚，并将杰西的传奇经历刊载于报。

在加兹山抢劫火车时，他们要求先检查乘客的双手，挑出贫苦劳工，不要他们的财物。

与此同时，杰西与弗兰克兄弟二人与密苏里的四名前丛林开拓者扬格（Younger）兄弟结盟。在之后的六年里，这一团伙的足迹遍布艾奥瓦州、肯塔基州、密苏里州和路易斯安那州，他们抢劫银行、马车和火车，无恶不作。无数平民百姓死于他们的枪下，但他们却被赞扬为具有骑士精神，这其中就有约翰·爱德华兹和《堪萨斯城市日报》的功劳。

1872年，杰西一伙在肯塔基州哥伦比亚抢劫银行时，误杀了一名年轻女孩。杰西向《堪萨斯城市日报》写信，否认是他的伙伴开枪打死了这名女孩。为了洗清自己名声，他甚至不惜暗示是扬格兄弟造成了此次误杀。1874年1月，他们在阿肯色州抢劫马车时，将抢来赃物中的一块手表又还给了它的主人——一名前南方老兵，并称完全是北方人将他们逼上了犯罪道路。两周后，在加兹山抢劫火车时，他们要求先检查乘客的双手，挑出贫苦劳工，不要他们的财物。

关键时刻

在诺斯菲尔德实施抢劫

杰西一伙人了解到与北方联邦军（1865年后占领南方地区）有牵扯的两名共和党人和位于诺斯菲尔德的明尼苏达州银行有密切来往，便计划在此实行抢劫，但却遭到小镇居民的顽强抵抗，八人团伙中两人当场被击毙，余下六人受伤后狼狈逃窜。

1876年9月7日

平克顿侦探事务所一直在追查杰西一伙的行踪。1875年1月，为了给两名牺牲的探员复仇，平克顿派人用燃烧弹袭击了詹姆斯家的农场。杰西9岁的同母异父弟弟阿奇（Archie）被炸死，母亲也失去了右臂。

1876年9月7日，这伙歹徒决定抢劫位于明尼苏达州诺斯菲尔德的第一国家银行。弗兰克·詹姆斯、鲍勃·扬格（Bob Younger）和另一名叫查利·皮茨（Charlie Pitts）的同伙控制住银行大厅，杰西·詹姆斯和其他四人在大街上开枪，试图对人们进行恐吓。然而当地居民并不畏惧，他们手持武器与杰西一伙展开了激烈的枪战，两名歹徒被当场打死，科尔·扬格（Cole Younger）腿部受伤，鲍勃·扬格（Bob Younger）手臂受伤，吉姆·扬格（Jim Younger）脸部中弹。余下的几人带着几袋硬币慌忙逃窜，杰西腿上也挂了彩，但侥幸得以逃脱。

在上百名民兵的追赶下，他们决定分头逃跑。两周后，扬格兄弟和查理·皮茨在明尼苏达州拉萨尔被捕，后被判处终身监禁。

关键时刻

平克顿侦探所使用燃烧弹袭击詹姆斯家的农场

得知潜伏到泽雷达·塞缪尔斯农场的两名探员被杀后，侦探所的探长阿伦·平克顿（Allen Piukenton）决定复仇。夜深人静时分，他们将燃烧弹扔进农场，杰西同母异父的兄弟被炸死，泽雷达也失去了一只手臂。

1875年1月25日

杰西（左）和弗兰克·詹姆斯，1872年

弗兰克和杰西逃到田纳西州纳什维尔的一处农场，并在那里度过了平静的三年。后来杰西再也无法忍耐这样乏味的生活，1879年年初，他重新组织了一伙人继续犯罪生涯。火车抢劫案接二连三地发生，密苏里州长官托马斯·T.克里滕登（Thomas T. Crittenden）说服政府和铁路官员，重金悬赏詹姆斯兄弟。但出于对前南方盟友的同情，没有人愿意出卖他们。

颇为讽刺的是，杰西最终却是死在他的同伴——罗伯特·福特的枪下。罗伯特和他的兄弟查理与克里滕登进行了接触，克里滕登许诺给他们5000美元的报酬，让他们解决杰西。1882年4月3日，吃过早饭后，杰西没有佩戴武器，他站在卧室的椅子上，正想拂一拂墙上一幅画的灰尘，罗伯特·福特从他身后开了枪，子弹直接射中了杰西的后脑勺。

同一天，福特兄弟向警方投降，并被指控犯下谋杀罪。他们先被判处了死刑，后又得以赦免。克里滕登的阴险和福特的贪婪与背叛杀死了杰西，却也成就了他的传奇故事。杰西死后第二年，嗜毒成性的查理·福特自杀身亡。

1892年6月，在科罗拉多州的克里德，一位名叫爱德华·欧凯利（Edward O'Kelley）的男人在罗

罗伯特·福特，杀死杰西·詹姆斯的人

射死杰西·詹姆斯的子弹发自史密斯 & 韦森第三代转轮手枪

伯特·福特所开的酒吧中用一支双管猎枪打死了他，这正是响应了民众的呼声。爱德华被判终生监禁，但迫于上千人签名请愿书的压力，当局又于1902年释放了他。

一些詹姆斯－扬格团伙的关键成员幸免一死，后来都成为杰西传奇经历的宣扬者。1882年10月，弗兰克在密苏里州自首，但条件是他不会被送回明尼苏达州的诺斯菲尔德接受审判。弗兰克被指控参与了密苏里州的两起抢劫案，但后又被无罪开释。

扬格兄弟在明尼苏达州服刑，但都拒绝作为证人指控弗兰克。鲍勃·扬格在监狱中死于肺结核。1901年，科尔·扬格和吉姆·扬格被有条件释放（活动范围限于明尼苏达州内）。1902年吉姆自杀，一年后，科尔被完全释放，他回到密苏里州的家中，与弗兰克一起参与了“狂野西部”表演。

杰西所处的时代是奇特的——那是美国内战至第一次世界大战间的“镀金时代”，充满了离奇曲折的命运和民粹主义的政治家。人们记忆中的杰西·詹姆斯是另一位罗宾汉——一位反抗权贵、劫富济贫的侠盗，而非嗜杀成性的3K党人。杰西抢劫银行和火车，确实是劫富，但并没有济贫。他对朋友及家人忠诚有加，但他确实是一名惯偷和杀手。

游荡的野牛

“猎杀野牛”是生意，是“娱乐”，还是一种军事战略。印第安人永远不会忘记——野牛几近灭绝。

说起美国旧西部的代表性动物，莫过于那威猛强大的野牛。牛仔们有一曲流传的歌谣《牧场上的家》（*Home On The Range*），其中就提到了野牛。它和响尾蛇、元帅的徽章及枪手都属于旧西部的典型形象。但在 19 世纪后半期，野牛几乎就要灭绝了。对猎人们来说，猎杀野牛是一门生意；对更多的人来说，这是一种“娱乐”；而对美国军队来说，这是一种刻意的策略，目的是要让印第安人屈服。

野牛的皮和肉都是很贵重的商品。它们的骨头可以用来做刀柄或者磨碎做肥料。猎杀它们也是很容易的，因为它们面对猎人几乎没有什么防御能力。一只野牛被射杀后，其他的野牛就会聚拢在它周围。猎人们可以利用连发枪快速杀死一个牛群，比如 1873 年的温切斯特式连发步枪和前装式夏普骑枪。用来“娱乐”的猎人则不是为了获得他们的肉、皮或骨头。他们只是为了追求数量，获得满足感，而被杀野牛的尸体就直接被留在原地。

随着野牛的减少，猎人和印第安人之间的摩擦不断增加，因此经常导致暴力冲突。由科曼奇部落和夏延部落组成的一支印第安队伍突袭了狩猎营地，以报复野牛的灭绝。后来，猎人们又对印第安人发动了袭击，程度可与美国军队的袭击相提并论。1877 年的野牛猎人战争非常激烈，数十人死亡或受伤。

虽然像“野牛比尔”这样的猎人将它们看作是一种商品，但很多人西行捕猎都只是为了乐趣。火车一停，乘客们就把他们的步枪拿出来，对野牛进行射杀。它们比较容易攻击，这无疑让漫长而乏味的火车之旅有了一些意思。铁路狩猎又叫“高处狩猎”，乘客们会爬上车厢，在那里射击会更容易。

在西部扩张的过程中，野牛遭到了毁灭性的猎杀。它们是贵重的商品，但也是印第安人赖以生存的食物

威廉·谢尔曼（William Sherman）将军是灭绝野牛的支持者，因为野牛的灭绝将会摧毁印第安人的生存方式

印第安人将野牛看作是神圣的动物，关乎它们的生活方式；而白人对野牛却丝毫没有敬畏之心

不管是“生意型”还是“娱乐型”的狩猎，政府机构都不仅能够容忍，而且还积极鼓励。不过，联邦政府想让野牛灭绝的目的，不是为了钱，也不是为了娱乐，而是背后有着更黑暗的动机。对印第安人来说，消灭野牛等同于破坏他们的生活方式。

西部扩张遭到许多印第安人的强烈反对。他们的生活方式受到威胁，许多人都竭尽全力地进行了抵抗。另一方面，美国政府一心要对印第安人的反抗进行压制，对他们各种各样的意见并不以为意。一个个条约被签署，然后又被打破。当印第安人进行报复时，他们又会迅速遭到野蛮的打击。就像苏族首领坐牛说的那样：“就在七年前，我们签署了一项条约，他们向我们保证，野牛所在的区域会永远属于我们。但现在，他们又威胁要从我们这里夺走这片土地。”

彻底打压、驱逐印第安人的一种方法就是迫使他们放弃游牧狩猎的生活方式，将他们限制在居留地。居留地属于联邦政府，通常是毫无价值的土地，而且在许多人眼里，那些土地也不仅仅是为印第安人留的。它们通常位于距离野牛捕猎区域数百英里的地方，以阻止印第安人追求自己的传统生活方式。

在如此广阔的一个国家中，迫使他们搬到居留地并将他们留在那里并不是一件容易的事。一旦到了居留地，他们就会依赖政府提供的食物供应；这样就可以随时暂停或切断供应，作为对他们的惩罚。将居留地设置在远离野牛的位置是为了限制他们的游牧生活，但通常也会产生相反的结果。许多“居留地的印第安人”，尤其是夏延人和苏族人，仍然选择捕猎野牛，拒绝放弃他们传统的生活方式。

政府抓住了他们的软肋，知道游牧民族要想生存，就要有随时随地可

帕特·加勒特
野牛猎人

大多数人认识帕特·加勒特（Pat Garrett）是因为他于1881年7月14日在老萨姆堡枪杀了臭名昭著的罪犯“比利小子”威廉·邦尼。但他在那之前就已经出名了。加勒特于1850年出生在亚拉巴马州，是一名野牛猎人，后来成为新墨西哥州林肯县的警长，不再抓野牛而改抓逃犯。

从1875年到1877年，加勒特在得克萨斯州的格里芬堡周围度过了三个冬天，在那里进行狩猎。1876年，在能够熟练地杀死野牛之后，加勒特第一次杀了人。当时，负责给野牛剥皮的乔·布里斯科（Joe Briscoe）感觉受到了加勒特的侮辱，拿起斧头向他冲去。情急之下，加勒特开枪打死了布里斯科，他的行为被判定为自卫。

帕特·加勒特因枪杀了臭名昭著的罪犯“比利小子”而出名。在成为抓捕罪犯的警长之前，加勒特曾是野牛猎人

1877年的冬天，科曼奇的勇士们突袭了狩猎营地，以报复对野牛无休止的屠杀。一些猎人进行了回击，许多科曼奇人被杀，由此这场冲突变得更加激烈。加勒特在一次突袭中失去了800张野牛皮。他觉得自己的运气不太好，西得克萨斯也越来越危险，于是他离开了那里，正好避开了黄屋峡谷战役，正是那场战役标志着野牛猎人与科曼奇的战争达到顶峰。

尽管他避开了黄屋峡谷战役，但他仍然信守着与比利小子的约定。

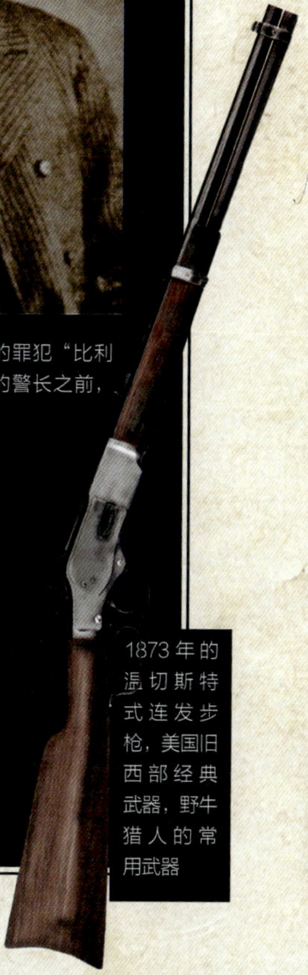

1873年的温切斯特式连发步枪，美国旧西部经典武器，野牛猎人的常用武器

取的食物，例如野牛。野牛越少，在居留地以外的地方生存就越艰难。实际上，野牛狩猎是一种战争武器，鼓励捕猎野牛就是要让印第安人饿死。

虽然只有一些人进行了反抗，但无疑所有的印第安人都遭受了惩罚。这种肮脏的策略在今天被看作是一种战争罪行，但在当时确实发挥了它的作用。不过，这也不是什么新想法。威廉·特库姆塞·谢尔曼将军就曾经使用过这一策略，他的军队曾在内战期间对南方联盟进行了严厉的打击。

“谢尔曼行军”是一场大规模的惩罚性远征，目的是摧毁一切在战争中对南方联盟有利的东西。但它也连带摧毁了许多其他的东西。谢尔曼军队经过的地方，铁路线被切断，食物被烧光，牲畜被射杀，最终慢慢腐烂。几乎整个亚特兰大都被夷为平地。谢尔曼认为，如果这种策略对打击南方联盟有用，那么它对消灭印第安人也将同样有效。

温菲尔德·斯科特·汉考克（Winfield Scott Hancock）将军向这些部落清楚地讲道：“你们已经看到，猎物越来越少，要想生存，就快点另谋出路；所以，最好和白人搞好关系，那样他们可能还会在你们山穷水尽的时候帮你们一把。”

作为一种军事策略，它是很成功的。但这对环境来说是一场灾难。曾经有数百万野牛在平原上游荡，成千上万的印第安人与它们和平相处。到19世纪末，野牛数量仅为数百头。随着堡垒和定居点逐渐向西扩散，野牛可以生存和繁殖的区域也越来越小。

曾经庞大的野牛群现在成了稀有动物，只有剩下三三两两的几头在平原上游荡。经过这毁灭性的猎杀后，如今它们的数量正在缓慢增长，但再也不会回到它们以前的辉煌时代了。

苏族战士在罗斯巴德战役中对乔治·克鲁克将军的骑兵发起反攻

近三分之二的苏族人留在了居留地，没有参加大苏族战争。

大苏族战争

1876—1877

在大苏族战争中，美国军队为了获取对南达科他州黑山的控制，与苏族和夏延族的战士进行了持续 18 个月的战斗。

1876—1877 年的大苏族战争是美国军队和北部平原的印第安部落之间持续时间最长的一次战争。最终，苏族和夏延族的大多数人投降，他们被迫迁往居留地，之前条约中保证的权利也遭到剥夺。事实上，在 1854—1891 年间，苏族与美军战争不断，而大苏族战争只是其中之一。

1868 年春，美国政府和苏族、夏延族及阿拉帕霍族的代表签订了《拉勒米堡条约》（*Treaty of Fort Lanamie*），结束了“红云战争”。红云战争是以奥格拉拉苏族的伟大首领红云的名字命名的。在红云的领导下，这些部落争取到了苏族的圣地黑山、保德河县以及怀俄明、蒙大拿和达科他的大片狩猎场。同时，建立了大苏族居留地，主要是今天南达科他州的西半部分。红云还成功地阻止了白人的不断入侵，但这种状况只维持了 10 年。

随着源源不断的白人向西部扩张，冲突不可避免。1873 年，北太平洋铁路的勘测员违反《拉勒米堡条约》，进入了印第安人的土地。后来，勘探者、移民和其他闯入者都视该条约如无物，继续对印第安人的土地进行着侵犯。军队还曾经一度尽力阻止这些人的进入。次年，陆军上尉乔治·阿姆斯特朗·卡斯特（George Armstrong

陆军中校乔治·阿姆斯特朗·卡斯特在他的营地里休息。跪在他左边的是血刀，他最喜欢的印第安侦察兵

Custer）被派往黑山考察，但还没等卡斯特回到达科他地区的亚伯拉罕·林肯堡，他们就得到了在黑山发现金矿的消息，一时间群情激昂。

1875年春，到黑山的淘金热似乎已经势不可挡。德高望重的印第安族首领红云、孤角和斑点尾前往华盛顿，针对违反《拉勒米堡条约》的问题进行了讨论，并要求尤利西斯政府[1]履行本协议。然而，政府却妄想用2.5万美元买下他们的土地，并希望他们能同意迁移到南方俄克拉荷马州的居留地。斑点尾很震惊，他说道："你说的那个地方不是我的故乡，和我无关，我也不想到那里去做什么。我不是在那里出生的……如果那真是块好地方，你们应该让那些侵占我们土地的白人到那里去。"

苏族和夏延族的首领疯马和坐牛从一开始便拒绝承认《拉勒米堡条约》。这时，面对政府的反应，他们率领本族的一些激进分子准备战斗，暴风雨即将来临。11月，格兰特总统会见了密苏里和普拉特师的指挥官菲尔·谢里丹（Phil Sheridan）将军和乔治·克鲁克（George Crook）将军，意图制订一项新的行动计划。他们一致认为，没有办法阻止白人对印第安领地的入侵。除了强迫印第安人就范以外，几乎没有别的选择。政府将1876年1月31日设为最后期限，实际上这只是一个借口，由此他们便有理由对那些拒绝迁到居留地或参加谈判的人发起军事进攻。

1877年9月4日，在内布拉斯加州的罗宾逊营地，疯马拒绝逮捕，被人用刺刀刺死。

虽然大多数印第安人持合作态度，但仍有大约7000名苏族、北夏延族和阿拉帕霍族的人拒绝前往居留地，这其中有男有女，还有孩子，但大概只有2500—3000名战士。正如预期的那样，

1 尤里西斯·辛普森·格兰特（Ulysses S Grant），第18任美国总统。——编者注

苏族首领
红云

尽管在人们的记忆中，红云是苏族的酋长，但他并没有正式的头衔。即使这样，他还是赢得了人们的尊重，甚至敌人都十分敬重他。1822 年，他出生在普拉特河岔流附近的内布拉斯加地区，在舅舅老烟家中长大。年轻时，红云是一名勇敢的战士，曾与克劳族、肖松尼族、犹特族和波尼族进行过战斗，因此恶名远扬。

1865 年，美国军队开始沿着博兹曼之路在怀俄明和蒙大拿地区的苏族土地上建造一系列的堡垒。由于担心白人的入侵，红云对堡垒发动了几次突袭。1866 年 12 月，他率领一支由苏族、夏延族和阿拉帕霍族勇士组成的盟军在怀俄明州菲尔科尔尼堡附近杀害了威廉菲特曼上尉手下的 80 名士兵和民兵。所谓的“红云战争”是印第安人对抗美国军队最成功的一次战争。1868 年，冲突结束，《拉勒米堡条约》对印第安人进行了让步。对他自己的族人来说，红云是一位有争议的代言人，他于 1909 年在松树岭居留地去世。

在大苏族战争中，红云决定不加入与美国军队作战的印第安人队伍

政府的最后通牒几乎没有回应。最后期限到了，美国军队开始采取行动。

虽然小冲突时常发生——1875 年以来，美军已经摧毁了许多麻烦的北夏延营地——但大苏族战争是要彻底解决印第安人部落的土地所有权和未来问题。1876 年 2 月 8 日，谢里登将军下令发动进攻。

六周后，克鲁克将军派约瑟夫·雷诺兹（Joseph J. Reynolds）上校以及第二和第三骑兵团的六支部队（共 400 名强骑兵）对拒绝迁移的印第安人发动进攻，而这也是九次进攻中的第一次。3 月 17 日，雷诺兹来到蒙大拿东南部的保德河边，这里是北夏延族的一处居住地，大约有 65 个棚屋。由于误以为他们是苏族人，雷诺兹在黎明时发动了进攻。村庄被烧毁后，北夏延人做出强烈的反击，雷诺兹的部队遭遇大量伤亡，不得不迅速撤退。后来，雷诺兹因在战斗中指挥不力而受到军事法庭的审判。

《印第安人拨付法案》禁止将粮食运送至居留地，直到战争结束。

初春时，作战分三路进行。克鲁克在北方率领一支纵队从达科他州的费特曼堡出发，第二支队伍由约翰·吉本（John Gibbon）率领，从蒙大拿的艾利斯堡出发，而阿尔弗雷德·特里（Alfred Terry）将军率领大队士兵从亚伯拉罕·林肯堡出发，其中就包括卡斯特（Custer）率领的第七骑兵团。如果成功的话，他们将会在印第安人聚集时将他们一举抓获。6 月 17 日，克鲁克在蒙大拿的罗斯巴德溪旁与疯马率领的一支大部队进行了交战，这支部队由苏族和北夏延族组成。经过长达 6 个小时的战斗，克鲁克一方大约有 60 名骑兵受伤或死亡，印第安人的伤亡人数为 100 人，克鲁克战败。与此同时，特里派卡斯特前往罗斯巴德及巨角河流域进行侦察。6 月 25 日，卡斯特在小巨角河被一支由苏族、夏延族和阿拉帕霍族组成的队

乔治·克鲁克将军的总部就在马肉行军的路线旁，这预示着士兵们的匮乏。
左图：位于怀俄明州的拉勒米堡，即 1868 年条约签署地点，但条约的签署也未能给北部平原带来和平

伍包围，遭遇惨败，卡斯特被杀，这就是著名的“最后一战”。

克鲁克根本没有想到自己的军队会在小巨角河战役中失败，几天后，他将自己的士兵与特里部队中剩余的士兵联合，尝试再次发动进攻。但这次没能与印第安人有过多接触，为了寻找给养，克鲁克又转向南方。秋天即将到来，克鲁克的进攻尝试无果，却变成了后来著名的“马肉行军”。他的骑兵被迫杀死并吃掉了他们的坐骑。9 月 9 日，他在苏族居留地的小孤山偶然发现了苏族和夏延族的一处小营地。洗劫村庄并烧毁棚屋之后，克鲁克的骑兵还杀死了许多印第安人，并逼迫那些幸存者投降。与此同时，坐牛手下那些忠诚的战士在黄石河边对满载补给的马车队进行了偷袭，尼尔森·迈尔斯（Nelson Miles）上校率领骑兵进行追捕，却未能追到那些偷袭者。到了 10 月底，几百名印第安人已经在河边投降了。

小孤山战役后，骑兵们发现他们的对手曾经参加卡斯特的最后一战。

几天前，兰纳德·麦肯齐（Ranald Mackenzie）上校率领第四骑兵团离开了位于内布拉斯加的罗宾逊营地。11 月 25 日，骑兵在怀俄明州的红叉战役中摧毁了一个较大的北夏延族村庄，并击败了一群由钝刀和小狼率领的队伍。12 月初，当坐牛的队伍穿越密苏里河时，他们的力量薄弱，却不

与苏族的最后一次主要冲突是幽灵之舞战争

幸遭到弗兰克·鲍德温中尉和一队骑兵的拦截，并进行了一次短暂的交战。不久后，坐牛就率领他的人向北穿越了加拿大的边境。

冬季即将到来，迈尔斯上校向蒙大拿的汤格河谷挺进，并建立了后来的基诺堡。1877年1月8日，在狼山之战中，迈尔斯与疯马开始了纠缠。经过几个小时的战斗，疯马撤退，从战术上来看，战斗以平局结束。后来，苏族和夏延族的几个代表暂时离开了他们的居留地，并劝说一些印第安人投降，因此印第安人表现出一些投降姿态。几天后，疯马、摸云、罗马鼻、钝刀和站鹿的追随者们离开了他们的营地，来到内布拉斯加投奔红云和斑点尾的事务处。这些事务处是为了根据《拉勒米堡条约》条款分发食物、衣物和其他必需品而建造的。

一群由跛鹿带领的苏族人继续抵抗，大苏族战争中最后一次重大的战役就是5月7日的小泥溪战役。清晨，迈尔斯袭击了印第安人的营地，并试图与他们谈判，逼迫他们投降，但这种努力很快就演变成了一场近距离的战斗。跛鹿和其他13名印第安人被杀，同时迈尔斯一方有4名士兵身亡。在三个多月的时间里，骑兵们一直追捕着那些落伍的、顽抗的印第安人。1877年7月4日，在小密苏里河边发生的一场小战斗终于让战争走向结束。

反对白人违反条约的行为从未完全平息；然而，北美平原上印第安人的生活方式却遭到了永久性的改变。

坐牛

一名致力于捍卫传统生活方式的苏族酋长、精神领袖。

蒙大拿州东部平原上的小巨角河战役持续了两天，战况异常激烈，乔治·卡斯特上校率领的600名骑兵被约3000名印第安勇士围困，卡斯特阵亡，他的两个兄弟、一个外甥和一个姐夫也死在了战场上。根据战后统计，美军共有268人死亡，55人受伤。对于拉科塔人和坐牛来说，这场伟大的胜利可谓及时雨，鼓舞了苏族人继续展开艰苦卓绝的抗争，反抗美国政府的压迫，谋求在中央大平原的容身之地。另外值得一提的是，不到三个月前，坐牛曾在一次仪式上预言了这次胜利。

19世纪以来，随着白人移民从东海岸起鲸吞蚕食地向西部扩张，苏族人逐渐被挤到了最西边。19世纪70年代的大苏族战争中，他们开始与美军对抗，到1876年，卡斯特统帅的骑兵部队在小巨角河战役中被击溃，斗争形势推向最高潮。印第安人将战争视为他们夺回家园的唯一希望，他们抱着必死的决心和信念与政府军抗争。“既然白人想要打仗，那就成全他们”，坐牛曾这样说道，他对政府军队不屑一顾，对政府做出的各种承诺也嗤之以鼻。几十年来，不断有苏族人丧失故土，被美国政府驱赶到居留地，接受监控和管理。余下的部落决定联合起来，在坐牛的指挥下与白人抗争。

坐牛出生于现属南达科他州的格兰德河畔，小时候因多思慎行而被父

坐牛被公认为是富有远见的精神领袖，拥有神圣的权利

土著印第安人被美国政府驱赶到居留地

他在竭力反抗什么

印第安居留地

19 世纪末，伴随着西进运动的推进，印第安人要么被白人强占了家园，要么被迫签订了不平等条约。在条约中政府同意为他们保留部分居留地，限制白人进入，以此作为条件换取本属于印第安人的大块土地和丰富的自然资源。

生活传统被打破

将印第安人从世代居住的土地上驱逐出去不仅有道德上的问题，而且还带来了许多其他问题。他们原有的生活方式被打破——曾经的游牧民族现在被迫定居下来——仿佛失去了生存的意义；农民找不到合适的土地种植粮食和蔬菜，还要面临敌对部落不时的骚扰。这些问题的后果是灾难性的。

被迫打仗

1861 年美国政府与大平原印第安人签订协议后，白人淘金者可以由博兹曼之路随意穿越中央大平原，政府还派遣军队沿途修建堡垒，保护他们的安全。但此路割裂了野牛栖息地，使野牛数量骤减，而野牛所提供的肉类、皮毛是苏族人的重要生存基础。无奈之下，苏族人只得向美国政府开战。

丧失更多土地

1887 年，美国通过《道斯土地分配法》（*Dawes General Allotment Act*），试图通过以土地私有制取代公有制的方法削弱传统印第安人的血脉关系。政府将居留地分成一个个小块而后分配给个人，并将剩下的用于出售，这样印第安人拥有的土地又减少了将近三分之二。

伤膝河战役

为了镇压苏族的反抗，1890 年，美国军队在南达科他州的伤膝河附近枪杀了至少 150 名苏族印第安人。这次大屠杀后，鬼舞——一种宗教仪式，借以预言野牛群回归、白人移民消失——也逐渐消失匿迹。

亲取名为“慢”。慢和其他苏族拉科塔部落的儿童一样，学习骑马、射箭和狩猎野牛，梦想有一天能成为一名真正的勇士。一名侦察兵曾见过小时候的坐牛，他这样形容道:“坐牛小时候身体矮壮结实，不像其他印第安人一样‘站似松’。”虽然身形不起眼，但坐牛弓马娴熟，意志力和耐力惊人。14 岁时，慢参加了他人生的第一场战斗。在与克劳人的交战中，他英勇地砍倒了对方一名勇士。作为嘉奖，回到部落后，慢的父亲将他的名字改为了坐牛。而坐牛终其一生，也没有辜负这个名字的寓意。

苏族人居住和狩猎的北方正好位于最早的西进路线上，所以坐牛早先与白人多少打过一些交道。1862 年桑提苏族人起义，东苏族与政府发生武装冲突并战败，被迫逃到中央大平原以西。此时已是酋长的坐牛听闻政府控制下的居留地生活之惨状，渐渐意识到与白人签订协议绝非长久之计。他一心拯救苏族的文化和传统，收复他们失去的土地，决定让他的部落远

关键时刻

坚定决心

美国政府军统帅艾尔弗雷德·萨利（Alfred Sully）曾对基尔迪尔山的提顿苏人营地进行攻击，当时坐牛正好参与了抵抗。这件事过后，他坚定了决心，一定要让他的同胞远离白人世界，绝不签订任何迫使他们背井离乡的不平等条约，绝不迁往政府控制的居留地。

1864 年 7 月

坐牛，摄于 1885 年

离白人的统治，也绝不签署条约或迁往居留地生活。

坐牛对政府条约和居留地生活的不屑态度吸引了众多的追随者，不仅是苏族人，甚至夏延和阿拉帕霍部落都有人慕名而来。坐牛也因他的勇气和远见在 1868 年左右被选为拉科塔族的酋长。早期美国士兵侵占印第安人领土时，坐牛曾学习了他们的作战方式，并了解了他们的优势和弱点。现在的坐牛凭借一往无前的勇气，意图让其获得的信息发挥最大作用。曾有一次，苏族与铁路工人护卫军在黄石河边激战正酣，坐牛却若无其事地带着四名部落勇士坐在铁轨中间抽大烟，任凭耳边枪声呼啸，他自岿然不动。

白人步步紧逼，不断蚕食印第安人的领地，片刻的安宁稍纵即逝。1874 年，有人在南达科他州的黑山发现金矿，众多淘金者蜂拥至此。然而根据 1868 年《拉勒米堡协议》，被很多部落视为圣地的黑山并不允许白人进入，拉科塔人不得不以武力捍卫他们的圣土。美国政府想独占金矿，要求所有游牧在外的苏族人迁到居留地生活，但被坐牛拒绝了，他表示居留地与监狱无异，他绝不会“像牲口一样被圈起来”。

政府军对印第安人穷追猛打，坐牛决定建立战营来应对局面。1876 年，三队政府军再次入侵印第安人领土，坐牛将拉科塔族、夏延族和阿拉帕霍族人召集到他在罗斯巴德河畔的战营。他带领众人举行太阳舞仪式，向伟大的神灵瓦卡唐卡祷告，鞭笞自己双臂一百次以示诚心。仪式上他仿佛看到美军士兵像蚱蜢般从天而降，而后不到三个月，印第安人就在小巨角河大败美军。

坐牛将营寨移到小巨角河河谷后，便吸引了越来越多的印第安勇士加入。卡斯特统帅第七骑兵团于 6 月 25 日对他们发起攻击，以绝对劣势的人数攻打坐牛的营地，被击退后撤到附近的山坡上垂死挣扎，最终全军溃败，三个月前坐牛的预言得到了验证。在印第安人和美军于中央大平原漫长的纠缠中，这是印第安人最酣畅淋漓的一次胜利，也是联邦军的最惨痛的失败。然而卡斯特和上百士兵的阵亡点燃了美国白人的怒火，他们确定印第安人果

关键时刻

小巨角河战役

为了避免被美国政府驱逐到居留地，印第安人在坐牛和疯马的领导下展开了顽强的反抗。小巨角河战役中，他们全歼了政府军的第七骑兵团，并击毙陆军上校乔治·卡斯特。在印第安人与政府军战斗的漫长血腥历史中，这是印第安人取得的最大一场胜利，也是政府军最惨痛的一次失利。

1876 年 6 月

然野蛮且嗜杀成性。美国政府增派上千名骑兵，加紧对印第安人的围剿。之后几年，政府军一步步追击拉科塔人，迫使一个又一个的部族首领投降。但坐牛仍不言败，1877 年他率队跨过边境到达加拿大，摆脱了追赶。此后美国政府想以赦免他所有罪行为条件交换他回国并留在居留地，也遭到坐牛的愤然拒绝。

然而在加拿大，坐牛也面临物资缺乏、队伍无以为继的窘境。在恶劣环境中坚持了四年以后，他无奈之下选择了投降。美国政府先将他送入坚岩居留地，后来担心他的巨大影响力会引起印第安人的新一轮起义，又将他关押到了密西西比河下游的兰德尔堡，在那里他和他的追随者度过了将近两年的牢狱生活。最后，1883 年，坐牛重新回归了他在坚岩居留地的部落。坐牛在居留地没有任何特权，甚至他还扛起锄头下地做农活。但坐牛深知自己的权威和责任，之后美国参议院派遣代表来到居留地与印第安人谈判，他们想要将居留地部分开放，让白人进入，坐牛义无反顾地站出来谴责了他们的来意，尽管最终还是未能阻拦住。

两年后，政府允许坐牛离开居留地，跟随“野牛比尔”的狂野西部演出团在全国巡回演出，每周报酬 50 美元，还可以通过签名和照片获得额外收入。巡演期间，坐牛遇到美国总统格罗弗·克利夫兰（Grover Cleveland）和神枪手安妮·奥克利（Annie Oakley），后者还曾挑衅说苏族勇士不过是她“枪口下的玩物”。坐牛也遭遇过台下听众的嘘声，还被报纸形容为“被割掉喉结、剥去头皮，懦弱如女人般的男人”。他无法接受白人社会，也不堪忍受对他名誉的污蔑，在演出团只待了四个月就回去了。

再次回到坚岩居留地的坐牛居住在格兰德河边的一座小屋里，离他的出生地很近。不久后他又得到了另一个神谕，一只草地鹨落在一座小丘上对他说：“你将死于你的族人，拉科塔人之手。”

1890 年秋天，一个名叫基金·贝尔（Kicking Bear）的拉科塔人告诉坐牛，说有一种叫做鬼舞的仪式可以将白人驱逐出他们的土地。位于松树岭和罗斯巴德居留地的拉科塔人先后学会了鬼舞，但美国政府担心这种仪式继续扩散将不利于管理，于是派遣军队前往居留地以加强对印第安人的控制。在坚岩，当局担心被人们视为精神领袖的坐牛会加入鬼舞，便派出 43 名拉科塔警察意图将其拘禁。1890 年 12 月 15 日黎明前，警察闯入坐牛的小屋并将他拽出门外，他们与坐牛的支持者发生了冲突。在枪战中，一名拉科塔警察射出的子弹穿过了坐牛的头颅。

坐牛被拉科塔人永远铭记，因为他不仅是独一无二的精神领袖，还是一位慈父，一名天赋异禀的歌手，一个待人和蔼可亲的男人，一个信仰坚定、可以将力量传给族人的先知。坐牛的伟大既遗传了同样是酋长的父亲的品性，但更多的是来源于他的精神领导力量、他的政治天赋以及他捍卫族人生存的钢铁般坚定的信念。

时间线

1831年 1845年 1862年 1865年 1868年

1831 年生于苏族拉科塔

坐牛[1]生于格兰德河河谷（现南达科他州）。他的父亲叫作跳牛，也是他所在部落的酋长，因为坐牛内向而善于思考的性格，在他小时候父亲给他取名为“慢”。

1 苏语名为 Tatanka Yotanka

1845 年首战

坐牛参加的第一场战争是对克劳人的突袭。因为奋勇杀敌，他得到了“坐牛”这样一个称号，含义是一只拥有顽力的牛用腰腿坐在地上。

1862 年初识白人

苏族人居住和狩猎的北方正好在最早的西进路线上，在明尼苏达州桑提苏族人起义前，坐牛与白人曾打过一些交道。

1865 年逐渐成长

这年夏天，美军再次入侵保德河地区。在一次偶然的机会中，坐牛学习了政府军的作战技巧，也了解了他们的强项和弱点。

1868 年影响力提高

另一位名叫红云的拉科塔首领屈服于美国政府，签订了《拉勒米堡协议》，同意带领他的族人前往居留地生活。红云威望巨降，此消彼长，坐牛的影响力与日俱增。

★ 坐牛如何打败卡斯特 ★

陆军上校乔治·卡斯特因小巨角河的“最后一战”而被人们所熟知。1839年，卡斯特生于俄亥俄州，就读陆军军官学校，险些无法顺利毕业。后担任守卫军官，被指控玩忽职守，但因正值南北战争时期，幸免于处罚。在残酷的南北战争中，卡斯特表现优异，年仅23岁就被授衔，成为最年轻的将军，但战后又被剥夺了军衔。

菲茨·约翰·波特将军（Fite-John Porter）的手下和乔治·卡斯特，摄于弗吉尼亚州，1862年

1866年，卡斯特加入正规军，但除了不服从指挥这点让人印象深刻外，他别无他长。1868年卡斯特奉命组织对南夏延印第安人的战斗，但当夏延人竖起白旗决定满足美国政府要求并投降时，他仍命令部队继续进攻。

1876年，卡斯特率队攻打拉科塔苏人和北夏延人，6月25日，侦察兵回报小巨角河河谷处有一规模巨大的印第安人聚集地，可能驻扎有大量的印第安勇士，但卡斯特认为侦察兵夸大了敌情，不仅不以为意，还决定分兵两路从两翼夹击印第安人营地。

然而，他既错估了印第安人勇士的数量，也错估了小巨角河的深度。不到一个小时，在印第安军队弓箭和子弹的攻势下，卡斯特和他的队伍就全军溃败了。

1874年

1874年大平原淘金热

在南达科他州黑山发现金矿后，美国政府想要独占这一资源，要求所有仍游牧在外的苏族人全部迁入居留地，但被坐牛拒绝了。

1881年

1881年回归并投降

1877年小巨角河战役后，坐牛越过边界逃到加拿大，4年后又返回美国，向政府投降，被当作战俘在南达科他州的兰德尔堡关押了一段时间。

1883年

1883年居留地生活

美国政府允许坐牛在坚岩居留地生活，在此期间，他利用自己的名望，仍然不懈地号召苏族人与政府斗争，保卫自己领土。

1885年

1885年巡回演出

坐牛有机会跟随“野牛比尔”的狂野西部演出团在全国做巡回演出，但白人政府对他并不放心，没过几个月又将他送回了居留地。

1890年

1890年领袖之死

耶茨堡的印第安事务局担心拉科塔首领坐牛逃离居留地，因此使用暴力进行镇压。8名警察和7名坐牛支持者在冲突中死亡，坐牛也被杀害。

骑马的勇士向前冲

这是一张虚构的图片。当卡斯特和他的士兵在小巨角河河边誓死奋战时，来自苏族、夏延族和阿拉帕霍族的一些骑马勇士从远处奔向战场。尽管卡斯特一方确实寡不敌众，但这幅画给人的印象是，卡斯特和他的士兵遭到了成千上万印第安人的袭击。

远方蜿蜒的河流

1876 年 6 月，卡斯特和他的第七骑兵团在蒙大拿的一个山坡上遭遇失败，而小巨角河就在印第安营地不远处的地方。这幅图中一个明显的错误就是战斗的位置，实际上战斗发生在河的另一边。

卡斯特的最后一战

陆军中校乔治·阿姆斯特朗·卡斯特在卡斯特的最后一战中呈现出一位英俊潇洒、绝望的人物形象。在最后时刻，他挥舞着一把刀，向敌人挑衅着。从历史角度来看，这幅图也许是对该事件最著名的诠释。

扣动柯尔特的扳机

第七骑兵团的一名受伤士兵举起了他的柯尔特 1873 型单动式左轮手枪，向一名进攻的印第安勇士进行了近距离射击。除了弓箭、战棍和长矛，小巨角河战役中的印第安人也装备了 40 多种不同的武器。

剥头皮

此处，一名印第安勇士正在试图剥掉一名骑兵的头皮，这可谓画家奥托·贝克尔（Otto Becker）的作品《卡斯特的最后一战》中最恐怖的一个场景。这些大平原上的印第安人也给美国政府留下了残忍的印象。一家大型酿酒公司曾把这幅画用作广告宣传。

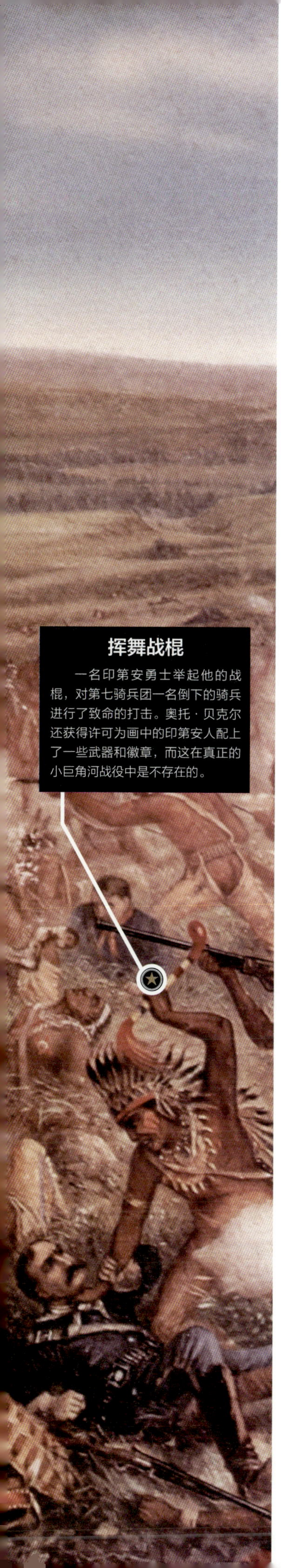

挥舞战棍

一名印第安勇士举起他的战棍，对第七骑兵团一名倒下的骑兵进行了致命的打击。奥托·贝克尔还获得许可为画中的印第安人配上了一些武器和徽章，而这在真正的小巨角河战役中是不存在的。

小巨角河战役

蒙大拿领地 1876 年 6 月 25—26 日

1868 年 11 月，大苏族酋长红云同意与美国签订一项条约。红云同意将苏族人迁到达科他领地的黑山，那里是部落的圣地。然而，一些苏族的派系拒绝迁移，尤其是后来一些白人移民经常侵占已经许诺给苏族和其他印第安部落如夏延族和阿拉帕霍族的土地。他们同疯马、坐牛及其他首领领导的苏族人共同抵抗着条约的规定。然而，1874 年在黑山发现黄金的消息则又加快了白人入侵的步伐。

1876 年夏，为了消除对白人移民的威胁，美国军队不惜逼迫一些印第安反抗者就范。一支由乔治·克鲁克和阿尔弗雷德·特里将军以及约翰·吉本上校指挥的骑兵和步兵部队被派往蒙大拿地区。他们的计划是诱捕印第安人，要么消灭他们，要么迫使他们退到居留地。

6月中旬，克鲁克暂停攻击，进行重组，而特里和吉本前往大巨角和小巨角河谷，希望能继续对印第安人实施诱捕。乔治·卡斯特中校带领的第七骑兵团则继续沿着罗斯巴德溪行进。

卡斯特出发前，特里曾提出为其配备第二十步兵团的加特林机枪小分队。但卡斯特拒绝了，他说这些机枪会拖慢其行军的速度。后来，特里又提出让另外两个骑兵队随其同行。卡斯特还是拒绝了，他自信地说，第七骑兵团能够应付任何可能出现的麻烦。

6 月 25 日早晨，卡斯特在小巨角河边发现了一个巨大的印第安营地。随后，他将手下不到 700 名士兵分成了 4 组，这一做法本身可能就有问题。此外，他还担心不能达到突袭的效果，于是放弃了第二天进攻的计划，冲动地下令立即发动进攻。

马库斯·雷诺（Marcus Reno）少校带着 177 名手下在下午 3 点左右与敌军进行了第一次接触。一支强大的印第安部队对他们发动了进攻，雷诺的士兵没有骑马，他们被逼退到灌木丛和荆棘中，最后又退到山坡上。雷诺交战后不久，卡斯特就将手下的 5 个连派往印第安营地的另一端。疯马调转方向，对敌军进行了包围，他们不得不向北推进。与此同时，弗雷德里克·班尼廷（Frederick Benteen）上尉率领的 115 名士兵加入了雷诺，竭力应对印第安人不断的攻击。经过又一天的战斗，那些幸存的士兵不得不暂时撤退。卡斯特与敌人展开了一场激战。他的 5 个连最终在距雷诺阵地 5 千米远的高地上被包围，并被歼灭。

在这场战役中，卡斯特一方有 260 名士兵和民兵牺牲，其中就包括卡斯特本人。这场战役在后来被称为“卡斯特的最后一战”。除此之外，还有至少 55 名士兵受伤。印第安一方则有 130 人死亡，160 人受伤。虽然他们在小巨角河战役中占了上风，但在一年内，印第安人就被击败了。

美军第七骑兵团

普通士兵 700 名

骑兵 700 名

乔治·卡斯特中校

指挥官

1865 年，乔治·卡斯特在内战期间被提升为陆军准将。

优势：以他的勇敢和战斗精神而闻名。

弱势：很冲动，很容易冒险。

第七骑兵团

关键力量

第七骑兵团作战经验丰富，在指挥官乔治·卡斯特的带领下在小巨角河战役中被摧毁。

优势：流动性高、打击迅速。

弱势：武装配备不足，不能支持持续战斗。

斯普林菲尔德 1873 型卡宾枪

主要武器

“特拉门”步枪，1873 型带有一个铰链式枪闩。

优势：短卡宾枪比标准型（如图）更容易携带；射程良好。

弱势：单枪膛，发射速度慢。

拉科塔苏族、夏延族、阿拉帕霍族

勇士 2300 名

妇女儿童 7000 名

疯马

首领

疯马、坐牛及其他首领带领印第安人在小巨角河战役中进行作战。

优势：疯马有远见、有胆量，是精神领袖，能够鼓舞人心。

弱势：愿意参与具有压倒性优势的战争。

印第安勇士

关键力量

苏族、夏延族和阿拉帕霍的勇士骑着马对第七骑兵团进行追击。

优势：意志坚强，有勇气，有极大的忍耐力。

弱势：经常在人数和武器装备上占劣势，但在小巨角河战役中不是如此。

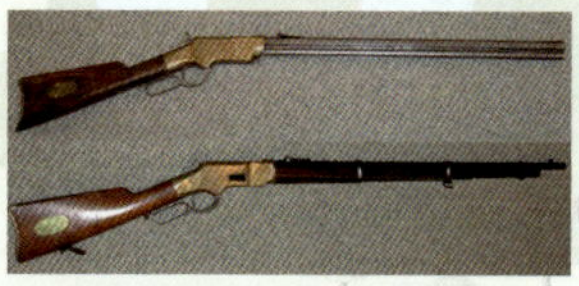

步枪

主要武器

温切斯特和亨利连发步枪提供了强大火力。

优势：连发步枪发射速度很快。

弱势：与第七骑兵团使用的单发式步枪相比射程较短。

07 卡斯特亲自带队

雷诺与印第安人交战时，卡斯特试图包围印第安营地，并切断所有的撤退路线。他带领两队人马，大约210名骑兵，从另一方向进行突袭。当夏延族和苏族勇士前来应对这第二支突袭军队时，疯马带领一支队伍沿小巨角河顺流行走了一段距离，然后沿原路返回攻击了卡斯特。结果，他们对卡斯特进行了一次完美的包围。

03 欠考虑的分组

由于没有意识到对手的强大，卡斯特将他的12个骑兵连——不到700名骑兵，分成了4个组，并派其中一个包含135名强兵的组来保护第七骑兵团的行李车。

09 卡斯特陷入困境

卡斯特的骑兵遭到多个方向的攻击，只能向北部一条长山脊的斜坡上推进。有人假设所谓的“卡斯特的最后一战”其实是一种固定交战，但还有证据证明双方之间的战斗实际是流动的。在距离雷诺阵地大约5千米的地方，卡斯特的部队被逼到山坡上，经过最多半小时的殊死搏斗，他们就被全部歼灭了。

10 失败之路

大获全胜之后，印地安的勇士、妇女和儿童都离开了这个地区。小巨角河战役是大苏族战争中最著名的战役，尽管印第安人打败了陆军上校乔治·卡斯特，但他们仍然无法战胜美国军队日益强大的力量。一年之内，北方平原的部落全部被迫投降，并迁往居留地定居下来。

02 强大的敌军

卡斯特手下经验丰富的侦察兵报告说，这个印第安营地大约有2,300名夏延族、拉科塔族和阿拉帕霍族的勇士，由坐牛、疯马和一些其他首领带领，是他们见过的最大的印第安营地。然而，卡斯特对此并没有太在意。他希望早些采取行动，以免印第安人收到警报之后分散行动。

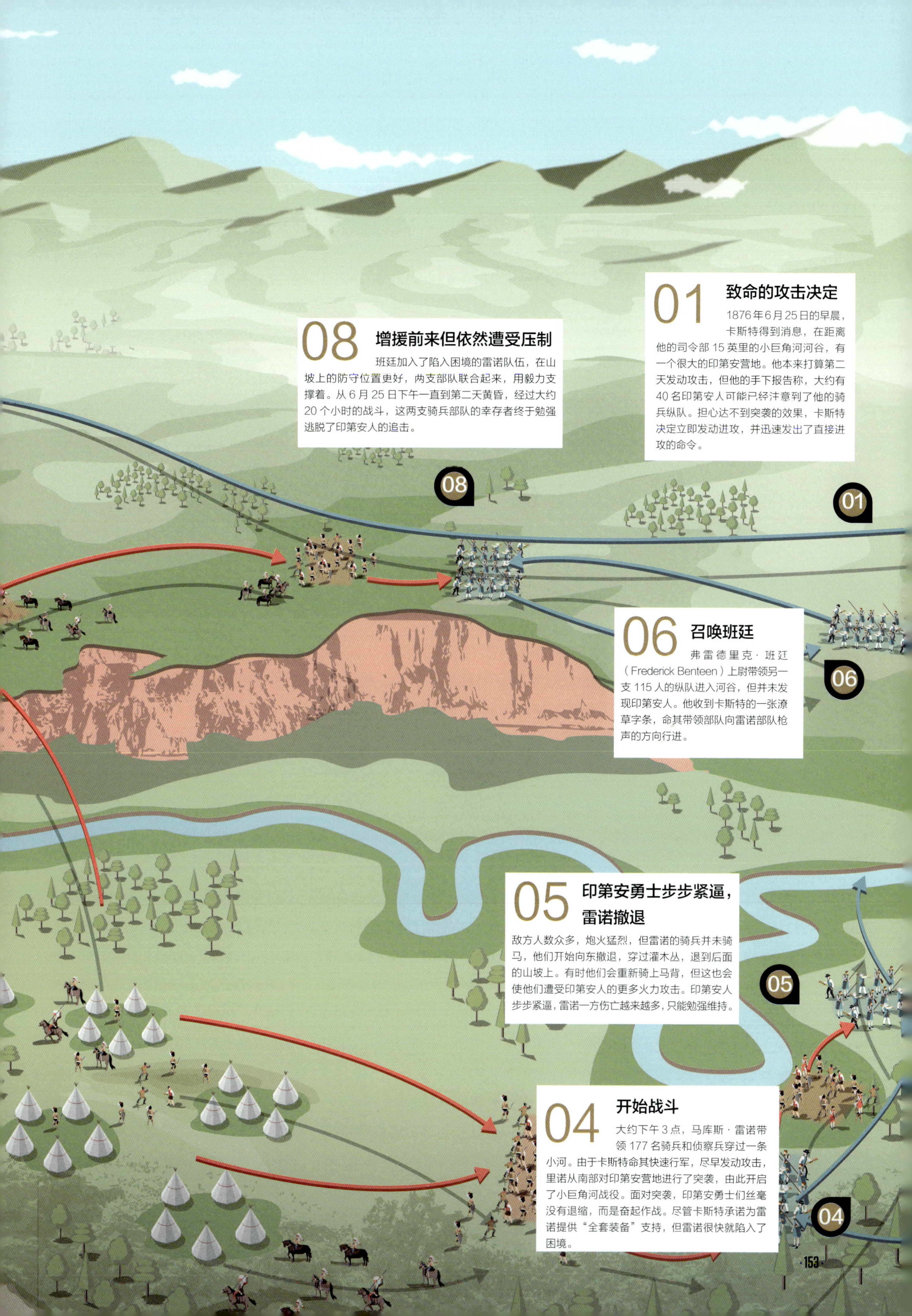

01 致命的攻击决定

1876年6月25日的早晨，卡斯特得到消息，在距离他的司令部15英里的小巨角河河谷，有一个很大的印第安营地。他本来打算第二天发动攻击，但他的手下报告称，大约有40名印第安人可能已经注意到了他的骑兵纵队。担心达不到突袭的效果，卡斯特决定立即发动进攻，并迅速发出了直接进攻的命令。

04 开始战斗

大约下午3点，马库斯·雷诺带领177名骑兵和侦察兵穿过一条小河。由于卡斯特命其快速行军，尽早发动攻击，里诺从南部对印第安营地进行了突袭，由此开启了小巨角河战役。面对突袭，印第安勇士们丝毫没有退缩，而是奋起作战。尽管卡斯特承诺为雷诺提供“全套装备”支持，但雷诺很快就陷入了困境。

05 印第安勇士步步紧逼，雷诺撤退

敌方人数众多，炮火猛烈，但雷诺的骑兵并未骑马，他们开始向东撤退，穿过灌木丛，退到后面的山坡上。有时他们会重新骑上马背，但这也会使他们遭受印第安人的更多火力攻击。印第安人步步紧逼，雷诺一方伤亡越来越多，只能勉强维持。

06 召唤班廷

弗雷德里克·班廷（Frederick Benteen）上尉带领另一支115人的纵队进入河谷，但并未发现印第安人。他收到卡斯特的一张潦草字条，命其带领部队向雷诺部队枪声的方向行进。

08 增援前来但依然遭受压制

班廷加入了陷入困境的雷诺队伍，在山坡上的防守位置更好，两支部队联合起来，用毅力支撑着。从6月25日下午一直到第二天黄昏，经过大约20个小时的战斗，这两支骑兵部队的幸存者终于勉强逃脱了印第安人的追击。

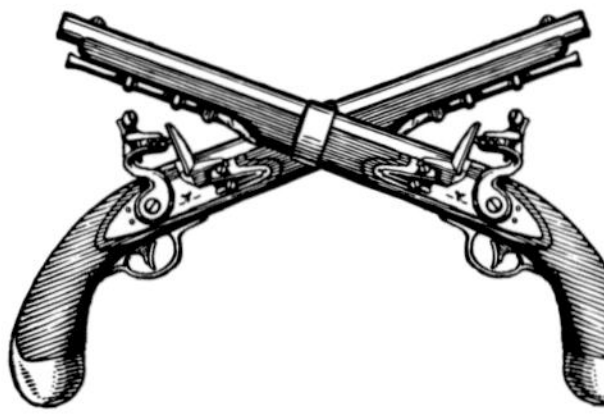

追缉比利小子

这是发生在 150 年前狂野西部的故事，经过人们的添油加醋，口口相传，现在已充满了神奇色彩。传奇警员帕特·加勒特（Pat Garrett）追缉比利小子的真实经历究竟如何?

到 19 世纪末，人类足迹已几乎遍布地球每个角落，那时的世界格局已基本定型，与今日相差无几。在东半球，经过一百多年的角逐，维多利亚王朝统治的大不列颠帝国慢慢失去了对新世界殖民地的利益霸占，但其仍占据着霸主地位。而在另一边，刚刚赢得独立的美国像蹒跚学步的婴儿般踉踉跄跄，国内战争不停，法律几乎是一片空白。尽管如此，新美国政府仍然趁着英国力量正在削弱无暇顾及的时机，开展了雄心勃勃的扩张计划，以低至 1500 万美元的价格从法国拿破仑·波拿马手中收购了整个路易斯安那——超过 100 万平方千米的大草原。尽管收购带来的边界争端和混斗不断，但美国的版图仍在不断扩展，从中央大平原一路向西，一直延伸到加利福尼亚州太平洋海岸。

然而新领土的人口增长速度跟不上边界的扩张速度，白宫政府对新领土的管理也是鞭长莫及。西部地带地广人稀，当地人就像那里的天气一样粗犷而狂野，这样的背景塑造了我们这里要讲的两个主要人物：亡命徒比利小子和警官帕特里克·弗洛伊德·加勒特（Patrick Floyd Garrett）。他们的经历被人们世代传说，但他们的交集——帕特追缉并最终击毙比利小子的这段故事最是引人注目。

好莱坞大片热衷于在美国西部取材，警官、亡命徒、酒馆老板、移民、墨西哥人和牛仔的固定形象都已深入人心，成为定式。这种黑白脸谱化的人物形象往往能带来较高票房，但却与事实相去甚远。如果不是警官佩戴

01

真的？假的？

★ 他在林肯县非常有名 ★

击毙比利小子一举树立了加勒特警员和枪手的形象

的小钢星，单从脾气和外表上，很难将他们与凶徒区别开。现在我们就抛去刻板印象，从帕特·加勒特被任命为林肯县警官的时候起，回到1880年左右的新墨西哥州看一看。

加勒特身高六英尺三英寸，瘦而不弱，是远近闻名的神枪手。与他强壮体格相匹配的是他过人的智慧，这一点在财政部长官阿扎赖亚·怀尔德（Azariah Wild）邀请他协助侦破的一起假币流通案中展现得淋漓尽致。当时价值3万美元的假钞正在全国流通，为尽快查明假钞来源，加勒特招募了一名助手，名叫巴尼·梅森（Barney Mason）。在梅森截获的一封落款为W.H.韦斯特的信件中，清楚地写明了造假者的意图：韦斯特与另一名农场主丹·戴德里克（Dan Dedrick）共谋，打算雇一个蒙在鼓里的无辜者，让他用这笔钱在墨西哥买牛，以求尽快将假钞脱手。加勒特一番合计，决定布置陷阱，派梅森前往白橡树镇的农场，打入对手内部。

在新墨西哥州一个清冷的冬天，梅森正准备骑马去戴德里克的农场，从镇政府方向迎面走来三名持枪者，看样子都不是善茬——一个叫戴夫·鲁达博（Dave Rudabaugh），曾在拉斯维加斯监狱服刑，在放风的时候杀死了看守狱卒；另一个叫比利·威尔

比利小子曾与偷牛团伙杰西·埃义斯混迹一处

02 真的？假的？

★ 他躲过了帕特·加勒特的枪击 ★

逊（Billy Wilson），也是一名在逃的谋杀犯；最后一位就是我们的主角比利小子——一名刚刚越狱、视法律如儿戏的杀手。比利小子靠赌博和偷牛为生，每日和一班亡命徒厮混，名声和传奇故事已然在外。在那个年代，警官和案犯可能前一天还围着火炉聊天，第二天就会交火。比利小子他们和加勒特（有自己经营的酒吧）曾在赌场上有过一面之缘，所以他们三个也都认识梅森。简单招呼后双方便斗智斗勇，展开了言语上的交锋。比利小子怀疑梅森是警察的眼线，前来探查他们的位置，于是试图摸清梅森来到这里的真实目的。而梅森顾左右而言他，撒谎说只是为了收买马匹。比利小子并不买账，掏出枪来想干掉梅森，却被戴德里克制止了——他害怕闹出太大动静，破坏了他们销掉假钞的阴谋。

亡命徒潜伏在白橡树镇的消息一经传出，便在当地引起了剧烈反应，当地组织了一支武装队，全镇搜捕比利小子。这种情况下梅森很难继续潜伏而不被怀疑，他决定保持低调行事，几天后他回到罗斯韦尔，向加勒特汇报。此后不久，加勒特又接到罗斯韦尔监狱长利（Lea）的来信，信中详细介绍了比利小子和他的同伙在这一片区域的犯罪活动。情报收集完成后，

据说比利小子在 18 岁前就
杀死了第一个人

加勒特被任命为美国元帅，接受委任状，奉命以谋杀罪逮捕亨利·麦卡蒂（Henry McCarty），即威廉·H. 邦尼（William H. Bonney），比利小子。于是从 1880 年 11 月 27 日起，这场历史上著名的追击拉开了序幕，而比利小子的生命也进入了倒计时。

新元帅在此之前就已威名远播，足以使一般的小毛贼望风而逃。但他并不愚蠢，他知道眼下的对手是真正穷凶极恶的歹徒——比利小子宁愿鱼死网破，也绝不会束手就擒，尤其是经历了林肯县的复仇之战，双手血迹斑斑的他已逐渐长大。加勒特组织了一支由 10 人组成的罗斯韦尔武装队向萨姆纳堡进发，试图找到比利小子他们位于拉斯波塔利斯的藏身之处。但一路上并不顺利，蔓延不尽的沙漠灌丛和崎岖不平的小路让他们行动缓慢，路上还让比利小子的一名同伙汤姆·福利亚尔（Tom Foliard）侥幸逃脱。而当他们抵达拉斯波塔利斯的“藏身处”后，发现那里只是悬崖上的一个空洞，对面一眼清澈的水泉，除了几只牛羊什么都没有。加勒特带领武装队稍作补给和休息，就返回了萨姆纳堡，并在那里解散了队伍。这显然不是加勒特所期待的对决，但他也并不气馁。

没过几天，加勒特和梅森又遇到了另一支民兵队伍——警长罗梅罗

用数字看狂野西部

尽管是段严酷的日子，但令人惊讶的是，当时的犯罪活动完全没有如今美国西部这般猖獗。

3 人

1881 年亚利桑那州汤姆斯通市年度暴力事件死亡 3 人，为历年最高，同年 OK 畜栏发生了怀亚特·厄普的著名枪战。

500 万至 1000 万美元

马车运输货物——通常是金块——的价值最高可达 500~1000 万美元（折合现价）。

6

1859—1900 年间 15 州共发生银行抢劫案 6 起，那时银行不多，也还没有汽车，并没有那么容易逃脱。

45

1870—1875 年间，堪萨斯州 5 个镇总共 45 人死于暴力事件，人均死亡数字低于今日美国。

1881 年 5月13日

林肯县法庭决定于这一天对比利小子施以绞刑。

28

亡命徒布莱克·巴特先后 28 次抢劫加利福尼亚州的货运马车，每年掠夺的财富达数千美元。

（Romero）带领的一群大摇大摆的墨西哥人——射伤了一名叫马里亚诺·莱瓦（Mariano Leiva）的在逃重犯后，正向普埃托德卢纳进发。加勒特将他组织队伍缉捕比利小子却无功而返的经历细细讲出，也从罗梅罗口中得知还有另一股人也在追踪比利小子。这股人的首领叫弗兰克·斯图尔特（Frank Stewart），受雇于潘汉德尔的牧场主——比利小子偷牛的受害者。于是，靠着钢铁般的意志、坚定的信念、敏锐的嗅觉和一点点运气，加勒特又做出了一个正确的决定，他想与斯图尔特见面。

于是在拉斯维加斯——坐落在新墨西哥州的一座前西班牙殖民小镇，距离西海岸不到 1000 千米，他终于和斯图尔特碰上了面，两个人于 12 月 14 日动身追赶斯图尔特的其他伙伴，把正面与比利小子硬碰硬的计划告诉了大家。一些人感到害怕想退缩，斯图尔特没有责备他们，反而说道：“想打道回府我绝不勉强，但我们没有时间等你们决定。想跟我继续的马上站过来，我不允许我的队伍里有人畏畏缩缩，哪怕一个人也不行。”于是有六名勇士加入了斯图尔特、加勒特和梅森的武装队。

加勒特一边前行，一边派遣得力心腹乔斯·罗伊瓦尔（Josc Roibal）

武器比拼

无论士兵还是平民，一把好枪永远是决斗场上的成功关键，比利小子和加勒特都曾疯狂地搜罗过，只为在武器上胜对方一筹。

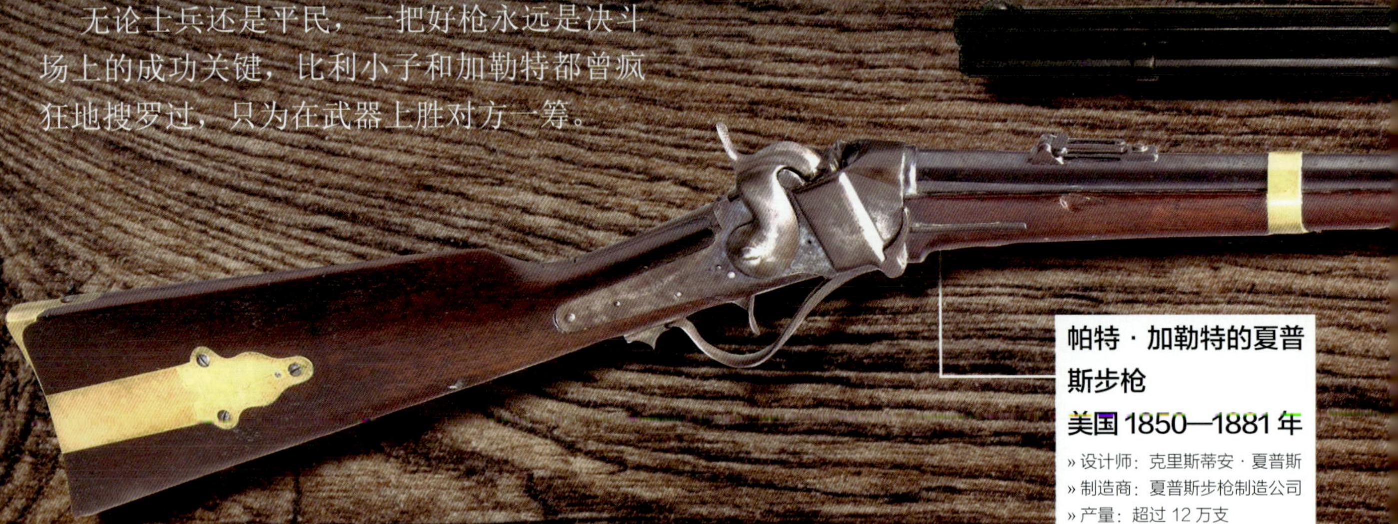

帕特·加勒特的夏普斯步枪

美国 1850—1881 年

- 设计师：克里斯蒂安·夏普斯
- 制造商：夏普斯步枪制造公司
- 产量：超过 12 万支
- 有效射程：460 米
- 自重：4.3 千克
- 口径：0.52 英寸
- 供弹系统：单发
- 击发：下落闭锁式，后膛装填
- 优点：多场合适用
- 缺点：造价昂贵，易造成弹药浪费
- 使用人群：军队、猎人、游戏

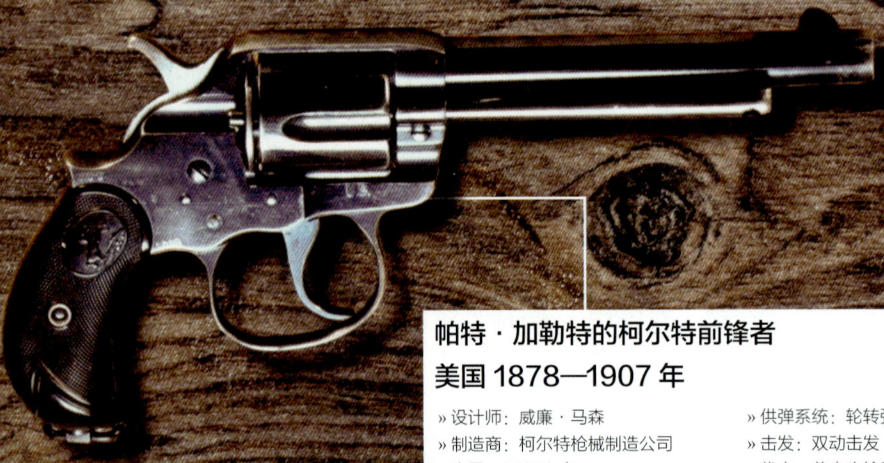

帕特·加勒特的柯尔特前锋者

美国 1878—1907 年

- 设计师：威廉·马森
- 制造商：柯尔特枪械制造公司
- 产量：51210 支
- 枪口初速：253 米 / 秒
- 自重：1048 克
- 口径：0.44 温彻斯特
- 供弹系统：轮转弹匣
- 击发：双动击发
- 优点：兼容步枪子弹，制动力强
- 缺点：无
- 使用人群：平民、警员

乔装打扮，快马加鞭赶往萨姆纳堡，一探比利小子究竟。罗伊瓦尔不负所托，顺利完成任务回来禀报加勒特，确定比利小子就在萨姆纳堡，而他也做好了准备伏击加勒特和梅森，但不知道加勒特这次还带了伙伴。

04 真的？假的？

★他一共杀过 21 人，而他死时也才 21 岁★

得到这些情报后，加勒特决定将队伍埋伏在小镇东边的一所废弃医院里，等这伙亡命徒自投罗网。但比利小子比预计的时间还要提前就进入了包围。那天下着小雪，尽管晚上光线很暗，但透过地面积雪的反射仍能看得一清二楚。加勒特和他的伙伴们选好有利位置，静待比利小子一伙出现。只见凶徒福利亚尔（Foliard）和皮克特（Pickett）走在队伍前面，首先进入伏击射程。乱枪中不知是谁打死了福利亚尔，但加勒特却没有命中皮克特。

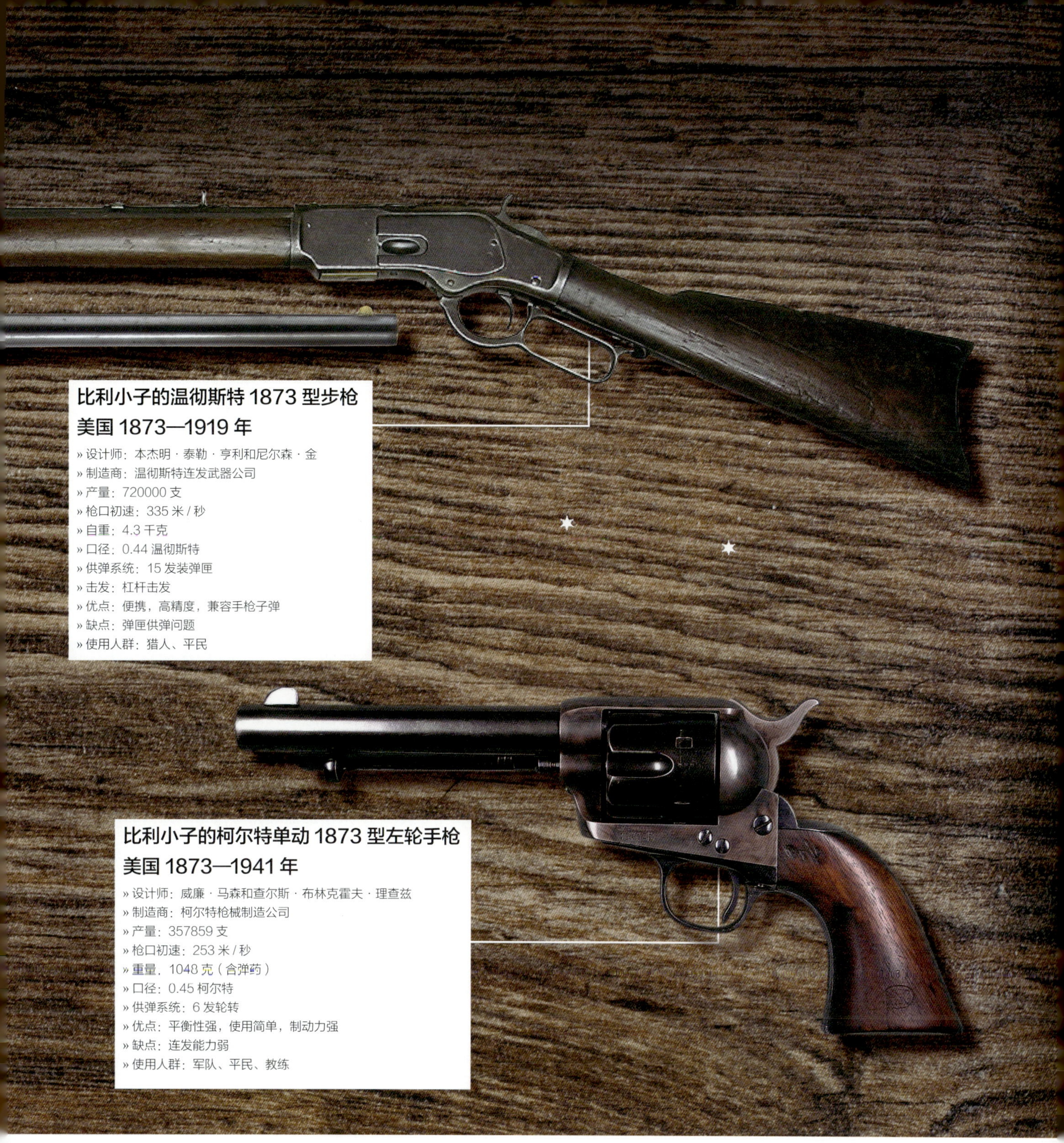

比利小子的温彻斯特 1873 型步枪
美国 1873—1919 年

- 设计师：本杰明·泰勒·亨利和尼尔森·金
- 制造商：温彻斯特连发武器公司
- 产量：720000 支
- 枪口初速：335 米 / 秒
- 自重：4.3 千克
- 口径：0.44 温彻斯特
- 供弹系统：15 发装弹匣
- 击发：杠杆击发
- 优点：便携，高精度，兼容手枪子弹
- 缺点：弹匣供弹问题
- 使用人群：猎人、平民

比利小子的柯尔特单动 1873 型左轮手枪
美国 1873—1941 年

- 设计师：威廉·马森和查尔斯·布林克霍夫·理查兹
- 制造商：柯尔特枪械制造公司
- 产量：357859 支
- 枪口初速：253 米 / 秒
- 重量，1048 克（含弹药）
- 口径：0.45 柯尔特
- 供弹系统：6 发轮转
- 优点：平衡性强，使用简单，制动力强
- 缺点：连发能力弱
- 使用人群：军队、平民、教练

05
真的？假的？
★ 威廉·H. 邦尼不是他的真名 ★

皮克特纵身一滚，慌忙跟着比利小子、博德雷（Bowdre）、威尔逊和鲁达博（一名彪悍的马车劫匪，其性格之狂暴令比利小子也望而生畏）往他们的牧场方向撤退。加勒特稍整队伍，继续追击逃跑的五人。从当地的另一个线人口中，他们得知比利小子可能藏身在臭泉——一块荒无人烟的洼地，散发着恶臭的泉水时不时涌出——附近的一处废弃房屋中。这时离天亮还有几个钟头，加勒特立即率队赶往臭泉，果然看到有几匹马拴在一座破败建筑旁的桩上。加勒特将队伍分散开，悄悄包围了房子，静待屋内动静。而此时比利小子还对自己的险境一无所知。

破晓时分，一名匪徒从房子的唯一出口走出，半明半暗之中，依稀看到他的身高、体型都像极了比利小子，并且还戴着他标志性斯泰森毡帽。加勒特清楚比利小子是不会轻易缴械投降的，便直接向伙伴们打手势，招呼着朝他开枪。顿时间枪林弹雨，只见那人踉跄着倒退到房门口，身上受了致命伤，但他却不是比利小子，而是另一名亡命徒查利·博德雷。比利小子将查利推出门外并咆哮道：“查利！你肯定是要死了，为什么不还击？拉他们几个狗日的垫背啊！”但此时查利已经血流不止，他摔倒在加勒特队伍面前，还没来得及拔出枪就咽了气。

加勒特暴露了位置，但比利小子一伙也只剩下了四个人，藏身处的唯一出口还被把守住了。为了以防万一，加勒特开枪打死了拴在门外的一匹马，拖过来堵在出口，又将另外两匹马的马缰打断，放它们跑远。现在是时候可以谈判了，加勒特心想，于是对里面喊话道：“困在屋子里的感觉怎么样，比利小子？”

“还不错，”屋里的人回话道，“就是没柴生火做早饭了。”

“外面有柴火，出来拿，礼貌点。”

“那不行，帕特。我这里太忙了，没空出去耍。”

武装队一行人赶了一夜路，又在冷飕飕的冬日清晨埋伏了许久，也都已饥肠辘辘了。这时加勒特的脑海中闪过一个主意，他命人前往威尔科克斯牧场弄点儿吃的回来，几个小时后，他们在屋外架起了火开灶做饭。烤肉的香气弥漫到屋内，早已饥饿难耐的匪徒终于放弃抵抗，鲁达博伸出一条脏兮兮的手帕到窗外，表示愿意投降。就这样，比利小子一伙四人填饱了肚子，但放弃了自由。

加勒特终于如愿以偿，但他哪料到比利小子像泥鳅一样滑头，并不甘心如此就缚。他们四人先是躲过了拉斯维加斯小镇居民暴怒下的围攻，而后1881年3月比利小子以谋杀“铅弹”安德鲁·罗伯茨（Andrew ‘Buckshot’ Roberts）的罪名在梅西亚被起诉时，又侥幸被判无罪。虽然最终在警长贝尔（Bell）和奥林杰（Olinger）的证词下，比利小子还是因曾在一座改装的二层仓库中谋杀警员威廉·布雷迪（William Brady）的罪行被关进了监狱，但他不久后就趁监狱守备不防偷来枪支，杀死狱卒越狱而逃。

得知比利小子再次逃脱并可能藏身在萨姆纳堡，加勒特捶胸顿足后悔不迭，但他并没有放弃。他顶着新墨西哥州的烈日，几乎翻遍了萨姆纳堡的每个角落，但比利小子就像人间蒸发了一样，直到两个半月后……

7月上旬，约翰·W.波（John W. Poe）和托马斯·K.麦金尼（Thomas K. McKinney）代替弗兰克·斯图尔特（Frank Stewart），成为加勒特的新助手。根据情报和直觉判断，他们将搜索重心放到了萨姆纳堡以北几千米的地方。这里有一条街，街两旁都是破旧的老房子，皮特·马克斯韦尔（Peter Maxwell）的家坐落其中。比利小子就藏匿在这条街上，他身形瘦削，头戴一顶宽边帽，正溜达着往马克斯韦尔的房子走去。但他并没有认出加勒特，而加勒特也同样没有认出他。

但其实从比利小子在臭泉被捕又侥幸越狱起，他的死期就已然临近。7月15日凌晨，加勒特正在皮特的卧室，小声地拷问着皮特比利小子藏身何处。正巧比利小子想到皮特这里拿些牛肉做晚餐，他走进皮特·马克斯韦尔的房子，路过他的卧室，立刻被加勒特发现并开枪击毙。

在接受简短的询问后，加勒特很快提交了整个事件的备忘录，证明了开枪打死比利小子是他职责所在，并非蓄意杀人。在备忘录中，加勒特只用了一小段文字描述了在皮特那阴暗的卧室中发生的事情。整个过程完全不像经典的对决镜头所展示的那样，直到开枪的最后一刻加勒特才认出比利小子，而比利小子可能至死都不知道是谁打死了他。比利小子死后一段时间，他的臭名开始远播，三人成虎，人们添油加醋，把这个法律叛道者和他的死对头加勒特的经历编成了一段传奇故事，并在后来被众多作家和电影制片人作为素材。

06

真的？假的？

★ 他能说一口流利的西班牙语 ★

★ 比利小子遭枪杀的经过 ★

帕特·加勒特击毙比利小子的时间轴全记录

1881 年 7 月 14 日，23:55

比利小子住在皮特·马克斯韦尔的一处破落房子里。那天晚上他感觉肚子很饿，便拿了一副刀叉走向马克斯韦尔的房间，准备切些牛肉吃。

1881 年 7 月 15 日，00:00

加勒特走进这间房的卧室，正在向马克斯韦尔打听比利小子的下落，他坐在枕头旁边的椅子上。

00:04

卧室外站着加勒特的同事，但他们不知道比利小子的相貌，看到他路过并和身旁的墨西哥人讲着流利的西班牙语，却并没有认出来。

00:05

比利小子走进卧室，他光着脚，也没有戴那顶标志性的帽子。黑暗中加勒特一开始也没有认出，但当马克斯韦尔低声说出这个人的身份时，加勒特的身体一下坐直。

00:05:05

比利小子走近马克斯韦尔，加勒特猛地认出了他并拔出枪来。几乎同时，比利小子一边用西班牙语问着“谁？！是谁？！”一边摸出自己的左轮手枪。

00:05:06

片刻沉寂后，加勒特扣动扳机，并顺势俯身滚向地板准备开第二枪。但他一枪命中了，比利小子摔倒在地，没来得及挣扎就死掉了。

07 真的？假的？

★ 比利小子和加勒特曾是朋友 ★

专家问答

罗伯特·斯塔尔
（Robert Stahl）

罗伯特是亚利桑那州立大学离休教授，历史学家，也是非盈利性机构“比利小子亡命团伙”（BTKOG）的一员，该组织旨在挖掘比利小子的真实历史并将之公布于众。

一些人认为比利小子没有死，并用他幸免于难的故事为自己立论，您认为这些故事为何会到现在还存在着？

首先，很多人并没有读过关于比利小子的正经历史著作，所以会容易被这些故事绕进去，相信比利小子还活着。其次，人们心中的比利小子是一个敏捷、灵巧的形象，不愿意相信加勒特和比利小子在皮特·马克斯韦尔卧室的相遇只是偶然，而他在黑暗中竟没有躲过致命一枪。最后，一些文档——有些还是专业历史书籍中，也提到了这些几乎没有可信度的谣言。

比利小子死后，威廉·亨利·罗伯茨曾宣称自己就是比利小子

在黑暗的环境下，加勒特是不是很有可能开枪打错人？

在比利小子被击毙的当天早上，他所在的村落里有超过 50 人至少一次看到过他。那天早上村里妇女把他的衣服洗干净后拿到酒馆展览，稍晚又收回来放到皮特·马克斯韦尔的卧室里——就是最后比利小子倒下的位置旁边。当然，当年坚称亲眼看到比利小子死掉的人也先后作古，但当时在场的所有人中，并无一人说那不是他。另外在法庭上，在场人中有 6 名曾与比利小子相识的证人也作证死者就是他。这些都是充分的目击证据，说明加勒特那天在黑暗中并没有杀错人。

您曾数次敦促新墨西哥州最高法院开出比利小子（死于 1881 年 7 月 15 日）的死亡证明，为何最初他死时并没有开？至今仍没有开出的原因是什么？

因为当局自始至终都没有给比利小子开具死亡证明，所以我和我的同事南希·N. 斯塔尔（Nancy N. Stahl）、玛丽莲·斯塔尔·费舍尔（Marilyn Stahl Fischer）才锲而不舍。并且我们坚持认为在应开具的证明中，比利小子的死亡日期是 1881 年 7 月 15 日而非一般认为的 14 日。验尸官的报告上并没有注明死亡时间，这在当时美国西部的农村地区是十分正常的。我们已经找到了 19 世纪新墨西哥州其他暴力犯罪遇难者的死亡证明，说明此事并非无前例可援。虽然最高法并不直接负责，但它可以要求州政府出面。然而我们找到州医疗调查机构，它们并不愿履行职责，也拒绝与我们合作。我们在新墨西哥州并没有其他途径可以获得法律援助，只能求助最高法院。我们三人作为有信念的历史学家，出于纠正历史错误的初衷而采取这一行动，但可能被最高法院和政府理解成了作秀。

“比利小子亡命团伙”致力于揭示比利小子的真实经历，有哪些谣言是您想在这里澄清的？

关于比利小子于 4 月 28 日从林肯县监狱越狱逃脱的事情，需要粉碎一些谣言，比如有故事说他在厕所里捡到枪并成功越狱，还有说他实际上一直想伺机杀掉鲍勃·奥林杰（Bob Olinger）。另一个荒诞的说法是加勒特并没有打死真正的比利小子，事实上，在 1881 年比利小子死后超过 30 年里，新墨西哥任何一家报纸都没有一丁点儿认为他尚在人世的新闻冒出。并且在 1908 年加勒特去世时，联邦和新墨西哥州已确认他就是击毙比利小子的人。倘若有任何谣言，人们绝不会都把他当作终结亡命徒的英雄。

答案

01 假的
在于 1881 年 4 月逃出林肯监狱以前，他只是普通的亡命徒之一。直到 1926 年《比利小子的传说》一书问世，他的故事才广为人知。
02 假的
包括加勒特本人在内的众多目击者已证实死者正是比利小子。
03 假的
唯一一张通过鉴定的照片是反的，所以他的步枪实际是在另一侧。
04 假的
一般认为比利小子曾一共杀死过九人，其中五人还是在枪战决斗中杀掉的。
05 真的
比利小子的真名叫做亨利·麦卡蒂，邦尼只是他的化名之一。
06 真的
墨西哥州曾是西班牙殖民地，在那里西班牙语和英语一样通用。
07 假的
但他们确曾听说过彼此，并对对方没有恶意。

SALOON

★★★怀亚特·厄普的狂野西部★★★

由于自己及家人的生命遭到了凶残歹徒的威胁，怀亚特·厄普自行组织了一支仇杀团对那些歹徒进行了追捕，结果自己却成了一个被追捕的罪犯。

又是一个干燥而又灰蒙蒙的夜晚，亚利桑那州的汤姆斯通镇传出了四声枪响。一名男子正要从市中心的水晶宫酒吧回到国际大都会酒店，他突然感觉时间慢了下来，后背和手臂灼热般的疼痛。三发双管枪铅弹像失控的货车一样撞击在他的身上。在巨大火力的冲击下，他又退到了水晶宫酒吧旁边。剩下的子弹则打到了酒吧的墙上，穿碎了酒吧的窗户。他强忍剧痛，跌跌撞撞地走向大都会酒店，血从他的身上滴下来，落到了干巴巴的地上。他靠着最后一点力气，终于走到了酒店的入口，却在门口倒下了——没过一会儿，眼前就一片漆黑。街对面，在一幢未完工的大楼上，刺客悄悄溜进了夜色中。

1881年12月29日早晨，汤姆斯通镇的副警长怀亚特·厄普发了一封电报，上面写道："弗吉尔·厄普昨夜被杀，枪伤致命。人心惶惶，然地方无所作为。故申请委任警官之权力，以保公民平安。怀亚特·厄普。"

几个星期以来，怀亚特、他的兄弟们和他们的朋友们因为OK畜栏枪战受到了死亡的威胁。在这场枪战中，许多臭名昭著的歹徒被消灭。哥哥弗吉尔的危急状况让怀亚特提高了警惕，他知道，自己的亲人朋友很可能已经全部被盯上了。不幸的是，尽管

仇杀团成员，1883年6月。从左到右：后排：W. H. 哈里斯、卢克·肖特、巴特·马斯特森；前排：查理·巴西特、怀亚特·厄普、弗兰克·麦克劳里、尼尔·布朗

怀亚特又掏出了他的0.44英寸口径斯菲尔德史密斯 & 威森左轮手枪，小心地瞄准了史迪威的头，然后在他的头骨上开了一枪。

这位律师知道作案的是谁，但他却无力采取行动，而汤姆斯通镇的警长约翰尼·贝汉（Johnny Behan）则对厄普的人公然敌视。贝汉和“卷毛比尔”威廉·布罗修斯（William ‘Curly Bill’ Brocius）是比较好的朋友，而卷毛比尔很可能就是意图杀害怀亚特哥哥的人。

身材高大、面色苍白、神色严肃、嗓音粗重的怀亚特打算越过贝汉，直接请示美国陆军元帅克劳利·P. 戴克（Crawley P. Dake）。戴克有权授权怀亚特组建一支仇杀团，以便将刺客绳之于法。问题是，戴克是否授权，即使会，他的授权又会经过多长时间才能到达汤姆斯通镇。由于刺客仍然逍遥法外，厄普的亲人朋友都面临着危险。幸运的是，怀亚特很快就收到一封回信。信中，戴克正式授予怀亚特权力，允许他追究暗杀者的责任。

让我们回到大都会酒店，当地医

厄普的复仇团

“道格”约翰·霍利迪

1851—1887 年

他是一名训练有素的牙医、职业赌徒和射击高手，他是怀亚特·厄普最好的也是认识时间最长的朋友之一。在 OK 畜栏枪战中，他曾与怀亚特并肩作战。他在复仇完成的五年后死去。生前，他曾经历八场枪战，杀过六个人，打伤的人更是不计其数。

“得克萨斯杰克”约翰·弗米利恩

1842—1911 年

他是道格·霍利迪的一位密友，因其高超的枪战能力和冰冷的性格在旧西部出名。他在复仇之路的艾恩泉枪战中扮演了关键角色，他在战斗中勇猛无畏，甚至在自己的马被枪杀的情况下，也毫不畏惧。

“蒂普”丹·蒂普顿

1844—1898 年

他是一名经验丰富的水手和赌徒。当怀亚特的弟弟摩根在亚利桑那州汤姆斯通镇的坎贝尔 & 哈奇台球室被暗杀时，他就是在场的人之一。他与厄普共同经历了复仇之路的第一部分，亲眼目睹了在皮特·斯彭斯的伍德营枪杀弗洛伦蒂诺·克鲁兹的场景。

生乔治·E. 古德费洛（George E. Goodfellow）宣布弗吉尔已经救活，但他的左臂将会永远残废，这一消息着实令人惊讶。弗吉尔从昏迷中苏醒过来，得知自己的手臂残废，他对妻子艾莉（Allie）说：“没关系，我还有一只手臂可以抱你。”

虽然他的哥哥侥幸活了下来，但仇恨的种子已经在怀亚特心中萌芽。他满脑子想的都是复仇，他也知道谁能帮助自己复仇。他的老盟友道格·霍利迪（Doc Holliday）和他的另一个兄弟沃伦·厄尔将会和他一起搜捕刺杀者，但对于这样的工作，他还需要冷酷的专业人士。因此，他首先想到了谢尔曼·麦克马斯特（Sherman McMaster）和“土耳其克里克”杰克·约翰逊（Jack ‘Turkey Creek’ Johnson）；他们体格强壮，拥有杀人的能力。与麦克马斯特和约翰逊一起的将是“利刃查理”查尔斯·史密斯（Charles ‘Hairlip Charlie’ Smith）和“得克萨斯杰克”约翰·弗米利恩（John ‘Texas Jack’

在从事律师职业之前，厄普曾做过很多工作，当过野牛猎人，也开过酒吧

Vermillion）——这些人经历曲折，但未参加过战争。

弗吉尔枪击案发已经过了三个月，其间未发生别的重大事件。然而，怀亚特这个大律师却没有闲着。1882 年 3 月 18 日，他组织的仇杀团聚集在汤姆斯通镇，而在这一天，他的哥哥弗吉尔开始第一次尝试着走下病床。对怀亚特来说，一切似乎都已经就绪。接下来只需确保他的哥哥安全离开亚利桑那州，他就可以开始他的复仇之路了。然而，就在弗吉尔再次尝试行走的时候，他的弟弟摩根在汤姆斯通的坎贝尔与哈奇台球室被袭击。子弹击穿了建筑的窗户，打碎了他的脊柱，他颤抖着倒在了台球桌上。怀亚特冲进台球室，却只能眼睁睁地看着自己的弟弟倒在血泊中。他已经有两个兄弟遭遇不测，一死一伤。怀亚特发誓，他一定要亲自将刺杀者绳之以法。

他们意识到，尽管弗吉尔仍然处于虚弱状态，他还是必须马上离开亚利桑那，否则他将成为下一个被除掉的人。与此同时，验尸官马克·马瑟（DM Mather）医生对摩根的死亡进行了调查。他发现，亡命徒皮特·斯彭斯（Pete Spence）似乎对他的妻子有严重的虐待行为，而他的妻子玛丽埃塔·杜阿尔特（Marietta Duarte）好像知道一些事情，准备出来做证。杜阿尔特告诉马瑟，在摩根被杀的前一天，她无意中听到她的丈夫和“印第安查理”弗洛伦蒂诺·克鲁兹（Florentino ‘Indian

在狂野西部，酒吧通常就是仇杀发生的地方

Charlie' Cruz）谈话。后来似乎摩根走了过去，她听到斯彭斯对查理说："就是他，就是他。"

杜阿尔特还说，当天晚上，印第安查理和弗兰克·史迪威（Frank C Stilwell）带着手枪和卡宾枪来到了斯彭斯的住所，他们在外面低声交谈了一会儿。第二天早上，当玛丽埃塔向斯彭斯询问头晚的事情时，斯彭斯打了她，并威胁说如果她向任何人提起她所听到的事情，就要杀掉她。斯彭斯、史迪威和克鲁兹现在是谋杀摩根·厄普的主要嫌疑人。

杜阿尔特被传唤出庭做证，她在法庭将事情经过都讲了一遍，当时怀亚特就在法庭的后方旁观。然而，由于当时过时的法律体系，杜阿尔特的证词被驳回，因为配偶无法指证她的丈夫。法官决定释放这些人，怀亚特很失望。既然不能指望法律将罪犯绳之以法，那么保证家人安全的唯一方法就是亲自杀死他们。

弗吉尔和他的妻子被护送至肯特士镇的火车站，他们将在3月20日乘火车离开亚利桑那。到达肯特士镇之后，他们收到消息称，弗兰克·史迪威和其他人正在寻找弗吉尔，并将在图森——弗吉尔加利福尼亚旅程的下一站——等待谋杀弗吉尔。因此，怀亚特和他的手下一直将弗吉尔送到了图森。

在护送弗吉尔和他的妻子上火车之前，他们先在附近一家旅馆住了一

怀亚特·厄普照片，1882 年左右

夜。第二天早上，怀亚特在旅馆附近的一辆平板车上发现了两个可疑的人：弗兰克·史迪威和艾克·克兰顿（Ike Clanton）。凭借作为律师的多年经验，再加上数月来死亡、威胁和恐惧让他高度敏感，怀亚特·厄普手握猎枪，全速向那两个可疑的人奔去。看到怀亚特和道格·霍利迪跑过来，史迪威和克兰顿转身逃跑，但史迪威绊倒了。火车站广场尘土飞扬，史迪威试图重新站稳脚跟，但为时已晚；怀亚特追上了他。一架双管猎枪直接对准了他的胸部，在近距离的瞄准下，史迪威瞥见了怀亚特眼中燃烧的仇恨，随后两管子弹就射进了他的身体。

史迪威大叫了一声，但叫声很快就止住了，因为有 6 只铅弹穿透了他的身体，他的外套后面还烧出了洞。怀亚特又掏出了他的 0.44 英寸口径斯菲尔德史密斯与威森左轮手枪，小心地瞄准了史迪威的头，然后在他的头骨上开了一枪。史迪威是个爱说大话的两面派、一个谋杀犯、一只疯狗。对待疯狗只有一个办法——杀掉他们。史迪威的尸

悬赏

死刑罪犯

“卷毛比尔”威廉·布罗修斯

1845—1882 年

他是一名暴力罪犯、偷牛贼和刺客，是杀害怀亚特·厄普弟弟摩根的凶手头目。他被称为“亚利桑那最臭名昭著的歹徒”。大多时候，他都在进行仇杀、抢劫马车或者与对手血腥对战。

皮特·斯彭斯

1852—1914 年

皮特·斯彭斯是亚利桑那有名的歹徒，曾犯下抢劫马车、偷牛等罪行。他和杀手弗兰克·史迪威是朋友兼商业伙伴，他们是暗杀摩根·厄普的主要嫌疑人。

弗兰克·史迪威

1856—1882 年

史迪威是一名矿工，他有一处马房，经常参与非法活动。他是摩根·厄普谋杀案的主要嫌疑人之一。由于缺乏证据，史迪威没有受到任何惩罚，因此怀亚特·厄普将其作为第一仇杀对象。

OK 畜栏遇害者——比利·克兰顿、汤姆·麦克劳里、弗兰克·麦克劳里在枪战中被杀之后躺在他们的棺材里

怀亚特儿时的家

史迪威是个爱说大话的两面派、一个谋杀犯、一只疯狗。对待疯狗只有一个办法——杀掉他们。

体在清晨的阳光下慢慢变冷，怀亚特和他的仇杀团看着弗吉尔和他的妻子乘坐的列车缓缓驶出了车站，开往加利福尼亚，他们安全了。

这伙人回到了汤姆斯通镇，但在图森市，史迪威的尸体已经被发现，怀疑的矛头也已经指向了厄普的仇杀团。图森市的治安法官查尔斯·迈耶（Charles Meyer）向仇杀团的五名成员发出了逮捕令，并且给汤姆斯通镇发了一封电报，要求贝汉警长对仇杀团成员实施抓捕。然而，迈耶不知道的是，电报局的局长是厄普家的朋友，他收到电报后就立即告诉了刚回镇的怀亚特。

怀亚特知道，如果他的老对手贝汉看到电报，定会阻止仇杀团继续行动，于是他准备迅速离开。然而，贝汉冲进了酒店，发现他要寻找的那些人就在这大厅里，他们正全副武装，准备离开。贝汉走到怀亚特面前，要求怀亚特陪自己回到警长办公室。怀亚特没有理会，径直穿过大厅，走到了外面。

酒店外，他们同仇杀团的其他成员“得克萨斯杰克”约翰·弗米利恩、“蒂普”丹·蒂普顿、查理·史密斯、弗雷德·道奇、约翰尼·格林及卢·库利碰了头，然后跨上马鞍，出了汤姆斯通镇，只留下背后怒气冲冲的贝汉。

第二天，也就是3月22日的早上，怀亚特骑马进入龙骑兵山南山口处斯彭斯的伍德营地。一番搜索过后，他们发现斯彭斯不在那里——事实上，他已经患了妄想症，觉得怀亚特要杀掉他，因此已经前去寻求贝汉警长的保护。怀亚特没有意识到这一点，决定对这些房屋进行最后的搜查。他认为，斯彭斯很可能像个懦夫一样藏起来了。突然，他看到一个身影，有个人跑到后面，跳进了灌木丛中。但那

抓捕警官

警长抓捕怀亚特·厄普

亚利桑那州科奇斯县的警长约翰尼·贝汉不仅是怀亚特·厄普复仇之路上的一名关键人物，在著名的 OK 畜栏枪战中也起到了重要作用。畜栏枪战以后，贝汉指证厄普家族，说是他们促成了枪战，并且在冲突中杀害了三个牛仔。这在当时引起一片哗然。后来，厄普一家被证明是无罪的，但从那时开始，他们与贝汉之间的斗争就开始了。

虽然贝汉他一直认为自己是法律和秩序的典范，但事实上，他的生活很不检点。他的妻子在 1875 年 6 月离开了他，因为他找了一个情妇，还和妓女上床。他对女人也特别暴力，经常在语言和肢体上威胁她们。在官方事务之外，贝汉还喜欢和那些有名的歹徒打交道，比如牛仔艾克·克兰顿、约翰尼·林格和威廉·布罗修斯。他们三个人都是弗吉尔·厄普和摩根·厄普谋杀案的帮凶。

那次与怀亚特·厄普在大都会酒店进行对峙之后，贝汉对怀亚特及其仇杀团抓捕失败，又和自己的副手比利·波尼里奇（Billy Breakenridge）陷入一场争执。波尼里奇指控贝汉盗用非法款项，经调查，贝汉确实在当警长时从不明来源款项中拔出 5000 美元。贝汉虽然未受牢狱之灾，但未能获得科奇斯县警长的再次提名，并且被剥夺了军衔和权力，这距离怀亚特离开仅有几个月的时间。

怀亚特复仇之路完成后，贝汉很快被撤销官职

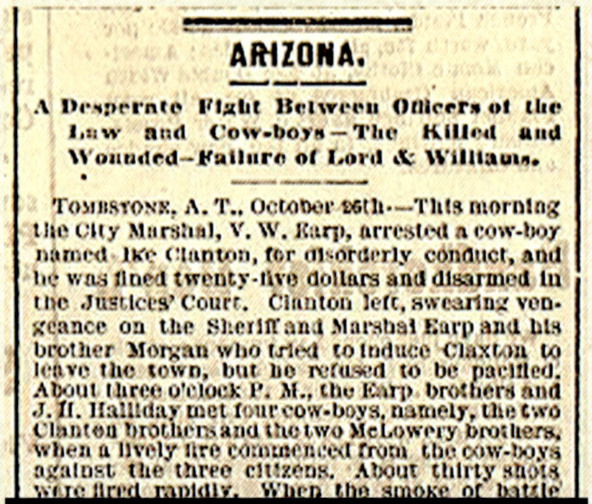

ARIZONA.

A Desperate Fight Between Officers of the Law and Cow-boys—The Killed and Wounded—Failure of Lord & Williams.

TOMBSTONE, A. T., October 26th.—This morning the City Marshal, V. W. Earp, arrested a cow-boy named Ike Clanton, for disorderly conduct, and he was fined twenty-five dollars and disarmed in the Justices' Court. Clanton left, swearing vengeance on the Sheriff and Marshal Earp and his brother Morgan who tried to induce Claxton to leave the town, but he refused to be pacified. About three o'clock P. M., the Earp brothers and J. H. Halliday met four cow-boys, namely, the two Clanton brothers and the two McLowery brothers, when a lively fire commenced from the cow-boys against the three citizens. About thirty shots were fired rapidly. When the smoke of battle

OK 畜栏枪战被登上报纸

不是斯彭斯，而是他的得力助手“印第安查理”弗洛伦蒂诺·克鲁兹。

怀亚特拔出手枪，但是无法瞄准，所以他叫了他的手下。霍利迪、麦克马斯特和约翰逊冲在最前面，从不同的方向对逃跑的克鲁兹进行了射击。克鲁兹的手臂、大腿和骨盆上同时被击中，他倒在地上血流不止，痛苦的叫声响彻整个山口，却还在努力爬着寻找掩护。但怀亚特很快就跑到了他的面前，克鲁兹这时开始求饶。当被问及有关刺杀摩根的问题时，他只是承认自己当时在给凶手放哨。怀亚特一怒之下用他那装有马刺的靴子踩到了克鲁兹的伤口上，克鲁兹大叫一声，然后大声地喊出了凶手的名字：“卷毛比尔”威廉·布罗修斯、弗兰克·史迪威、汉克·斯维林（Hank Swilling）、约翰尼·林格。这些人的名字被喊出的那一刻，他们就已经被宣判了死刑。

狂野西部风格的法律和秩序

美国旧西部是否有司法制度存在?

美国边境地区幅员辽阔，狂野西部并没有标准化的执法机构。因此，犯罪分子有许多机会对拓荒者的家庭进行抢劫，而在法律上很难对其进行拘捕，更不用说利用具体的证据在法庭上对他们进行定罪量刑。正因如此，这里活跃着那些臭名昭著的牛仔，如杰西·詹姆斯、比利小子和布奇·卡西迪。

缺乏法律和执法的结果就是，许多人选择自行伸张正义——这一点在怀亚特·厄普的复仇之路中体现得很明显。显然，依靠法律根本无法对抗不法之徒，人们只能采取极端措施。这就造成了一种充斥着仇杀和赏金的环境，敌对的团伙不停地向彼此复仇。在这种“以牙还手”的司法制度下，人们通常根本不会等到真正的犯罪行为发生，而是只要感知到威胁就立马采取暴力行动。所有依法或非依法逮捕的人，其终点都是死亡，且通常是被射杀或施以绞刑而死。

此外，在美国旧西部，合法与非法、好与坏、正当和残忍之间的界线是模糊的。这个州的不法之徒在另一个州可能就是受尊重的执法者。在电影中，警长通常被描绘成荣誉和美德的堡垒，然而，他们大多是通过暴力和威胁获得地位，像中世纪的贵族那般统治着他们的领地。直到19世纪后期，美国才建立起一个真正的联邦法律和秩序体系，并有效地打击了偷马、公路抢劫、决斗和偷牛等犯罪行为。

美国旧西部的偷马贼被绞死

在当律师之前，怀亚特·厄普曾与他人合开东方酒吧

然后克鲁兹大喊道，既然怀亚特已经得到了想要的东西，就应该放了他，把他送回汤姆斯通。但怀亚特只想把克鲁兹送到一个地方——地狱。他拔出手枪，把枪放在克鲁兹的头部，伴随着克鲁兹的最后一声尖叫，他扣动了扳机。一缕硝烟从他的枪中冒出，慢慢升到了空中。这个解决了，还有三个。

所以，是布罗修斯策划了谋杀。怀亚特本该知道，他在OK畜栏里的老敌人就是他的家族长期苦难背后的主谋。怀亚特和他的仇杀团骑上马，直奔布罗修斯在惠特斯通山的老窝。

在接下来的两天里，仇杀团搜索了周围的区域，但

复仇之路地图

怀亚特复仇之路上的重大事件

没有任何发现，最终他们来到惠特斯通山的艾恩泉。这里似乎没有什么人，但随后仇杀团就在泉水旁边碰到了一群正在做晚饭的牛仔。怀亚特只用了一秒钟的时间就认出了布罗修斯，他立刻从马背上跳了下来，抓起他的双管猎枪，从山脊上冲下来，直奔这群牛仔，得克萨斯杰克、道格·霍利迪及麦克马斯特则紧随其后。怀亚特径直向布罗修斯走去，他的长风衣在风中飘扬。

这群人瞬间恐慌，歹徒们都争先恐后地抢着他们的武器。布罗修斯像一条响尾蛇一样抓起了自己的猎枪，转身向前来的怀亚特进行射击，但他失手了。得克萨斯杰克紧紧地挨着这位复仇的警察局长，拔出他的两支手枪，开始向歹徒们射击。布罗修斯的人也开枪回击，子弹打到怀亚特的外套上，得克萨斯杰克的马也被当场打死。道格·霍利迪、麦克马斯特和约翰逊进行掩护，而得克萨斯杰克在用完手枪里的所有子弹后，

怀亚特·厄普在道奇城赢得了一场决斗

他拔出手枪，把枪放在克鲁兹的头部，伴随着克鲁兹的最后一声尖叫，他扣动了扳机。

冲到他那倒下的马旁边，试图取回他的步枪。

现场混乱，但怀亚特·厄普一直死死地盯着布罗修斯，冷静地向着凶手推进。时间慢了下来，怀亚特坚定地举起他的猎枪，近距离瞄准了布罗修斯，亲眼看着杀害他兄弟的凶手被炸成两半。看到他们的首领死去，布罗修斯的手下开始慌乱地射击，但怀亚特复仇之心不减，很快又开枪击中了约翰尼·巴尔内斯（Johnny Barnes）的胸部，随后又射伤了米尔特·希克斯（Milt Hicks）。

OK 畜栏枪战

6 汤姆和比利因失血过多死去

枪声停止时，艾克·克兰顿已经逃离了现场，弗兰克·麦克劳里身亡，汤姆·麦克劳里和比利·克兰顿受伤。尽管被转移到附近的房子，汤姆和比利后来都因失血过多而死去。

1 早期的威胁

在枪战前的几天甚至几周里，歹徒艾克·克兰顿（Ike Clanton）曾多次威胁厄普一家及他们的密友道格·霍利迪。由于受够了威胁，厄普的人把这个牛仔和他的团伙送进了监狱。

枪战在何时何地发生？

1881 年 10 月 26 日发生在亚利桑那州的汤姆斯通镇。

涉及的人物都有谁？

一方是厄普兄弟弗吉尔、摩根和怀亚特还有道格·霍利迪，另一方是比利·克莱本、艾克·克兰顿、比利·克兰顿以及汤姆·麦克劳里和弗兰克·麦克劳里。

谁死了？

比利·克兰顿、汤姆·麦克劳里和弗兰克·麦克劳里。

后来发生了什么？

枪战引发了一系列的悲惨事件，导致怀亚特·厄普最终踏上了复仇之路。

亚利桑那州汤姆斯通镇，1881 年

后来，怀亚特·厄普又继续走完了剩下的复仇之路。由于触犯了法律，怀亚特和他的仇杀团不可能再回到汤姆斯通镇了。因此，在安全的藏身处停了几次之后，仇杀团的大部分成员都离开了亚利桑那州，向着东部出发了。贝汉再也没能抓住他们。到达新墨西哥州的阿尔伯克基之后，他们就分道扬镳了。这次复仇进行得如此迅速，手段也是如此无情与残酷。对于所有参与其中的人来说，他们的生活将得到永久的改变，他们作为传奇人物留在美国西部的历史中。正义终于得到伸张，这其中充满着狂野西部的味道。

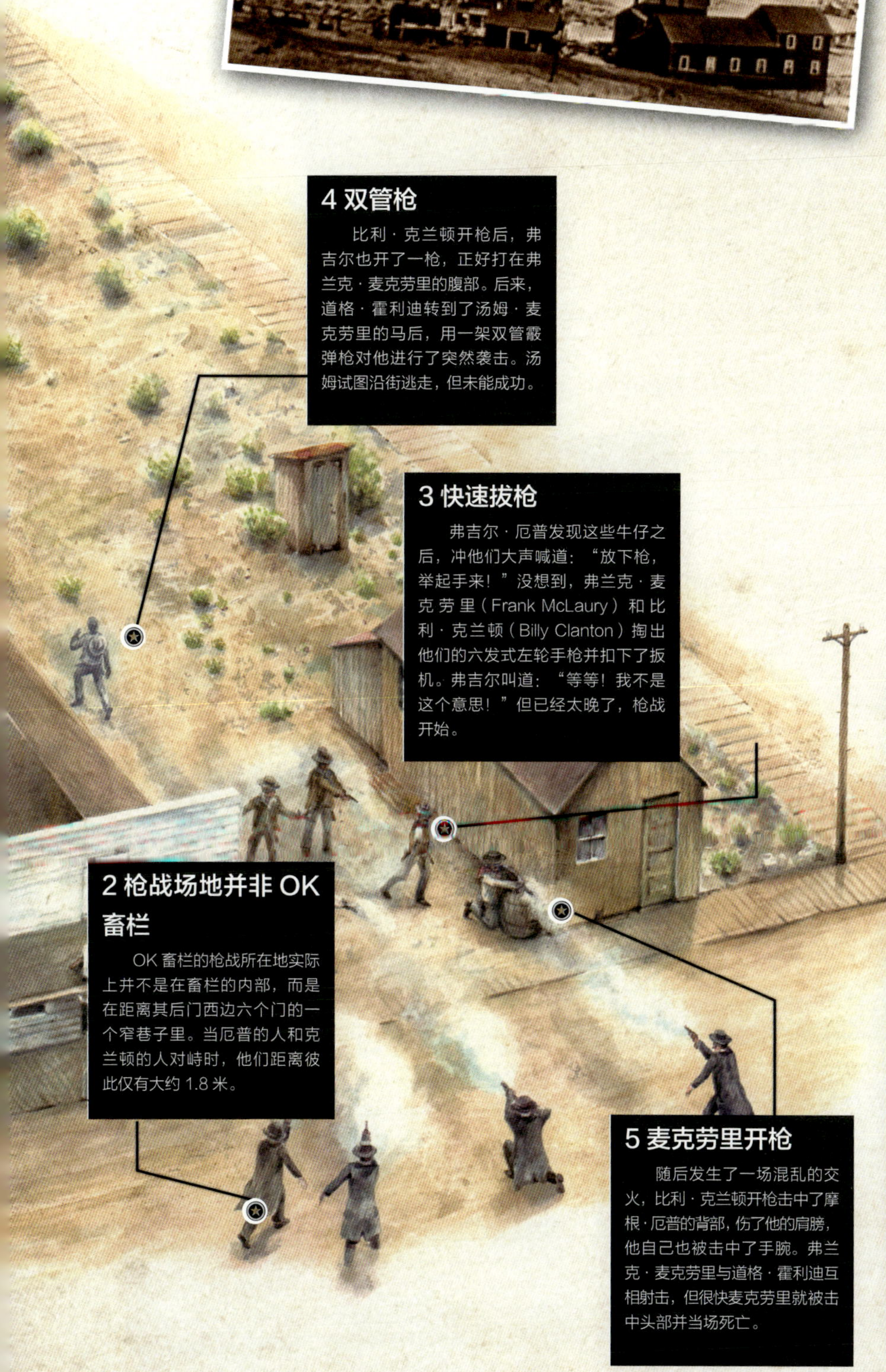

4 双管枪

比利·克兰顿开枪后，弗吉尔也开了一枪，正好打在弗兰克·麦克劳里的腹部。后来，道格·霍利迪转到了汤姆·麦克劳里的马后，用一架双管霰弹枪对他进行了突然袭击。汤姆试图沿街逃走，但未能成功。

3 快速拔枪

弗吉尔·厄普发现这些牛仔之后，冲他们大声喊道：“放下枪，举起手来！”没想到，弗兰克·麦克劳里（Frank McLaury）和比利·克兰顿（Billy Clanton）掏出他们的六发式左轮手枪并扣下了扳机。弗吉尔叫道：“等等！我不是这个意思！”但已经太晚了，枪战开始。

2 枪战场地并非 OK 畜栏

OK 畜栏的枪战所在地实际上并不是在畜栏的内部，而是在距离其后门西边六个门的一个窄巷子里。当厄普的人和克兰顿的人对峙时，他们距离彼此仅有大约 1.8 米。

5 麦克劳里开枪

随后发生了一场混乱的交火，比利·克兰顿开枪击中了摩根·厄普的背部，伤了他的肩膀，他自己也被击中了手腕。弗兰克·麦克劳里与道格·霍利迪互相射击，但很快麦克劳里就被击中头部并当场死亡。

OK 畜栏景象

10 美国西部十大万恶枪手

"狂野比尔"詹姆斯·希科克

1837—1876 年

狂野比尔——真名詹姆斯·巴特勒·希科克——是他那个时代最好的神枪手和枪战能手。众所周知，希科克参与了史上第一次有记录的手枪对决，在密苏里州斯普林菲尔德镇的广场上枪杀了一名叫小戴维斯·塔特的赌徒。希科克还枪杀过一名叫大卫·麦坎利斯（David McCanles）的歹徒，他当时站在 69 米远的地方开枪，一枪击中——他对枪的使用在当时称得上是惊人的。

杀人数量：36

他是否还在世？希科克在达科他州戴德伍德市纳托尔与曼的酒吧玩梭哈时，被赌徒杰克·麦克考尔开枪击中后脑勺。

比利小子

1859—1881 年

他的真名叫威廉·邦尼。这位枪手在其短暂的一生中杀死了很多人。据传，他只活到 21 岁，但他杀人的数量也可以和他的年龄相当了。他经常被描绘成一个嗜血的杀手，但那些认识他的人都说，实际上他只是不断地站在错误的一边，然后杀死了比自己更糟糕的人。不管怎样，由于他出色的枪法和狡猾的天性，比利的恶名在美国家喻户晓，而后来他的大胆越狱和几年的逃亡生活又让他更加恶名昭彰。

杀人数量：15—26

他是否还在世？1881 年 7 月 14 日，邦尼被帕特·加勒特警长开枪杀死。

约翰·韦斯理·哈丁（John Wesley Hardin）

1853—1895 年

哈丁在他 15 岁的时候就开始了第一次杀人，他的生活充满了一系列与歹徒和警察的争执。虽然哈丁枪法很好，但真正让其出名的是他在战斗中的狡猾——他杀人冷血、不露踪迹。他最知名的杀人事件发生在 1873 年 8 月 1 日，死者是约翰·赫尔姆斯（John Helms）。哈丁最终被捕，并在亨茨维尔监狱度过了 17 年，于 1894 年 2 月 17 日获释。

杀人数量：27—42

他是否还在世？1895 年 8 月 19 日，哈丁在得克萨斯州的阿珂姆酒吧被警察老约翰·塞尔曼击中后脑勺而死。

金·费希尔（King Fisher）

1854—1884 年

费希尔是一个著名的枪手，他在 30 岁时杀人的数量就达到了两位数。他的常见形象是穿着鲜艳的衣服，带着两把象牙把手枪。但让他出名的还是他在战斗中的无情和残忍。最知名的一个例子是他曾单枪匹马对战一群墨西哥牛仔，用一块烙铁将其中一人打死，用枪将另一个人射死，然后又将剩下的两人杀死。

杀人数量：14

他是否还在世？费希尔在得克萨斯州圣安东尼奥市的一个剧院被开枪打死，对方是为了复仇，一共向他开了 13 枪。

杰西·詹姆斯

1847—1882 年

杰西和他的兄弟弗兰克一起领导着一个抢劫银行、火车和公共马车的团伙。在从事这些犯罪行为之前，杰西曾是南方联盟军的游击队战士，但当联邦军在美国内战中获胜后，他就不再抱幻想了。詹姆斯在抢劫密苏里州加勒廷市的大卫斯储蓄协会银行期间，曾枪杀一名职员，然后就和他的同伙一起过上了逃亡的生活，直至去世。詹姆斯死后，有谣言说他其实活了下来，但没有证据表明这是真的。另一方面，弗兰克·詹姆斯逃脱了政府的抓捕，1915 年才去世，享年 72 岁。

杀人数量：1—5

他是否还在世？1882 年 4 月 3 日，詹姆斯被同伙罗伯特·福特击中后脑勺，这个同伙希望能拿他的人头换取赏金。

汤姆·霍恩（Tom Horn）

1860—1903 年

在其一生中，霍恩先后从事了律师、民兵、士兵、雇佣枪手、刺客和歹徒的职业，他的角色迅速地从法律的一边转向另一边。霍恩的跟踪能力极强，曾将许多不法分子绳之以法，这为他赚得了声誉。然而，他的杀人欲望又让他走向了另一个极端——他被卷入一个 17 人的非法谋杀案中——于是，他不得不转向雇佣兵工作，开始将杀人变成一种工作。他杀人时非常利索，毫不留情。一直到 1901 年，他在杀害了一名 14 岁的男孩后被抓获，他的杀人生涯才得以结束。

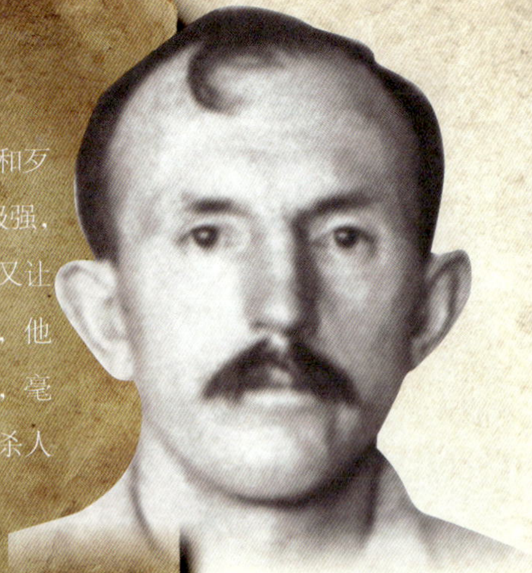

杀人数量：35—50

他是否还在世？1903 年 11 月 20 日，霍恩在怀俄明州夏延市被抓获、审判，后被施以绞刑。

切诺基·比尔（Cherokee Bill）

1876—1896 年

这个歹徒真名叫克劳福德·戈尔兹比，因开枪速度极快而出名。他也是一名嗜血的杀手。从 18 岁开始的两年里，比尔和他的团伙烧杀抢掠，只要有人挡道，一律打残或者直接杀死。因此，戈尔兹比被认为是旧西部最卑鄙的歹徒之一。戈尔兹比甚至因为有关一群猪的争吵射杀了自己的妹夫摩斯·布朗（Mose Brown）。尽管他给人们带来巨大恐惧，但两年后他就被捕入狱，后来又因各种罪行被施以绞刑。

杀人数量：7

他是否还在世？20 岁时，戈尔兹比就在阿肯色州的史密斯堡作为杀人犯被绞死。

“杀人狂魔”吉姆·米勒

1866—1909 年

据说，米勒一生中经历的决斗数量无人能比。最著名的决斗是与佩科斯的警长“巴德”乔治·弗雷泽的对决，米勒遭到弗雷泽的攻击，胸部中了 4 枪。他的同伴慌忙将其送到医生那里，结果发现他的衣服下面穿着一块钢板，这块钢板救了他的命。两年后，他找到了弗雷泽，用猎枪杀死了他。

杀人数量：14

他是否还在世？1909 年 4 月 19 日，米勒被人从监狱拖出，然后被一群实施私刑的暴民绞死。

罗伯特·克莱·艾利森（Robert Clay Allison）

1840—1887 年

虽然在旧西部艾利森杀的人并不是最多的，但他杀人的方式却是最残忍的。艾利森曾把一个人的头砍下来，挂到酒吧外面的柱子上，还曾经在一场小争吵中就将一个人打倒在地，公然将其勒死。除此之外，他还对许多人进行了近距离爆头。1874 年 1 月 7 日，艾利森接受了一份邀请，与一名叫做查克·科尔伯特的枪手一起吃饭，尽管他知道科尔伯特想要杀了他。吃饭时，科尔伯特试图掏枪对艾利森进行射击，结果他太慢了，被艾利森一枪击中了头部。

杀人数量：6

他是否还在世？1887 年 1 月 3 日，艾利森从马车上跌下来，摔断了脖子。

一年内，斯塔德迈尔在枪战中杀死了 6 名男子，并杀死了 1 名想要实施暗杀的人。

达拉斯·斯塔德迈尔（Dallas Stoudenmire）

1845—1882 年

斯塔德迈尔是当时最令人恐惧的枪手之一，他以铁拳统治了得克萨斯州埃尔帕索这个暴力的城市。到达埃尔帕索后不久，斯塔德迈尔就卷入了美国西部最著名的枪战之一——5 秒钟的枪战中 4 人死亡。一年内，斯塔德迈尔在枪战中杀死了 6 名男子，并杀死了 1 名想要实施暗杀的人——这个人身上总共中了 8 枪。

杀人数量：10

他是否还在世？1882 年，他的运气被用光，在一次枪战中被射杀。

野牛比尔科迪

野牛比尔是美国第一位伟大的表演家。他不仅是狂野西部的参与者，也是创造者。

19 世纪中后期，美利坚合众国还是一个年轻的国家。显然，印第安人已经存在了几千年。但当白人向西迁移，寻找土地、黄金和自由时，一个全新的国家诞生了。它没有自己的历史，因此加紧创造新的文化遗产。美国的第一部电影就是一部关于“西部”的电影：一般认为是 1903 年的《火车大劫案》（*The Great Train Robbery*）。将历史上的西部创造成“狂野西部”传奇的一个重要人物就是野牛比尔，他把自己在前线的真实经历转化到了演艺事业当中。

威廉·弗雷德里克·科迪于 1846 年 2 月 26 日出生在爱荷华州。他的父亲艾萨克（ISaac）是一个农民，他的母亲玛丽是一名教师。1854 年，像当时其他许多人一样，这个家庭搬到了西部的堪萨斯州，试图在边境寻找新的机会。遗憾的是，这个梦对艾萨克来说是短暂的。当时距离美国内战只有几年的时间，奴隶制问题是造成社会分裂的一个重要原因。而 1857 年，艾萨克在一次公众会议上公开反对奴隶制，并遭到一群反对他的暴徒的攻击。他伤势严重，不久就去世了。

艾萨克去世后，他们一家日子过得很艰难，年仅 11 岁的比尔不得不找工作养家糊口。他的第一份工作是在一家货运公司上班，主要工作就是骑着马在驾车的车夫和后面的工人之间传

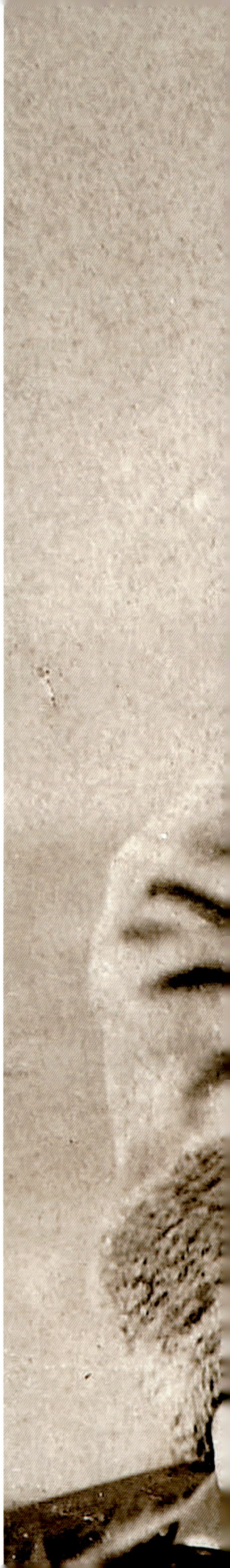

递消息。他还在犹他州当过陆军侦察兵，声称自己在那段时间曾杀死一个"印第安人"，那是他第一次杀人。但他真正的冒险——以及他自己传奇的开始——始于14岁时，当时他被雇用为驿马快信的骑手。驿马快信是当时美国最快捷、最直接的通信工具：它可以在10天左右的时间里通过马和骑手在东西海岸之间传递信息。不过，这份工作并不适合胆小的人。它的一个招聘海报上写道："招募：年轻、聪明的专业骑手，要求体态健硕轻盈，不超过18岁，愿意每天冒死亡之风险，孤儿优先。"工资是每周25美元。

比尔和他的道具，1892年

比尔抓住了这个机会，在接下来的几年中，他进行了几次危险的旅行，都是为了将邮件送达。其中一项任务就是驾着21匹马骑行518千米的距离。这是比尔后来的故事。而其他人则声称他从未真正骑过5千米。

后来，他在堪萨斯骑兵队服役，不过当时他还太小，不能参加内战。1865年，比尔退伍，第二年便成立了家庭，当时他和新婚妻子路易莎在堪萨斯经营一家小客栈。然而，他不满足于平淡的家庭生活，便又回到了西部，在那里当了几年的侦察兵、向导和拓荒者。正是在这段时间里，他赢得了"野牛比尔"这个著名的绰号，因为他杀掉了成千上万的野牛，为建造堪萨斯太平洋铁路的工人供应牛肉。据说，他用他的斯普林菲尔德1866型军用步枪（他称之为"卢克雷蒂亚·博尔贾"）在18个月的时间里杀死了4000多头野牛。

1868年，他回到军队，担任第三骑兵队的侦察兵长官，并在接下来的四年里参加了几次针对印第安人的暴力活动。这时，又有一些荒诞的故事称，他像个超人一样，骑马穿行了很远的距离传递信息。不过，比尔确实在1872年获得了英勇勋章。他声称自己杀死了一名叫"高牛"的苏族首领，还剥掉了一名叫"黄手"的夏延族首领的头皮。在后来的几十年中，他把剥头皮这一经历进行了修饰，改编成剧本，搬上了舞台。

和他一起进行修饰的是内德·邦特兰（Ned Buntline）。邦特兰也许是塑造野牛比尔传奇的最重要人物了——当然除了比尔自己以外。

邦特兰是一位多产的小说作家，他写的那些耸人听闻的故事经常会出现在廉价的低俗杂志上，在美国东部很受欢迎，因为对于东部的人来说，西部是一

关键时刻

犹他战争

犹他战争是美国政府与反抗迫害的摩门教徒之间展开的一场战争。比尔称，他11岁时就在犹他战争中当陆军侦察兵，杀死过一名正要向美军士兵开枪的苏族人。他说自己从那时起就走上了"印第安战士"的道路。"从那时起，我就成了英雄，"他在自传中自豪地说。

1857年5月—1858年7月

野牛比尔和坐牛，摄于 1885 年
左：比尔，1911 年

关键时刻

虚构的人物

1869 年，比尔遇到作家邦特兰，后来邦特兰将比尔变成了廉价杂志中的英雄人物。他总共写了四本有关比尔的小说：《野牛比尔：边境之王》、《野牛比尔最棒的一次射击》、《野牛比尔的最后一次胜利》及《淡褐色的眼睛：女人的勾魂者》。他还写了一个剧本《大草原侦察兵》，比尔在这部剧中扮演了自己。由此，第一位西部明星诞生。

1869—1872 年

个新鲜而遥远的地方。1869 年，邦特兰遇到比尔，当时比尔已经小有名气。但当邦特兰写出第一本关于比尔的书《野牛比尔：边境之王》以后，比尔就成了全国闻名的人物。后来，邦特兰又写了三本关于比尔的小说和一个剧本，但没想到其他作家也开始在比尔身上做文章。另一位专写廉价小说的作家普伦蒂斯·英格拉姆（Prentiss Ingraham）写了 121 本有关野牛比尔的小说：仅在 1896 年就有 23 本。总的来说，比尔一生曾担当 557 部小说的主角，他的事迹远比他想象的要多得多。

1872 年，比尔第一次到东部旅行时，在纽约观看了邦特兰写的剧（剧本内容是基于邦特兰写的第一本关于比尔的书）。随后，邦特兰说服他自己上台。同年 12 月，比尔在邦特兰编剧的《草原侦察兵》中首次作为演员亮相。在接下来的十年里，他时而登台表演，时而在平原和草原上进行侦察。1876 年，他甚至目睹了卡斯特将军的最后一战。尽管比尔未曾亲自参

内德·邦特兰写的《野牛比尔最棒的一次射击》——仅需 10 美分！

杰出作家内德·邦特兰，摄于 1886 年之前

加小巨角河战役，但那些书中却讲述了他在小巨角河战役中的英勇行为。为了区分虚构的野牛比尔和真实的威廉·科迪，比尔于 1879 年写了一部自传。然而，比尔本来就喜欢编造故事且自命不凡，所以他的自传也不一定比那些已经出版的廉价小说更可靠。

他在戏剧方面的天赋让他出演了许多表现边疆生死的剧作。1882 年，他为 7 月 4 日的独立日庆典组织了一场盛大的活动，包括马术竞技表演、骑马和激烈的射击展。这场活动为后来他那世界闻名的“野牛比尔的狂野西部”提供了样板。那场狂野西部的节目包括马车抢劫、野牛狩猎、赶牛以及与印第安人的战斗。其中，小神枪手安妮·奥克利和牛仔之王巴克·泰勒（Buck Taylor）等演员在射击和套索等方面的表演上都有着高超的技艺。比尔坚持要将这一节目体现出教育意义，他后来逐渐将演员阵容国际化，加入了墨西哥的牛仔、阿根廷的牧民以及俄国的哥萨克人。比尔也不反对真实的印第安人出场：甚至连著名的拉科塔酋长坐牛都曾出演了一段时间。

比尔以其典型的风格为这一节目做了宣传，称其为“史上最壮观、最真实、最令人激动的奇观”，而那数百万的观众显然也不觉得有什么不足。

关键时刻

星条旗庆典

这是一场由比尔举办的独立日庆祝活动，在内布拉斯加州北普拉特举行。这场表演包括了马术竞技比赛和骑马表演。这场活动的成功举办让他确信狂野西部巡回演出是可行的。他举办的这场盛大表演，用了 300 头牲畜和 200 名演员。

1882 年 7 月 4 日

★ 安妮·奥克利 ★

安妮·奥克利是菲比·安·摩西（Phoebe Ann Moses）的艺名。她于 1860 年出生在俄亥俄州，她唯一一次出现在“狂野西部”就是跟随野牛比尔巡回演出的时候了。然而，经过比尔的虚构，她成了勇敢的西方女英雄的化身。

虽然她的历史是虚构的，但她对武器的使用相当熟练。她可以射中人嘴里叼的香烟，能在平地、马背甚至是自行车上制服多个目标。如果在面前放个镜子，她就能从两侧肩膀向后进行射击。甚至，1901 年的火车事故也没能阻止她：她戴着一个腿支架，架着一个拐杖仍然在热火朝天地演出。曾参加野牛比尔巡回演出的拉科塔酋长坐牛给她取了一个绰号“小神枪手”。

比尔去世以后，她仍然继续表演，一直到 20 世纪 20 年代才结束。后期，她还塑造了一个神枪手老太太的独特形象。在她的一生中，她积累了不少财富，并将钱花在了家庭和慈善事业上，包括妇女权利慈善事业。1926 年，她死于贫血症。陪伴了她 50 年的丈夫弗兰克·巴特勒（Frank Butler）（同时也是舞台上的搭档）也在 18 天后去世。

晚年的安妮·奥克利（1922）。她拿的枪就是比尔送她的礼物

1887 年，比尔带着这部剧进行了环球旅行，并在英国维多利亚女王的金禧庆典上进行了演出。维多利亚非常喜欢他们的演出，还要求再加一场。后来，他们在英国待了 6 个月，每天都有 3 万人来看他们的演出。1889 年，他们前往欧洲大陆，又进行了更多场次的演出。

随着技术的发展，比尔又开始出现在无声电影中。当时的许多电影都只是对表演的简单记录，但 1914 年的《印第安战争》（*The Indian Wars*）对 1890 年伤膝河战役（第七骑兵团屠杀苏族人的战役）进行了完美的呈现，比尔在这部电影中饰演了自己的角色。他试图再现自己与黄手战斗的整个过程。包括《印第安战争》在内的许多无声电影都丢失了，但比尔在其他早期作品中的镜头仍然保存着。近年来扮演他的演员有查尔顿·赫斯顿（Charlton Heston）和保罗·纽曼（Paul Newman）。然而，尽管比尔算得上是一名出色的表演家，但他并没有什么经商头脑。他的确赚了很多钱，却没能保住那些钱。后来因投资失败，比尔破产，不得不与“波尼比尔”、“利利家族”这样的竞争对手合作。他的身体也像他的财务状况一样每况愈下。1917 年 1 月，他在丹佛探望妹妹时去世，去世时家人都在身边。

哀悼从世界各地传来，其中伍德罗·威尔逊总统（President Woodrow Wilson）和德皇威廉二世（Kaiser Wilhelm II）也送来了慰问。他的坟墓在科罗拉多州戈尔登市的卢考特山上，怀俄明州的科迪镇以他的名字命名。但这远远不足以回报他在呈现美国西部方面做出的独一无二的持久贡献。

1890 年 12 月 29 日在伤膝河大屠杀中被杀害的苏族人尸体被埋葬到一个集体坟墓中

伤膝河悲惨大屠杀

在南达科他州的伤膝河，一声枪响点燃了一场可怕的大屠杀，众多苏族的男人、女人和孩子遇难。

野牛被猎杀至濒临灭绝，与美国政府签订的条约相违背，大平原上骄傲的印第安人被驱赶至居留地，只能依靠政府分配食物解决生计问题。到1890年冬，苏族、夏延族、派尤特族和其他部落的命运已经达到新的低点。也许只有借助神的力量才能扭转他们的厄运。

而在这个时候，派尤特族的萨满沃沃卡（Wovoka）带来了神的希望。新的神秘主义运动开始在印第安人中间兴起，而沃沃卡宣称自己不仅是神的信使，还是印第安人的救世主。他讲道，印第安人应回到过去的生活方式，拒绝接受白人的任何东西。这样，死去的人将会重生，大地将回到它原始的自然状态，猎物将重新变得充足，广阔的大草原也将再次欢迎他们在这里游牧流浪。

为了加快旧秩序的恢复，沃沃卡宣扬印第安人应该跳鬼舞。这是一种缓慢而有节奏的仪式，人们会穿着印有野牛和其他神圣野生动物形象的衬衫一起跳舞，召唤着祖先的魂魄。人们还相信，这些衬衫可抵御白人步枪射出的子弹。

沃沃卡的追随者越来越多，从派尤特族的村落蔓延到邻近的部落。1890年秋，拉科塔苏人还专门派特使去向萨满学习鬼舞，然后他们将仪式带回了苏族聚居地。

鬼舞的神秘和印第安人重新高涨的激情让白人移民感到非常震惊，其中，负责印第安事务的联邦政府官员更是提高了警惕。在南达科他州的松树岭居留地，当地政府官员向华盛顿特区发了一份电报，传达了他的担忧。他在电报中说：“印第安人正在雪地里跳舞，疯狂至极。我们需要保护，现在就要。强烈建议逮捕他们的首领，关押到军营，直至此事平息。必须马上行动！”

伤膝在 1965 年成为美国国家历史地标，1966 年被列入国家历史古迹名录。

尽管印第安领地的其他政府官员或军官并没有什么反应，但美国政府还是采取了行动，以免发生叛乱，危及大平原上白人移民的安全。当局认为，苏族胡克帕哈分支的首领坐牛可能就是这种鬼舞现象的背后支持者，于是下令将其拘留。坐牛就是那位曾带领苏族战士在小巨角河战胜乔治·卡斯特中校和第七骑兵团的首领。

三名伤膝大屠杀的幸存者骄傲地面对摄影师拍照

最初，人们希望“野牛比尔”威廉·科迪能说服坐牛和平投降。然而，负责印第安事务的政府官员詹姆斯·麦克劳克林（James McLaughlin）坚持要求印第安警察对其进行逮捕。1890 年 12 月 15 日，大约 40 名印第安警察来到坚岩居留地坐牛的家中。看到警察到来，周围的人都聚集到这里，反对逮捕坐牛。当坐牛试图从一名警察手中脱身时，他听到一声枪响传来，那名警察当场死亡。后来，更多的枪声响了起来，坐牛被警察公牛头（Bull Head）和红战斧（Red Tomahawk）所伤，伤势严重，最终死亡。

坐牛的死亡给坚岩的苏族人带来巨大恐惧，大约有 200 人逃到夏延河居留地，那里是被称为“大脚”的花斑鹿所带领的密尼康周分支所在地。12 月 23 日，花斑鹿又与大约 350 名密尼康周和胡克帕哈分支的苏族人前往松树岭居留地，他们想要在这动荡的时期去寻求伟大首领红云的庇护和领导。

坐牛及 20 名苏族战士曾出现在“野牛比尔”威廉·科迪的著名狂野西部表演中。

12 月 28 日，当花斑鹿带领这支大约有 200 名妇女和儿童的队伍向松树岭缓慢行进时，塞缪尔·惠特赛德（Samuel Whitside）少校率领第七骑兵团的一支小分队对他们进行了拦截。骑兵将这些苏族人押到西面 8000

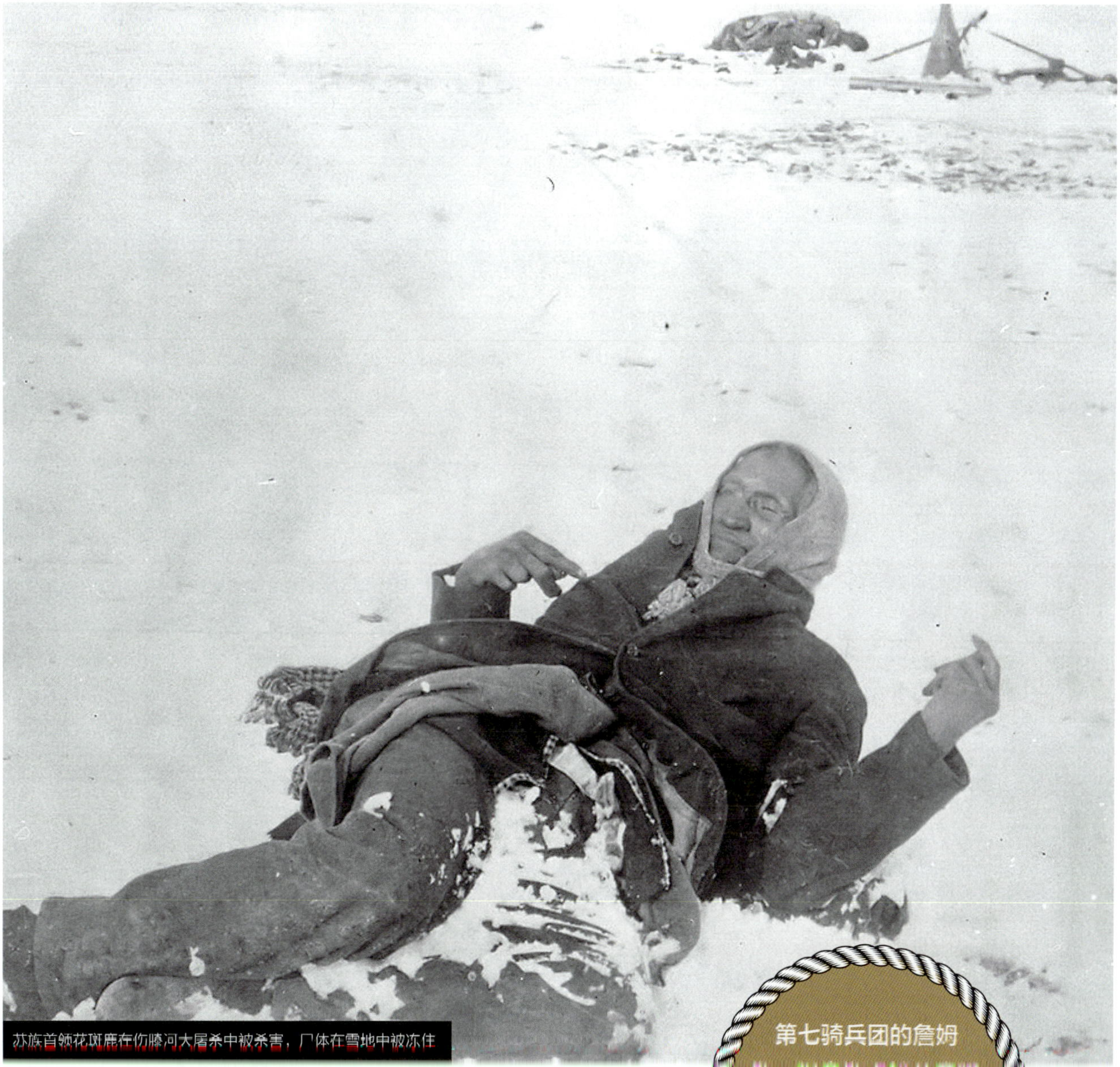

苏族首领花斑鹿在伤膝河大屠杀中被杀害，尸体在雪地中被冻住

> 第七骑兵团的詹姆斯·福赛斯上校及塞缪尔·惠特赛德少校都曾参加美国内战。

米外的伤膝河岸边，并告诉他们在那里扎营。那天晚上，第七骑兵团的指挥官詹姆斯·福赛斯上校（Colonel James Forsyth）率领团内其他成员也来到这里。

29日上午，大约500名士兵包围了印第安人，福赛斯命令士兵没收他们的武器，然后将他们转移到其他地方。对营地搜查过后，他们发现了38支步枪，但显然，一些苏族人不愿意交出他们的枪。年老的花斑鹿已经严重感染肺炎，几个苏族人试图与福赛斯进行谈判，但营地中突然传出一声枪响。暴力事件爆发。

对现场情况的描述各不相同，但有这样一种说法：一位名叫黑狼的耳聋的苏族人拒绝交出他的步枪，可能是因为他听不懂士兵的命令，也可能是因为那把枪是他的贵重物品，他舍不得交出。在黑狼与士兵搏斗时，另一个苏族人黄鸟煽动旁边的人一同抵抗。有人开始跳起了鬼舞，他们将泥土抛向空中，士兵们感觉自己受到极大的挑衅。

据说，在与士兵的混乱争夺中，黑狼的枪不小心走火。目击者称，随后至少有五名苏族人从毯子下抽出步枪，开始向第七骑兵团开火。敌方士兵迅速做出回应，也开始向那些被包围的苏人射击，他们还搬出了4门42

大平原上的印第安人希望跳鬼舞来恢复他们古老的生活方式，这给白人移民带来了威胁感

詹姆斯·福赛斯上校是伤膝河大屠杀中第七骑兵团的指挥官。他退役时已是少将军衔

历史学家推测，第七骑兵团在伤膝河屠杀苏族人很可能是为了报复他们在小巨角河战役卡斯特的最后一战中所遭受的损失。

毫米的1875型霍奇基斯山炮。苏族的妇女和儿童逃向附近的峡谷，战士们都拿出了他们的武器。仅过了几秒钟，现场就已经失控，场面一片混乱，枪声不断。骑着马的士兵追着混乱中逃跑的印第安人，许多人都被四处乱飞的流弹击中。

菲利普·威尔斯（Philip Wells）是一名混血陆军侦察兵，他亲眼目睹了大屠杀的发展过程。据他回忆："我听到左边有人惊叫，'当心！当心！'然后看到五六个年轻的战士从毯子底下抽出了枪，挥着它们跑了过来。其中一名战士向我方士兵进行了射击，随后我们被命令向印第安人开火。"

第七骑兵团K连的指挥官乔治·D.华莱士（George D. Wallace）上尉很快被杀。"一颗子弹正中他的额头，他的头顶都被炸开了。"威尔斯称。

密苏里的军事指挥官纳尔逊·迈尔斯将军（General Nelson A Miles）也提到了黑狼

大屠杀勋章？

伤膝河大屠杀已经过去一个多世纪，但有关那场可怕遭遇的争论仍在继续。长期争论的焦点之一就是，参与屠杀或参与诱发屠杀的美国士兵被颁发了20枚国会勋章。

伤膝河大屠杀之后的几年里，许多士兵在所谓的“战斗”中获得了英勇勋章。然而，时间已经证明，尽管事件的性质已被定义为大屠杀，但这仍然无法体现300多苏族人——其中包括60多名妇女和儿童——被杀害的悲惨。当时还有一个嘉奖令赞赏了一名士兵“在射杀印第安人时的英勇表现”，但实际上，根据其指挥官的回忆，那名骑兵“故意瞄准并击中了两名跑进峡谷的印第安人”。

究竟有多少士兵因伤膝河大屠杀获得荣誉勋章，还有待考证。一些研究人员得出结论，当时的嘉奖标准与后来战争中的嘉奖标准有所不同。无论如何，2001年，美国印第安组织对此勋章事件发出强烈指责，并呼吁美国政府撤销这些勋章。

在伤膝河大屠杀中，第七骑兵团的骑兵首先包围了花斑鹿带领的苏族队伍，并向他们开火

和步枪走火的故事，但他补充说，“大量妇女和儿童试图逃跑，但最终都遭到追捕和杀害。”

虽然威尔斯是目击证人，但他的描述也可能有偏颇，很可能双方都有罪责。在现场紧张对抗的局势下，一件武器的意外走火似乎就是战争的催化剂。然而，被包围的苏族人仅凭几件武器是否会发起一场战争？这是值得怀疑的，何况他们的队伍中还有众多的妇女和儿童。

枪击结束后，苏族一方至少有150人被杀，其中有男人、女人，还有孩子，花斑鹿也包括在内。一些人估计苏族人的死亡人数高达300人。此外，还有51名印第安人受伤，而他们中又有至少7人后来伤重死亡。而美军士兵死亡人数为25人，其中一些还很可能是被自己人误杀的。

伤膝河一战起初被称作伤膝河战役，后来被定性为大屠杀。屠杀过后，一场巨大的暴风雪席卷了大平原。暴雪下了三天，终于平息，一些丧葬队将那些死去苏族人的尸体聚集到一起，并将他们埋葬在一个集体坟墓里。这场大屠杀终结了鬼舞仪式，并标志着美国和大平原印第安人之间血腥战争的结束。

今天，印第安活动分子认为，伤膝河大屠杀是美国政府镇压印第安人暴行的典型例子。1973年，美国印第安人运动的成员对伤膝镇进行了71天的武装占领，以唤起人们对他们困境的关注。大屠杀发生一个世纪后，美国国会通过了一项决议，对这一可怕事件表示“深深的遗憾”。

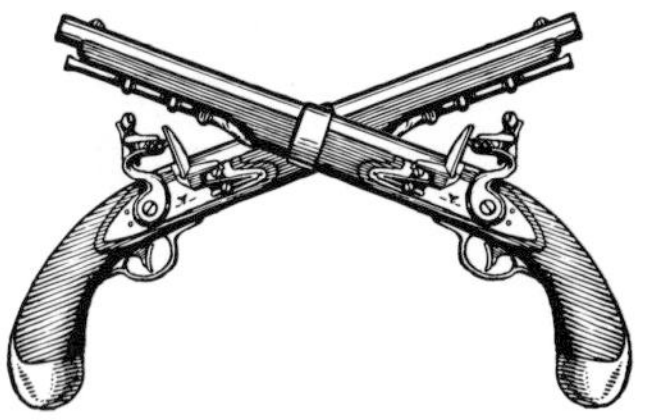

布奇·卡西迪

他在“狂野团伙”中的英勇事迹让大众着迷不已，甚至连他的死亡也充满传奇色彩。布奇·卡西迪是美国旧西部最著名的恶徒吗？

一提起布奇·卡西迪（Butch Cassidy）这个名字，人们就会联想到圣丹斯·基德（Sundance Kid）以及那部拍摄于 1969 年的电影。电影讲述了两个爱说俏皮话的小伙子的故事，这个故事在美国文化中根深蒂固，以至于已被当作事实。但真正的事实却并非电影中所讲述的那样。首先，卡西迪和圣丹斯并不是最好的朋友。虽然他们确实一起逃到了阿根廷，但那更多是机遇使然而非出于选择。不过即使影片未能准确说明此点，布奇·卡西迪的一生也确实如影片所述充满着刺激、冒险和阴谋。

卡西迪，原名罗伯特·勒罗伊·派克（Robert Leroy Parker），1866 年 4 月 13 日出生于犹他州，他的父母是坚定的摩门教徒。1856 年，他的父亲麦斯米兰·派克（Maximillian Parker）在 12 岁时随家人来到盐湖城，并成为摩门教的先驱。

卡西迪的童年是在他家的农场中度过的，但可能是感觉到摩门教的生活并不适合他，他在十几岁的时候就离家出走了。他在农场工作养活自己，而当他在一个乳牛场工作时，他被卷入了犯罪事件中。

麦克·卡西迪［真名约翰·托利维·麦克克莱米（John Tolliver McClammy）］是一个牛仔、偷牛贼，也是后来年轻派克的导师和朋友。事实上，据说罗伯特舍弃了派克这个姓氏，而将卡西迪放在了自己的绰号“布奇”之后，就是为了纪念他的朋友。还有传言说改名是因为不想抹黑他的家族，因为当时他感觉到自己的道路将与他从小到大被教育信仰的摩门教生活方式大相径庭。

关键时刻

回到监狱

在所有有关卡西迪的故事中，一个非常重要的因素即是他的诚实，这似乎对他的职业来说有些讽刺。据说在他进监狱的前一天晚上，他要求作为自由人度过一晚，并许诺他第二天一定会回来。当局同意了，卡西迪离开了并且果然在第二天早上返回。

1894 年

布奇·卡西迪在自己的犯罪生涯中从未杀过人，这是让他引以为豪的事情

有那么一段时间，布奇继续辗转于几个不同的农场之间，在怀俄明和蒙大拿过着牛仔的生活。后来他在1887年来到科罗拉多州的特柳赖德。在那里他与赛马主马特·沃纳（Matt Warner）建立了一段友谊，也是在那里，卡西迪第一次抢劫了银行。

那是1889年6月24日，卡西迪、沃纳和麦卡蒂两兄弟从圣米格尔谷银行抢劫了21000美元，随后立即取道前往罗伯特罗斯特——犹他州东南部一片地形崎岖的土地。天然的峭壁和峡谷使这里成为一处非常好的歹徒藏身之地。事实上，正是在卡西迪和他最好的朋友埃尔齐·雷（Elzy Lay）躲藏在那里时，他们建立了“狂野团伙”这个组织。

关键时刻

招募圣丹斯·基德

尽管他们并没有很多民间故事中描绘的那种强烈的兄弟情义，但卡西迪邀请圣丹斯·基德加入狂野团伙后，便不知不觉调动起一种关系，这种关系永远确保了他在狂野西部历史上的地位。只要一提到布奇·卡西迪，人们就会想起圣丹斯·基德。

1896年8月

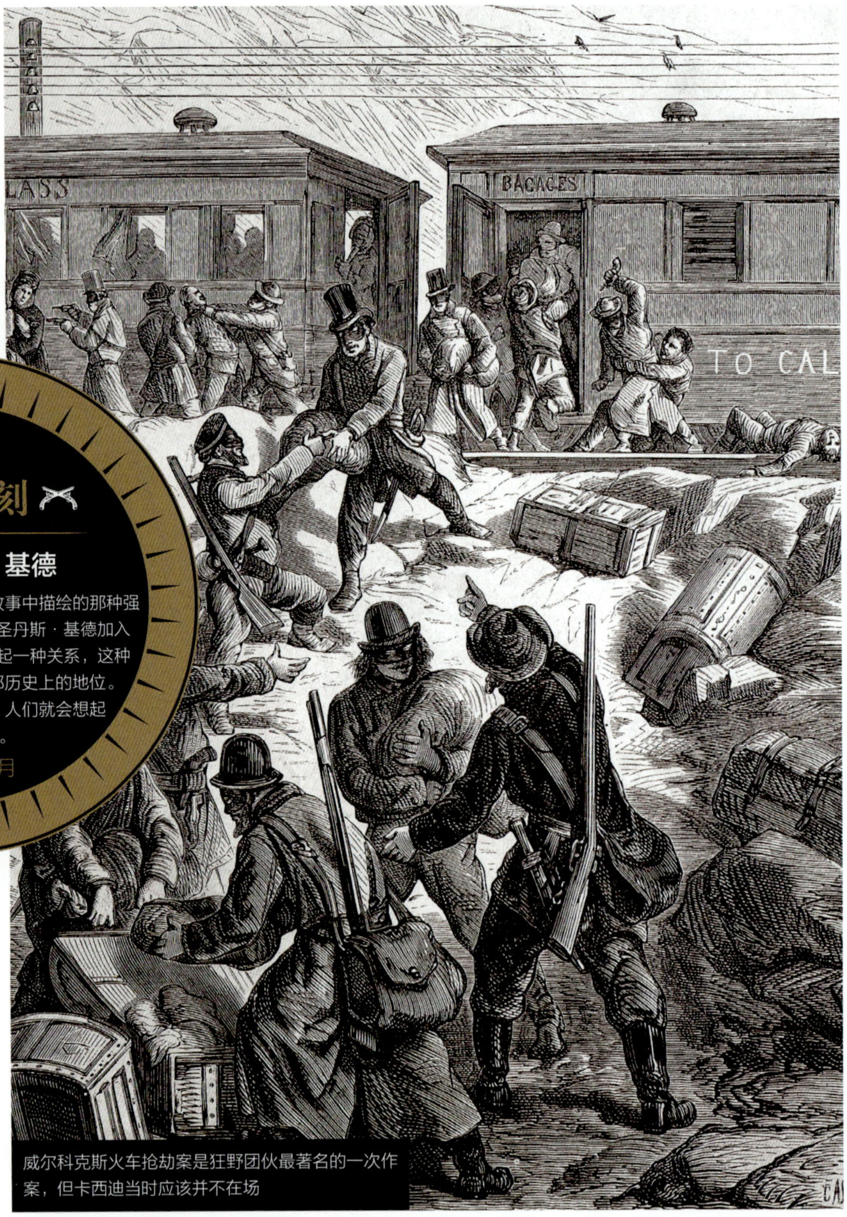

威尔科克斯火车抢劫案是狂野团伙最著名的一次作案，但卡西迪当时应该并不在场

风头一过，卡西迪又返回了怀俄明，并在杜波依斯的郊外买下一个农场。不过他这么做绝不是为了靠诚实劳动挣钱，事实上他也从来没有从中得到任何收益，且那个地点离另一个歹徒窝点——墙中之洞——不远，这都表明这个农场不过是为了掩盖罪恶活动的门面。还有一个事实是，1894年，他因偷盗马匹及疑似向各农场收保护费而被捕。

卡西迪被判两年徒刑，1896年，当他在怀俄明州立监狱服刑18个月即将获释时，他得到了州长威廉·阿尔弗德·理查兹（William Alford Richards）的赦免。虽然很多人都将赦免令视为洗心革面重新做人的契机，但对卡西迪却并非如此。出狱之后，卡西迪继续组织“狂野团伙”，并在旧西部的名人堂中永久地占了一席之地。

团伙的名字直接取自于杜林－道尔顿帮（又称狂野团伙），或许对一帮盗贼来说很适合，团伙成员都是下层社会的罪犯。除了卡西迪和他最好的朋友“埃尔齐”威廉·埃尔斯沃斯·雷（William Ellsworth ‘Elzy’ Lay），他们的核心成员还包括“基德·科里”哈维·罗根（Harvey ‘Kid Curry’ Logan）、本·基尔帕特里克（Ben Kilpatrick）、哈里·特雷西（Harry Tracy），“纽斯”威尔·卡弗（Will ‘News’ Carver），劳拉·比利翁（Laura Bullion）和“扁平鼻”乔治·柯里（George ‘Flat Nose’ Curry）。

其他人员来来走走，其中就包括哈里·阿朗佐·隆加博（圣丹斯·基德），

★ 卡西迪的真实死亡时间 ★

影片《布奇·卡西迪与圣丹斯·基德》中最让人难忘的一个场景就是结尾处壮烈的枪战，双方都在烈火的荣光中倒下了。但是有很多人认为卡西迪并没有死在玻利维亚，而是回到了美国，并在那里安度余生。

最有趣的一个理论来自1978年一部名为《寻找……》的电视连续剧。其主要关注由狂野西部史学家查尔斯·凯利（Charles Kelly）在他1938年出版的书《法外追踪：布奇·卡西迪及其狂野团伙之历史》中挑起的争论。凯利说，如果卡西迪还活着，他应该去拜访过他的父亲，因为他父亲后来没有见过他，所以他肯定已经死了。

剧中，怀俄明州巴格斯的居民都说卡西迪曾在1924年来此拜访。其中也有对卡西迪的妹妹卢拉·派克·贝坦森（Lula Parker Betenson）的采访，她说卡西迪不仅拜访过他们的父亲，还在华盛顿度过了余生。贝坦森在1975年发表的书《我的兄弟布奇·卡西迪》中，也声称卡西迪当时让一个朋友说玻利维亚的两具死尸之一是他的，那样他就能够逃脱追捕安度余生了。不过在你拒绝这一理论的真实性之前，要记得不管哪种说法都没有真凭实据！

影片《布奇·卡西迪与圣丹斯·基德》剧照。著名的枪战真的发生了吗？

卡西迪离开监狱不久之后就招募了他。但正是这个核心组织开展了美国历史上持续时间最长的火车和银行抢劫。

他们一刻也未停歇。1896年8月13日，仅仅出狱几个月之后，卡西迪、雷、罗根和鲍勃·米克斯就将目标锁定在爱达荷州蒙彼利埃的一家银行。出狱后的第一次抢劫为他们开启了犯罪的大门，这个团伙横扫南达科他、怀俄明、内华达和新墨西哥。他们的赃物小到只有几千美元，大到从新墨西哥州福尔瑟姆城外的火车上抢到的70000美元。

这并没有激起守法公民的怒火，反而使得大众对其冒险非常迷恋，甚至为他们加油鼓气。一些原因可能是因为卡西迪身上有些罗宾汉的影子，经常与勉强过活的当地人分享他的战利品。

尽管被视为团伙的首领，但卡西迪与他的同伴们有些不同。首先，在他的犯罪生涯中他从来没有杀过任何人，这让他深以为豪。如果遭到追捕，他一般会射击追击者的马。然而，他的同伴们却非如此，他们之中的大部分在被穷追不舍的时候都会毫不犹豫地杀人——通常是杀执法的警官们。

而狂野团伙最著名、最具破坏力的一次抢劫发生在怀俄明州的威尔科克斯。1899年6月2日，团伙抢劫了联合太平洋公司的一辆客运列车。抢劫之后他们与警察发生了一起枪战，战斗中基德·科里和乔治·科里杀害

关键时刻

沃斯堡五人照片

平克顿侦探所变成了卡西迪及其狂野团伙的主要敌人，但正是沃斯堡五人照片向侦探所暴露了他们的长相。此照片是卡西迪、圣丹斯、罗根、卡弗和本·基尔帕特里克五人在得克萨斯的沃斯堡所拍。侦探所一看到这张照片，就用它来制作通缉布告了。

1900年12月

了乔·黑曾（Joe Hazen）警长。而团伙带着30000美元逃之夭夭。

对卡西迪来说，这场抢劫的后果极为严重。火车上装载着美西战争的军饷，他抢劫了军饷就被等于犯了恐怖行为罪。那次抢劫之后，卡西迪和狂野团伙就被定为国家恐怖分子，只要抓住，不论死活都能得到18000美元的奖励。尽管卡西迪是否抢劫了火车是存疑的——在他1896年的赦免令中有一条就是不能在怀俄明州内犯罪，而卡西迪是一个信守诺言的人——这桩案件还是使当地执法部门和著名的平克顿侦探所紧紧地盯上了这个团伙。不过他们仍在继续抢劫。

事实上，仅仅几周之后，7月11日，团伙又抢劫了新墨西哥州福尔瑟姆附近科罗拉多和南方铁路上的一辆列车。随后他们与警察发生了另一场枪战，这一次卡西迪最好的朋友埃尔齐·雷杀死了爱德华·法尔（Edward Far）和亨利·洛夫（Henry Love）警长。雷最终被捕，并被判犯有双重谋杀罪，遭到终身监禁。

形势每况愈下。在1900—1901年，狂野团伙的许多成员不是被枪杀就是被捕。这对卡西迪来说是难以承受的。一开始他是一个牛仔罗宾汉的形象，而现在他感觉自己被法律扼住了咽喉，因此他和圣丹斯及他的女友埃塔·普莱斯（Etta Place）一起逃到纽约市，然后又去了阿根廷的布宜诺斯艾利斯。1901年2月，他们买下一个农场并安顿下来过了几年。但

圣丹斯·基德和她的女友埃塔·普莱斯，此照片是他们出发前往阿根廷前在纽约所拍

这种平和并不持久。

联合太平洋公司雇用了平克顿侦探所来追捕卡西迪，而侦探所也精于此道。侦探弗兰克·迪马乔（Frank Dimaio）得知了卡西迪的位置，一切就绪，只等抓人。然而，当地一位警长与卡西迪是好朋友，他放跑了这个三人组。1905 年的 5 月，他们成功逃往北方，最终达到智利。后来，由于某些原因，他们又返回了阿根廷，回来后又抢劫了一家银行。此时抓捕卡西迪已成必然，他们又返回了智利。

但是艾塔·普莱斯有些吃不消了。圣丹斯带她回到旧金山，而卡西迪则使用假名“圣地亚哥”詹姆斯·马克斯威尔在康科迪亚锡矿工作。圣丹斯又在那里和他会面。1907 年，他们二人来到圣克鲁什，想要开始农民的生活。不过不知为何一切又都破灭了。

1908 年 11 月 3 日，阿拉玛沃·弗兰克和希亚银矿（Aramavo Franke and Cia Silver Mine）的一个递送员正在为他的公司运送价值 15000 玻利维亚比索[1]的工资。途中，他住进了附近小城的一家旅馆，两个戴面具的美国人攻击并抢劫了他。递送员怀疑劫匪是旅馆的房客。

向附近的电报局人员报警之后，11 月 6 日晚，士兵、警察局长、当地市长及其官员们将旅馆团团围住，等待抓捕劫匪。

事情进展并不顺利。劫匪开枪射击，士兵一死一伤。对方以炮火相应，不久之后就爆发了全面枪战。然后发出一声尖叫、一声枪响，然后又一声枪响。接下来便是一片寂静。

第二天早上，有关当局进入旅馆并发现两具死尸。一具额头中枪，而另一具则太阳穴中枪，同时手臂和大腿上也有多处枪伤。根据警方报告，应该是一名劫匪为了让另一劫匪不受更多痛苦的折磨而杀死了他，之后开枪自杀。

报告还得出结论，两具死尸正是抢劫递送员之人。尽管并无其他形式的鉴定，但当时认为这两具尸体就是卡西迪和圣丹斯。后来他们被埋葬到一片无名的墓地中。在那个充满枪击和抢劫的刺激年代，这一结局并不光彩，更与布奇·卡西迪和圣丹斯·基德的传奇人生不能相称。

然而，这两个人的结局不可能只是死亡。1969 年，直接以他们名字命名的一部影片对他们进行了致敬，在民众中广受欢迎。后来，发行于 1979 年的《布奇与圣丹斯：早期》（*Butch And Sundance: The Early Days*）又对他们那些著名的劣迹进行了更多的媒体描绘。

1 比索是一种主要在前西班牙殖民地国家所使用的一种货币，现已弃用。

抢劫火车

美国狂野西部，1880

火车

乘务人员

乘务人员一般由一名司机、一名锅炉工和一名递送工人组成。递送工人持械保护火车安全。

火车

这段时期的火车有多种类型，但一般大车头的火车遭抢的几率最高，因为这种火车运送的一般都是贵重物品。

速度

由于火车的速度比马要快得多，因此大多数抢劫案都发生在火车停着的时候。

行李车厢

行李车厢是火车上存放贵重物品的地方，这里有武器还有其他一些锁在火车保险箱内的贵重物品。

交通工具

在 19 世纪 80 年代的狂野西部，铁路网已经贯通了整个美国，连接了沿途的重要城镇。

狂野西部的历史不时地穿插着不法之徒抢劫银行和失控火车的故事。这种无法无天的状态是美国西部殖民地的中央政府崇尚自由的结果。同时，火车从富裕的东部沿海城市开往荒蛮的西部，中间穿越开阔的大平原，周围荒无人烟，所载物品贵重，这也给不法分子提供了可乘之机。所以，那个时候就流传着这样一句话：备好马，尽管去发财吧！

重要装备

柯尔特左轮手枪

美国，1872

0.45 英寸口径柯尔特左轮手枪具有良好的可靠性和制动性，操作简单，易于维护，因此是不法分子的常用武器。

达纳炸药

英国，1867

作为一种可携带的炸药，它在狂野西部具有革命性的意义。这种炸药可以在固体上迅速炸出一个大洞——比如保险箱。

鲍伊刀

美国，1830

作为一种重要工具和武器，鲍伊刀在这段时期很受不法分子的欢迎，可以用它来撬锁和开包裹。

美洲野马

美国，18 世纪

著名的美洲野马不仅身强力壮、极其耐寒，而且行动超快，是警察和罪犯都喜欢使用的坐骑。

乔装

全世界，19 世纪

为了逃避法律制裁，火车劫匪和小偷一般都会隐藏他们的身份。大多数人就是用围巾盖住脸。

01 组建团伙

劫匪抢劫火车必须找几个同伙搭伴。同伙要选择值得信任的人，不能有道德问题，不能过于贪婪，也不能向政府出卖同伴。布奇·卡西迪倾向于和自己的伙伴长期组队——这种团队的成功率更高。

02 选择一辆合适的火车

最好的抢劫目标就是装着钱的车厢，政府发给狂野西部地区士兵和联邦官员的工资就是通过火车运送。要找到载着这些工资的火车，需要了解政府的日程安排，偷听当地酒吧内的谈话，然后计划拦截路线。

03 上火车

火车行驶过程中一般不会发生抢劫。绝大多数劫匪都需要先让火车停住，然后登上火车。然而，如果时间宝贵，那就找一些快马，找一段火车要慢下来的地方，将马靠近车厢，然后拿着枪跳上车。

04 不能杀人

对火车劫匪来说，杀人并不是什么好事。火车司机被杀，火车就不能开了；而乘客的话，杀掉他们就不能找到贵重物品的存放地点。枪只是起恐吓作用，举着枪的同时还要保持冷静的头脑，保证子弹不会射出。

05 撬开保险箱

保险箱一般在行李车厢，会有联邦警察负责保护。尽管这位警察一般都是持械的，但如果实施偷袭，他一般都来不及进行防守。缴了他的械，用枪对准他的头，命令他打开保险箱。如果他拒绝，你可能就需要自己将其撬开了。

06 逃脱

火车抢劫最重要的就是速度。尽管人们普遍认为狂野西部处于无视法律的状态，但当地执法部门也是全副武装。收起战利品，让司机停车，然后骑马快速到达一处安全之地。然后在接下来的几天都不要出门。

★ 火车抢劫失败案例 ★

1912 年，发生在得克萨斯州桑德森的巴克斯特曲线火车抢劫案被载入史册，成为史上最糟糕的火车抢劫之一。这次的劫匪是本·基尔帕特里克（Ben Kilpatrick）和奥勒·霍贝克（Ole Hobek）。基尔帕特里克原先是“狂野团伙”布奇·卡西迪团伙成员，他们在得克萨斯州的德莱顿登上南太平洋列车，并劫持了其乘务人员。

随后，霍贝克带着其中一名乘务人员戴维·A. 特鲁兹代尔（David A. Trousdale）来到行李车厢，试图找出这里的贵重物品。不过，霍贝克并没有注意到特鲁兹代尔偷偷在他的夹克里藏了一个冰槌。当他弯腰捡包裹时，特鲁兹代尔跳向霍贝克，将其打死。然后，特鲁兹代尔拿起霍贝克的枪，在行李车厢等候基尔帕特里克的到来。果然，过了一会儿基尔帕特里克就来到车厢门口，想看看发生了什么事，但当他刚刚把头探进来时，特鲁兹代尔就朝他的脸开了一枪。

恶名昭彰的劫匪

杰西·詹姆斯

艾奥瓦州阿代尔，1847—1882 年

杰西·詹姆斯可以说是最著名的火车劫匪。在一次抢劫中，他和他的同伙伪装成 3K 党的成员，在艾奥瓦州的阿代尔抢走 51000 美元。

布奇·卡西迪

新墨西哥州，1866—1908 年

布奇·卡西迪和他的“狂野团伙”在新墨西哥州抢劫了一辆火车，为此，他与警察展开了一场著名的枪战。

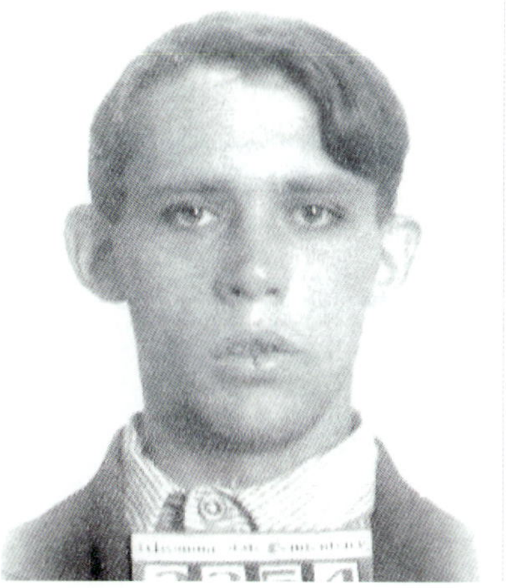

威廉·L. 卡莱尔

怀俄明州，1890—1964 年

卡莱尔曾被誉为“铁路上的罗宾汉”，他是狂野西部最后一批火车劫匪中的一员。在抢劫过程中，他会向守卫支付一些损失小费。

伯特·奥尔沃德

亚利桑那州科奇斯，1866—1910 年

他最初是一名警察。1899 年，他放弃了警察工作，开始抢劫火车，由此警察变成了通缉犯。

1865年至1890年，50多万黑人成为“自由人”，他们的家都搬到了边境地区。

俄勒冈之路蓝山上的一辆草原帆船大篷车，那里如今是国家公园的一部分

美国边境关闭

1890年，美国人口统计局局长宣布“边境关闭”，从此狂野西部便不再荒蛮。

1776年，曾经的13个英属北美殖民地宣布独立时，美国这个新生国家的领土就只有大西洋海岸和阿巴拉契亚山麓之间的部分。一些探险家全副武装走进俄亥俄山谷，那里野生植物杂生，还有许多印第安部落。但欧洲殖民者对广阔的大平原和西部地区没有任何概念，只将他们当作“大美洲沙漠”。

新美国政府也不是北美大陆唯一的政府。英国人统治着加拿大，法国人占据密西西比河三角洲附近的南部地区，西班牙人则通过他们在墨西哥的帝国控制着佛罗里达，其帝国所在地就是后来的加利福尼亚和得克萨斯。

“拓荒精神”堪称传奇的原因有两个。美利坚合众国是由欧洲移民和来自东部沿海地区的移民创造的。他们的“边境”就是殖民地的边界，是弗吉尼亚州的詹姆斯敦和马萨诸塞州的普利茅斯数百千米以外的最后一个农场。但美国同时也是一种政治理想，有自己的成文宪法。对政府来说，“边境”是法律和政治的边界。

这两个“边境”直到1890年才实现统一。当年12月，美国人口普查局宣布，自欧洲殖民地建立以来一直在向西缓慢发展的边境线已经消失。边境已融入太平洋，或者说已经与加利福尼亚州、俄勒冈州和华盛顿的边境重合。人口普查局还指出，在华盛顿特区政府的权力范围内，没有可以再进行扩张的土地，而且美国如今的人口密度是每平方英里两个人。

边境线从此关闭——这是美国历史上的一个分水岭，自此之后，美国人对自己也有了新的认知。在过去的三个世纪里，欧洲殖民地逐渐从大西洋海岸越过阿巴拉契亚山脉，进入旧西北和密西西比河流域，然后到达大平原、西南部和中西部。美国人在这些事实的表象下建立了他们理想的自我。拓荒者的价值观是个人主义、坚韧和自给自足。这是一个粗暴的民主国家，它通过反对欧洲的方

最后的牛仔：得克萨斯奥斯汀，1915

式来定义自己。

在1812年战争和1861年内战爆发之间的半个世纪里，美国发生了巨大的变化。越来越多的欧洲移民来到这里，东部各州的人口越来越多。同时，大批移民开始向西迁移，寻找可耕种的土地。华盛顿政府掷金促进边境的扩张，为移民提前奠定了基础。

在1803年的路易斯安那购地案中，美国政府支付1500万美元，买下了80多万平方英里的土地；按照现在的价值计算，这是一笔大约2.5亿美元的交易。1818年，英国和美国同意"联合占领"太平洋西北部的俄勒冈领地。在1819年的《横贯大陆条约》（*The Transcontinental Treaty*）中，西班牙割让了他们对佛罗里达和得克萨斯的所有权。19世纪20年代，俄国确认它对阿拉斯加的占领将止于阿拉斯加目前的南部边界。

1866年至1888年，牛仔们将4000多万支长角牛从草原驱赶到了牧场。

1837年的经济大萧条使大批移民涌入西部，并产生了"俄勒冈热"。从密苏里州的独立市开始，这条长达3218千米的陆上通道穿越大平原，到达大陆分水岭，并通过落基山脉的南隘进入了遥远的西部。从那里开始，"草原帆船大篷车"的马车队向北至俄勒冈或南至加利福尼亚。大约30万人在内战前的几十年里进行了为期6个月的旅行。他们中的大多数都是年轻人的家庭，希望在淘金地挖到属于自己的一份财富，但真正找到财富的人却寥寥无几。

到19世纪40年代，在俄勒冈州，美国移民的人数已经达到英国移民的10倍，华盛顿特区政府要求英国重新协商"共同占领"。与此同时，以安德鲁·杰克逊总统名字命名的“杰克逊式民主”得到了民粹主义和农业经济的支持，随后工业经济发展起来，但很快就被有关奴隶制和妇女解放的争论所撕裂。这个乐观的“改革时代”确保了美国的民主实验不仅存活了下来，而且还在蓬勃发展。美国的资源，包括西部广阔的土地和源源不断来自欧洲的移民，将继续使其从一个边缘国家发展成为一个世界强国。

“扩张主义者”意识到，西部移民对于这一愿景的实现是绝对必要的。他们还把这看作是美国最初愿景的延续，力争将自治政府和民主机构扩展到整个大陆。这种愿景经常会被认为是一种宗教和种族优越性的体现。扩张过程中所使用的语言决定了美国的命运将与新教和早期殖民者的盎格鲁－撒克逊起源联系在一起。在西部扩张的过程中，天命论的观点也逐渐形成。

1845 年，《美国杂志和民主评论》的编辑约翰·L. 奥沙利文（John L. O’Sullivan）指出了这种野心、希望和偏执的特别发酵。奥沙利文写道：“我们在北美大陆的天定命运是上帝的旨意，是为了实现我们国家逐年增加的数百万人口的自由发展。”

大农场主将牧场围了起来，小农场主在 1883—1884 年的“篱笆割刀”战争中进行了反击。

“天命论”不是政府政策的药方，更不是对已经发生事件的描述。到 19 世纪 40 年代早期，美国边境的最终轮廓已经成为关键的选举问题，有人因此成功竞选总统，而有的政党因为这一问题遭到打击。1840 年，当约翰·泰勒总统宣布他支

霍勒斯·格里利，报社编辑，曾发出号召：“去西部吧，年轻人。”

以54度40分为界，否则就开战！

美国和英国曾进行过两次战争，独立战争（1776—1783）和1812年战争。19世纪40年代，他们又差点因为俄勒冈的领土问题开始第三次交战。

在1818年的《联合占领协议》中，英国和美国约定以明尼苏达州伍兹湖和落基山脉之间的北纬49度作为英属加拿大和美国之间的分界线。英国人希望剩余边界能够沿哥伦比亚河向西至太平洋，但美国人则希望继续以北纬49度作为边界。由于无法达成一致，谈判代表们同意再等10年。1827年，他们又未能达成一致，这个问题被永久推迟。

19世纪40年代初，俄勒冈州的美国移民引发了一场危机。在国会，有人呼吁发动战争并将边境线北推进："以54度40分为界，否则就开战！"1846年，波尔克总统提出以北纬49度为界，英国人接受了，并进行了一些小小的修改，包括从温哥华岛到加拿大的通道。

詹姆斯·波尔克，美国第11任总统及俄勒冈州边界争端解决者

随后，他们又因胡安·德富卡海峡产生了争端，那里是萨利什海进入太平洋的地方，最终争端通过国际仲裁得到解决。目前的加拿大－美国边境是在长达152千米的海峡中间。加拿大人不喜欢仲裁的结果，但他们又不想开启另一场边界争端，比如在东部缅因湾的主权问题上就已经存在争议。

持吞并有数千居民的得克萨斯共和国时，泰勒的辉格党支持者抛弃了他。

1844年的总统选举开启了对吞并得克萨斯以及俄勒冈州领土地位的讨论。前总统马丁·范·布伦反对吞并得克萨斯，而田纳西州参议员詹姆斯·波尔克则主张将美国的边界向西南方推进，结果这场民主党的提名竞争最终以波尔克和天命论的胜利告终。

1844年12月，泰勒总统离任前在国会两院通过一项合并决议。1845年3月，波尔克总统上任后的第一件事就是下令美军向西南方向的努埃西斯河进军。1846年5月，波尔克向墨西哥宣战。

针对"波尔克总统的战争"问题，辉格党又一次遭遇分裂。东北部的废奴主义者对波尔克愿意将得克萨斯的奴隶主并入联邦而不要求他们解放奴隶的行为感到震惊。自1820年的《密苏里妥协案》以来，废奴州和蓄奴州已经同意密苏里制定不禁止奴隶制的宪法，但波尔克现在提议将天平向奴隶主倾斜，以此作为推动西部扩张的代价。

在马萨诸塞州的康科特，《论公民的不服从》的作者亨利·大卫·梭罗（Henry David Thoreau）拒绝支付他的投票税，并故意在镇上的监狱里度过一晚；这成了一种非暴力抵抗的典范，在后来激励了像托尔斯泰、甘地和马丁·路德·金这样的和平主义者。然而，公众却赞成波尔克先生的战争。

梭罗的导师拉尔夫·沃尔多·爱默生警告说："美国将征服墨西哥，

摩门教同意废除一夫多妻制以后，犹他于1896年成为美国的一个州。

金色道钉：1869年，第一条横贯北美大陆的铁路在犹他领地的海角峰完成建设

但这将如人饮砒霜，最终只能被砒霜打倒。”1848年2月，墨西哥战败，美国强行与其签订了《古达鲁一伊达尔戈条约》，这是天命论的胜利，但这一条约却影响深远。

在得克萨斯问题上遭遇分裂以后，辉格党迅速地瓦解为共和党和民主党。得克萨斯奴隶主进入联邦让这个国家离内战又更进了一步。由于移民已经向西涌入加利福尼亚淘金热，《古达鲁一伊达尔戈条约》很快向美国政府呈上了最终的战利品——加利福尼亚。

淘金热之后的人口激增促进了加利福尼亚在1850年加入联邦。1858年，科罗拉多的派克峰发现了黄金，吸引了另外10万名淘金者来到科罗拉多。尽管没有多少人真正挖到金子，而且还有很多人因此丧生，但淘金者们还是促进了科罗拉多在1876年加入联邦。后来，人们又纷纷前往内华达的“蓝地”采银，由此内华达于1864年加入联邦。

内战塑造了美国政治的未来，而美国边境的未来则是在内战期间形成的。1862年，亚伯拉罕·林肯政府通过了《宅地法》，规定每个美国公民都可以提出购买土地的申请，只要在这块土地上耕种6个月，就能以每英亩1.25美元的价格购买，连续耕种5年之后就成为这块土地的合法主人。这就几乎无偿地分配给了广大移民每人160亩大平原上的土地。

《宅地法》引发了一波向西移民的浪潮，东部那些想要逃离美国内战的人都来到了西部。内战结束后，又出现了一波“自由民”的浪潮；南方

★ 美国梦到底有几个？ ★

全世界都知道美国梦的存在，但事实上美国梦不止一个。这个词起源于 20 世纪 50 年代，那时是第二次世界大战后艾森豪威尔总统在位时期，国家相对富足。然而，这个词的涵义可以覆盖美国历史上的任何一个时代，从最初的殖民地到现在的所有时期。

美国的第一批欧洲人都梦想着能通过白银、黄金和皮草交易获得财富。而那些与企业签订 10 年或 20 年契约的劳工们也是如此。然而，1620 年乘着“五月花号”来到这里的清教徒却梦想着宗教自由，并希望有机会建立一个理想的社会。对美国梦来说，这是两种截然不同的理想。

美国宪法通过承诺“生命、自由和追求幸福”巧妙地将两种理想结合在一起。这个短语来自英国哲学家约翰·洛克（John Locke），他认为政府应该确保民众的“生命、自由和财产”，这是最基本的。而在盎格鲁－撒克逊和新教国家，拥有财产就是拥有幸福的信念依然强烈。几乎所有的美国人都拥有自己的房子，而在英国和斯堪的纳维亚半岛，住房拥有率远高于南欧。

梦的意象也在现代美国政治中重现。“我有一个梦想，”马丁·路德·金（Martin Luther King）在争取种族平等的运动中说。1980 年，当罗纳德·里根（Ronald Reagan）以经济复兴的承诺竞选总统时，他重新唤起了一种清教主义的美国形象，称美国是“山巅上的光明之城”。当奥巴马总统试图将非法移民的孩子身份合法化时，他把他的提案命名为《外来未成年人的发展、救济和教育法案：梦想法案》。

1956 年的凯迪拉克戴威乐老爷车象征着美国梦和美国人的不安

的黑人已经从奴隶制中解放出来。

战争结束后，《纽约论坛报》的编辑霍勒斯·格里利向下一波移民发出了号召：“去西部吧，年轻人。”

随着移民到来和新州的建立，边境地区已经逐渐收缩。而 1862 年的第二次行动又进一步促进了边境的收缩。当时，铁路网络已经从东部城市延伸到密苏里河东岸。从那里开始，移民乘着马车穿越了美洲大沙漠和大平原。林肯政府意识到，美国的铁路公司都没有能力独自修建横跨美洲大沙漠的铁路，于是它雇用了两家公司来完成横贯大陆的铁路建设。

联合太平洋公司从密苏里河穿过大平原到落基山脉，向西铺设了 1747 千米的轨道。中太平洋公司则负责铺设从加利福尼亚的萨克拉门托到内华达山脉的 1108 千米的轨道。1869 年 5 月 10 日，加利福尼亚州州长利兰·斯坦福在犹他领地的海角峰将最后一颗金色道钉钉入大地时，两段轨道便完成了“联姻”，第一条横贯北美大陆的铁路正式通车。

很快，更多的铁路线在这个国家纵横交错。铁路促进了边境的最终形成。农场和城镇沿铁路线发展起来。火车将矿石运回东部进行加工，由此也促进了采矿业的发展。政府的触角伸得更长，因为通信在加速——电报电缆很快沿着铁路线蜿蜒前进——还因为军队也可以在全国范围内快速移动。

由于政府陷于内战，铁路公司趁

1890 年伤膝河大屠杀后大脚的营地，大屠杀发生时间正是边境关闭那年

铁路公司在山区铺设铁轨的费用是平地的三倍，为每英里 48000 美元。

拉尔夫·沃尔多·爱默生，作家，他警告说，将边境延伸到得克萨斯将引发内战

此获得了优惠条件。在平地上每铺设一英里的铁轨，每家公司都将得到 1.6 万美元和 6400 英亩的联邦土地。在接下来的几十年里，铁路业的“强盗大亨”把他们的土地卖给移民，或者把大片的土地围起来用来放牧，从中大赚一笔。“开阔的草原”正在关闭。1873 年，约瑟夫·格里登发明了一种廉价的方法来保护那些在铁路后成长起来的巨型牧场——铁丝网。

铁路成就了牛仔，也毁掉了牛仔。铁路出现后，以前得克萨斯州和大平原上放牧的牛群不得不被圈养到火车站附近新发展起来的巨型牲畜饲养场，然后再从那里通过火车车厢被运送至东部。内战结束后，大约有 4 万名内战士兵成了牛仔，他们将 1 万多头牛赶到了牲畜饲养场里。奇泽姆之路从得克萨斯中部到堪萨斯州的阿比林，全长 805 千米。通往道奇城

研究边境关闭的历史学家弗雷德里克·杰克逊·特纳

联合太平洋公司的劳工大多都是爱尔兰移民和以前的士兵，而中太平洋公司的劳工大多都是中国移民。

的西部之路较短，但从得克萨斯中部到新墨西哥再到怀俄明州夏延的古德奈特－洛文之路却长达 1126 千米。

随着铁路网络的发展，道路变得越来越短。在 19 世纪 70 年代发明冷藏车厢以后，牛就会在最近的车站或者在堪萨斯城和芝加哥被屠宰。曾经的边境英雄牛仔即将走向没落。边境神话的另一个重要特征驿马快信也是如此。虽然铁路给牛仔们带来了最后的荣耀，但它对印第安人来说却是致命的。

白人的移民每推进一步，印第安人西迁的压力就增大一分。美国政府总是容易受到来自东部的舆论压力的影响，而在边境地区，美国政府往往软弱无力，无法实现其良好的初衷，因此最后与驱赶印第安人的暴力行动成为同谋。幸存者被赶到居留地，那些居留地都是白人觉得没什么利用价值的土地。而一旦白人移民发现了某块土地的价值——例如南达科他州的淘金热产生——印第安人又会再次被迫迁移。

1899 年的俄克拉荷马土地热潮是边境正式关闭之前最后一波移民潮。1889 年 4 月 22 日中午，超过 5 万名男人、女人和孩子乘着马车或骑着马蜂拥至俄克拉荷马中部这 200 万英亩的土地上，而这片土地曾经属于印第安人的领地。同年，南达科他、北达科他、蒙大拿和华盛顿加入了联邦。爱达荷和怀俄明在 1890 年紧随其后。

当威斯康星大学的年轻历史学家弗雷德里克·杰克逊·特纳（Frederick Jackson Turner）听说美国人口普查

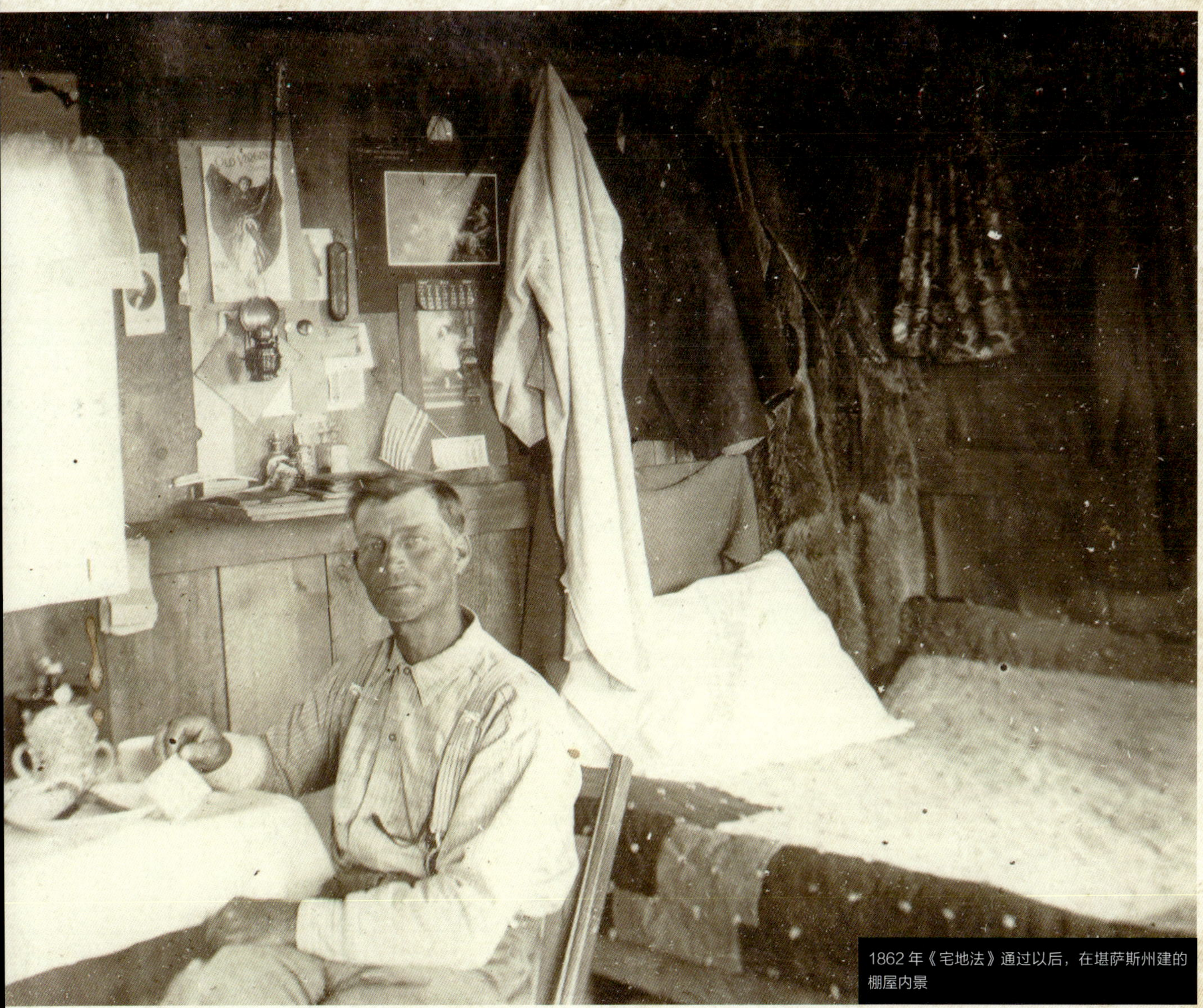

1862 年《宅地法》通过以后，在堪萨斯州建的棚屋内景

局宣布边境关闭时，他意识到，美国历史的这一章也已经完结。1893 年，杰克逊 · 特纳向美国历史协会投了一篇论文，题目是论边境在美国历史上的重要性。

边境既是现实事实也是法律事实，它不仅塑造了美国的内部和外部边界，也塑造了那些“西进”美国人的生活经历，有人在这里寻求财富，有人在这里寻求生存。即使是那些一直留在“东部”的人，他们的生活也因为边境而变得丰富多彩，因为距离并没有削弱他们对扩张的热情。特纳认为，边境是美国国民品格理想被塑造并得到试验的地方。

拓荒者的生活促进了民主、实用主义以及爱默生所称的“自力更生”。出于同样的原因，边境也促进了对高雅文化的蔑视和对暴力的过度依赖。特纳认为，美国的民主“并非出自理论家的梦想”，而是“来自美洲森林”。

因在 1856 年发现金矿和银矿，内华达被称为“银矿之州”。